Le Boe 205

Federico Bona

Steve Jobs
La vita, le opere, le contraddizioni

Baldini&Castoldi

Questo libro è stato scritto con il fondamentale contributo, nella ricerca di fonti e materiali, di Diego Barbera per i capitoli La Pixar, iCose, I fallimenti, Il lato oscuro e l'eredità, e di Laura Stefani per i capitoli Lo zen e Il lato oscuro.

www.bcdeditore.it

ISBN 978-88-6620-533-3

Per mio padre

INDICE

1. LA FORMAZIONE

Montare e smontare

Quando si parla di grandi personaggi, la tentazione più frequente è quella di cercare nella loro infanzia – a posteriori – gli indizi di un destino già scritto. Steve Jobs non fa eccezione, e negli infiniti riferimenti ai suoi primi anni di vita ripresi da quotidiani, riviste e libri, gli esempi che mirano a dimostrare quanto fosse intelligente, indipendente e creativo fin dalle scuole elementari si sprecano. Non mancano gli aneddoti che spostano gran parte del peso sulla sua educazione. Uno su tutti, quello secondo cui il padre gli avrebbe inculcato la passione per le cose fatte bene, spiegandogli che un buon falegname non usa un legno scadente per il retro di un armadio o di un cassetto solo per il fatto che nessuno lo vedrà. È un mito che lui stesso ha alimentato, con le sue risposte a chiunque, di volta in volta, contestasse la sua fissazione per la cura della precisione e della bellezza delle parti non visibili di un computer, come i circuiti stampati.

Quel che è certo è che il piccolo Steve inizia presto a montare e smontare oggetti con le proprie mani: «Mio padre aveva un banco da lavoro nel garage. Quando avevo cinque-sei anni, ne ha ricavato una parte per me e mi ha detto: "Steve, d'ora in poi questo è il tuo banco da lavoro". Mi ha dato anche dei piccoli attrezzi e mi ha mostrato come usare sega e martello e come costruire cose, smontarle e rimontarle. Abbiamo sfiorato persino un po' d'elettronica. Non ne sapeva molto, ma ne aveva incrociata parecchia nelle automobili e in altre cose che riparava». E questo è l'inizio di tutto, che curiosamente, o felicemente, assomiglia un po' troppo alla fondazione di un mito.

Il vero maestro di Steve sarà piuttosto un vicino di casa, tale Larry Lang. Ingegnere alla Hewlett-Packard e radioamatore, appena arrivato nel quartiere di Mountain View, in cui Jobs abitava, installa sul vialetto di casa un microfono elettronico, completo di batteria e altoparlante, a disposizione di tutti. Tra i ragazzini che iniziano a giocarci c'è Steve, che dall'amicizia con il più anziano ingegnere trarrà la maggior parte degli spunti che guideranno la sua giovane carriera. Per dirne due: si appassionerà all'elettronica ed entrerà in contatto con Hewlett-Packard, l'azienda dove vedrà il suo primo computer «da tavolo» e dove troverà il suo primo lavoro.

Lang trasmette a Jobs la sua passione per gli Heathkit, una serie di confezioni per patiti di elettronica che contengono tutto il necessario per costruire piccoli apparecchi, impianti hi-fi, radio, persino tv: «Erano più costosi del prodotto finito, quando esisteva. Avevano dei manuali dettagliati su come montare i pezzi, che erano colorati secondo il tipo e andavano montati in una precisa sequenza. Così, costruivi con le tue mani quel che volevi. Capivi che cosa c'era dentro un prodotto finito e come funzionava, perché c'era anche una guida che spiegava tutti i principi di base, ma forse la cosa più importante era che ti facevi l'idea di poter assemblare qualsiasi oggetto. Guardavi un televisore e pensavi: "Non ne ho mai costruito uno, ma potrei farlo: ce n'è un modello nei kit della Heath".»* Un avvio all'e-

* Smithsonian Institution – Oral and video histories – Intervista condotta da Daniel Morrow il 20 aprile 1995.

lettronica niente male, e pure perfetto nella costruzione di una leggenda personale.

Silicon Valley

«A quel tempo la Silicon Valley era in gran parte ricoperta di frutteti – di alberi di prugne e di albicocche – ed era un vero paradiso. Ricordo che l'aria era così cristallina che si riusciva a vedere tutta la vallata da un capo all'altro».* Sono le immagini che Jobs associa al suo arrivo nella zona a sud della Baia di San Francisco, ovvero la Valle di Santa Clara, al cui centro giace la città di San Jose. La casa dei Jobs è in realtà a Mountain View, vicino a Palo Alto, nella prima parte della penisola sulla cui punta sorge San Francisco, che insieme all'area dall'altra parte del golfo, fino almeno all'altezza dell'Università di Berkeley, diventerà nota come Silicon Valley, pur non essendo propriamente, tutta insieme, una valle.

Il passaggio dagli alberi da frutto all'industria dei computer avviene grazie a una serie di felici coincidenze: la presenza di un centro di ricerche della Nasa, l'Ames Research Center, che stimola lo sviluppo di industrie di forniture militari hi-tech; la fondazione, in un garage di Palo Alto, della Hewlett-Packard da parte dei due omonimi amici; la creazione, in un'azienda di Mountain View, dei primi transistor in silicio. Lo stesso Jobs avrà modo di spiegare in più di un'intervista perché proprio questa zona sia diventata la culla della rivoluzione tecnologica: «La Valle è posizionata strategicamente in mezzo a due grandi

---

* Smithsonian Institution – Oral and video histories – Intervista condotta da Daniel Morrow il 20 aprile 1995.

Università, Berkeley e Stanford. Entrambe attirano non solo tantissimi studenti, ma ottimi studenti e da ogni parte degli Stati Uniti. Vengono qui, si innamorano della zona e si fermano. Perciò c'è un continuo afflusso di menti nuove e brillanti. Prima della seconda guerra mondiale, due laureati di Stanford, che si chiamavano Bill Hewlett e Dave Packard, hanno creato un'azienda elettronica molto innovativa – la Hewlett-Packard. Poi, nel 1948, i Bell Telephone Laboratories hanno inventato il transistor. Uno dei tre padri del transistor, William Shockley, decise di tornare nella sua città natale, Palo Alto (per la verità, nacque a Londra da genitori americani, ma crebbe a Palo Alto, *nda*), per fondare una piccola compagnia che si chiamava Shockley Labs, o qualcosa del genere. Portò con sé una dozzina dei migliori e più brillanti fisici e chimici dell'epoca. A poco a poco, cominciarono a separarsi e a creare aziende in competizione tra loro, come i fiori o le erbacce che appena ci soffi sopra disperdono semi in centinaia di direzioni».* Tra i semi di queste piante infestanti ci saranno anche Robert Noyce e Gordon Moore che, una volta lasciato Shockley, fondarono in tempi diversi due aziende, la seconda delle quali, nel 1968, era la Integrated Electronics Corporation, meglio nota con la sua abbreviazione: Intel. Tra parentesi, Gordon Moore è il signore cui si deve la cosiddetta «legge di Moore», ovvero l'assioma secondo il quale il numero di transistor che si possono collocare su un chip (e di conseguenza la potenza del chip) raddoppia ogni 18 mesi. Enunciato nel 1965, continua a essere regolarmente confermato dai fatti ancora oggi.

È in questo *humus* che il giovane Steve cresce, vedendo il suo primo computer, quello che viene definito un *mainframe*, ovvero una macchina formata da veri e propri armadi di cir-

---

* David Sheff, *Playboy Interview: Steven Jobs*, «Playboy», febbraio 1985.

cuiti elettronici che occupano intere stanze, quando suo padre lo porta all'Ames Research Center della Nasa, a Sunnyvale, pochi chilometri più in là di casa loro. Sono poche le persone che, all'epoca e per molti anni ancora, possono dire di aver visto un computer; pochissime quelle di appena 11 anni.

Più tardi arrivano la Hewlett-Packard e il vero colpo di fulmine: «Invitavano una decina di noi, ogni martedì, ad assistere a una conferenza; poi ci lasciavano lavorare su un computer. Avrò avuto 12 anni, la prima volta. Ricordo perfettamente la serata. Ci mostrarono uno dei loro nuovi computer da tavolo e ci diedero il permesso di giochicchiarci. Ne desideravo uno più di ogni altra cosa al mondo». Ma la HP è importante anche perché è qui che Steve ottiene il suo primo lavoro. Tutto parte da un'iniziativa piuttosto sfrontata: «Avevo 12-13 anni e tanto bisogno di pezzi per costruire le mie cose, perciò ho preso la cornetta e ho chiamato Bill Hewlett – era sull'elenco telefonico di Palo Alto. Mi ha risposto ed è stato gentilissimo. Mi avrà parlato per 20 minuti. Non mi conosceva, ma mi ha dato i pezzi che volevo e mi ha offerto un lavoro estivo alla catena di montaggio della Hewlett-Packard, ad assemblare misuratori di frequenza. Ok, assemblare forse è un po' troppo, diciamo che giravo qualche vite, ma non importa, mi sentivo in Paradiso. Mi ricordo che il primo giorno ho espresso tutto il mio entusiasmo e la mia felicità al caporeparto, un tizio di nome Chris, dicendogli che la cosa che amavo di più al mondo era l'elettronica. Poi gli ho chiesto quale fosse la sua. Mi ha guardato e mi ha detto: "Scopare!". Ho imparato un sacco di cose quell'estate».*

---

* David Sheff, *Playboy Interview: Steven Jobs*, «Playboy», febbraio 1985.

Controcultura

La piccola area della Silicon Valley è stata il cuore della rivoluzione tecnologica americana, ma nella stessa zona, solo con un raggio più allargato fino a includere l'intero Stato, ovvero la California, prese il via un'altra rivoluzione epocale: quella del costume. E questa è l'altra componente, non meno rilevante della prima, che contribuirà a formare il carattere, le opinioni e gli interessi del giovane Steve. Una rapida idea di quello che è avvenuto qui fin dagli anni Cinquanta ce la possiamo fare con le sue stesse parole: «È qui che sono nati i *beatnik*, a San Francisco. È una cosa piuttosto interessante. È qui che è nato il movimento hippy. E questo è l'unico posto dove si possa dire che ci sia stato davvero il rock'n'roll. La maggior parte delle band del Paese, Bob Dylan nei Sessanta... venivano da qui. Joan Baez, i Jefferson Airplane, i Grateful Dead. Tutti venivano da qui: Janis Joplin, Jimi Hendrix, tutti».* E, in un'altra intervista: «Potevi procurarti Lsd fresco fresco da Stanford. Potevi passare la notte sulla spiaggia con la tua ragazza. In California c'era un'atmosfera di sperimentazione e di apertura – apertura verso nuove possibilità. Oltre a Dylan, mi interessavo al misticismo orientale, che era approdato da noi più o meno nello stesso periodo. All'epoca in cui ho frequentato il college, al Reed, in Oregon, c'era un flusso costante di gente, da Timothy Leary a Richard Alpert fino a Gary Snyder».** Tre nomi, quelli citati da Jobs, noti il primo per le sperimentazioni, anche psicoterapeutiche, con l'Lsd; il secondo per gli studi sulle droghe psichedeliche condotti insieme a Leary e per la vocazione mistico-buddhista, che

---

* Smithsonian Institution – Oral and video histories – Intervista condotta da Daniel Morrow il 20 aprile 1995.

** David Sheff, *Playboy Interview: Steven Jobs*, «Playboy», febbraio 1985.

gli farà scrivere uno dei classici dell'epoca, il libro *Be Here Now*; il terzo, poeta, premio Pulitzer, spesso associato alla Beat Generation, buddhista e convinto ecologista.

Droghe e meditazione, misticismo orientale ed ecologismo, libertà sessuale e contestazione, *reading* poetici e concerti: è questo il quadro di riferimento dentro cui si forma l'adolescente Steve Jobs, che inizia a fumare marijuana a 15 anni, conduce lunghe sedute con gli amici in cui droga e meditazione si sovrappongono e confondono, si abbevera agli insegnamenti dei maestri della controcultura, cui più tardi Stewart Brand (lo stesso da cui Jobs riprenderà lo slogan «Stay hungry, stay foolish») fornirà un ponte con la tecnologia, dando il via alla cultura «hacker», che riconosce i computer come strumenti di liberazione. Le esperienze di Jobs con le droghe psichedeliche sono molte e tutte ammesse, anzi riconosciute come fondamentali. Colpisce un elogio dell'Lsd che Jobs farà anni dopo: «Prendere l'Lsd fu un'esperienza profonda, una delle più importanti della mia vita. L'Lsd ti mostra l'altra faccia della realtà, e anche se non te ne ricordi quando l'effetto sparisce, sai che è così. L'Lsd ha rafforzato in me la gerarchia dei valori, facendomi capire che cos'era importante: non già fare soldi, bensì creare grandi cose e rimettere il più possibile quelle cose nel flusso della storia e della coscienza umana».*

Quanto all'illuminazione, Jobs non si accontenterà della scorciatoia fornita dalle droghe, ma approfondirà il tema del buddhismo.

Buddhismo

L'attrazione di Steve verso il buddhismo, e lo zen in particola-

* Walter Isaacson, *Steve Jobs*, Mondadori, Milano 2011.

re, inizia nel periodo del college. Già da adolescente, Jobs aveva contestato e rifiutato la dottrina luterana a cui era stato educato, trovandosi a disagio con dogmi rivelati e divinità onnipotenti, ma quel che conta di più è che siamo nei primi anni Settanta e la spiritualità orientale è una delle nervature dei movimenti di controcultura della East Coast.

Come già detto, l'iniziale attrazione per il mix di droghe e meditazione si trasformerà in una passione genuina per le religioni orientali, che crescerà attraverso lo studio e la discussione di molti importanti testi sul tema. Naturalmente, leggere, studiare e meditare insieme agli amici, per Steve non è abbastanza, così nel 1974 decide di seguire l'esempio di Robert Friedland, probabilmente il più carismatico tra i suoi amici dell'epoca, che l'anno prima aveva fatto un lungo pellegrinaggio in India. È così che Steve chiede un'aspettativa alla Atari, azienda per la quale lavorava. Le versioni fornite dallo stesso Jobs sull'episodio divergono un po': in qualcuna è lui a proporsi volontario per andare a sistemare alcuni videogame che in Europa non funzionano bene a causa del diverso sistema video utilizzato, in altre è Atari a prendere l'iniziativa di spedirlo a Monaco, ma l'importante è che l'accordo prevede che Jobs, finito il lavoro, sia libero di fare ciò che preferisce, ovvero di imbarcarsi sul primo volo che lo porti a Nuova Delhi.

In India avviene uno degli episodi più curiosi e divertenti della sua vita. Dopo diverse peregrinazioni tra un villaggio himalayano e l'altro, Steve si ritrova in mezzo a un grande raduno, cui racconta di essersi avvicinato più per la fame che per altro. Si siede a mangiare in mezzo ad altre persone, ma viene subito notato dal santone per il quale il raduno stesso era stato organizzato: «Per qualche oscuro motivo, questo *baba*, appena mi ha visto, è venuto verso di me, si è seduto ed è scoppiato a ridere. Non parlava granché inglese e io parlavo poco hindi, ma cercava di portare avanti una conversazione e intanto si rotolava dal ridere. Poi mi ha afferrato il braccio e mi ha trascinato su un sentiero. Era divertente perché c'erano centinaia di indiani che avevano fatto migliaia di chilometri ed erano stati con questo tizio per dieci secondi, mentre io sono capitato lì per mangiare e lui mi ha portato con sé. Mezz'ora dopo arriviamo in cima alla montagna, dove c'è una piccola sorgente con un laghetto: quello mi puccia la testa in acqua, sfodera di tasca un rasoio e inizia a rasarmi il capo. Io resto scioccato. Ho 19 anni, sono in un paese straniero, in mezzo all'Himalaya, e questo tizio assurdo, un santone indiano, mi pesca da in mezzo alla folla per radermi la testa in cima a una montagna. Non so ancora perché l'abbia fatto».*

Tornato dall'India, Jobs inizia a frequentare con assiduità il centro aperto a Los Altos dal maestro Kobun Chino Otogawa, l'uomo che diventerà un punto di riferimento spirituale per Jobs per tutto il resto della sua vita e che lo indirizzerà verso lo zen *sōtō*.

Garage

Quello delle aziende nate nei garage è uno dei miti fondanti del sogno americano, capitolo imprenditoria, che include un'amplissima sezione speciale dedicata all'elettronica. Come tutti i miti, ha una base nella realtà, ma diffonde la sua aura su centinaia di storie indeterminate o persino immaginaric.

La realtà è quella dei già citati Bill Hewlett e Dave Packard – non per niente idoli riconosciuti di Steve Jobs – i

* David Sheff, *Playboy Interview: Steven Jobs*, «Playboy», febbraio 1985.

quali nel 1938 occupano il garage della casa dove il secondo vive con la moglie, a Palo Alto, per dar vita al loro sodalizio professionale. Creano un oscillatore audio, l'HP 200A, basato su un circuito che costituiva la tesi di laurea a Stanford di Hewlett, che farà storia e darà grande impulso alla loro azienda. Vista la sua precisione nel misurare le distorsioni del suono, la Walt Disney ne commissiona otto, lievemente modificati e ribattezzati 200B, per ottenere il massimo alle proiezioni di uno dei film d'animazione in cui la musica, in assoluto, è maggiormente protagonista: *Fantasia*. Nel 1939 i due amici formalizzano la loro società e iniziano a costruire strumenti di misura per l'elettronica, che si distinguono per accuratezza e precisione. Ai computer arrivano solo nel 1966, quando la HP è già un colosso internazionale, quotato in Borsa dal 1957, mentre il primo «personal computer», l'HP 9100A, esce nel 1968, anche se si tratta di un calcolatore elettronico, in parte programmabile, più che di un computer vero e proprio, tanto che la definizione stessa di «personal computer», probabilmente usata per la prima volta in questa occasione, viene poi fatta sparire. «Quando parlo ai corsi d'economia, a volte i professori inorridiscono perché dico che quando abbiamo iniziato non avevamo nessuna strategia. L'idea di metterci in affari è venuta prima che inventassimo il nostro oscillatore audio. Eravamo in cerca di occasioni. Abbiamo fatto qualsiasi cosa pur di guadagnare almeno un nickel. Abbiamo ideato un apparecchio per piste da bowling, che rilevava quando viene superata la linea di lancio; una montatura per tenere i telescopi allineati con la rotazione terrestre; un aggeggio che tirava la catena automaticamente nei cessi pubblici e una macchina per far dimagrire la gente. Avevamo circa 500 dollari di capitale e provavamo a fare qualsiasi cosa la gente ritenesse potessimo fare. Perciò, la strada che abbiamo imboccata non è stata quella che avevamo previsto a tavolino, ma più semplicemente quella che ha funzionato» avrebbe poi raccontato Bill Hewlett.*

In un garage, quello della famiglia Jobs, nascerà anche la Apple, nel 1976, e nel 1998 pure Google, ospitata a Menlo Park da Susan Wojcicki, anche se il primo motore di ricerca fu sviluppato da Page e Brin all'Università di Stanford già nel 1996, mentre Microsoft, fondata nel 1975 da due giovani amici che si mettono in affari prima ancora di creare un'azienda, quindi in puro «stile garage», non avrà mai come sede una rimessa vera e propria. Se poi ci allontaniamo dall'elettronica, il garage è il luogo dove sono nate, tra le altre, la Walt Disney, nel 1923, ovvero ben prima della HP, quando Walt e il fratello Roy disegnarono le loro *Alice Comedies* usando la rimessa dello zio Robert a Los Angeles, e la Mattel, fondata da Ruth ed Elliott Handler insieme a Harold «Matt» Matson nel 1945, 14 anni prima del lancio della Barbie. All'epoca del loro esordio, per la cronaca, producevano cornici per fotografie.

Anche se non tutte le aziende di computer sono nate, letteralmente, nei garage, vale quanto detto per Microsoft: lo spirito del primo periodo, quando ancora un'industria dei computer non esisteva e immaginarne una era cosa riservata ai sognatori, era quello degli appassionati che si siedono davanti a un tavolo e provano ad assemblare pezzi. Il fermento di quegli anni intorno all'elettronica aumenta esponenzialmente con l'arrivo di un kit per computer chiamato Altair 8800: «Era straordinario che avessero trovato un modo per costruire, e possedere, un computer. Quando eravamo al liceo, era difficile avvicinarsi a un computer *mainframe*. Ci toccava andare in auto da qualche parte e contare sulla benevolenza di qualche grande compagnia che ce ne lasciasse usare uno. Ora invece, per la prima

* Notizie sulla storia dell'azienda pubblicate sul sito ufficiale www.hp.com

volta, potevi addirittura comprare un computer. L'Altair era uscito nel 1975 e costava meno di 400 dollari. Era relativamente economico, ma non tutti potevano permetterselo. Perciò la gente si associava, formava dei piccoli club», racconta a proposito Jobs.* Il circolo cui si unirono lui e Steve Wozniak, l'amico con cui avrebbe fondato la Apple, si chiamava Homebrew Computer Club e inizialmente si riuniva nel garage – un altro! – di Gordon French, a Menlo Park. Qui ogni idea e ogni progetto venivano condivisi, in perfetta linea con il dilettantismo dell'associazione e con quella che sarebbe diventata l'etica hacker.

Steve Wozniak è uno dei più brillanti tra i membri dell'Homebrew Computer Club e porta spesso i suoi circuiti elettronici agli incontri, per mostrarli e discutere miglioramenti con gli altri soci: «Tutto questo accadeva prima che arrivassero i grandi marchi dei personal computer e tutte le dispute portate dai grandi guadagni. Allora c'era un solo personal computer, l'Altair 8800, basato su un microprocessore Intel 8080. L'Apple I e l'Apple II (i primi computer realizzati da Wozniak per la Apple, *nda*) erano progettati su base puramente amatoriale, per divertimento, non per diventare prodotti di un'azienda vera e propria. L'idea era di portarli al club e metterli sul tavolo durante la seconda fase degli incontri: "Guarda, è realizzato con pochissimi chip. Ha uno schermo. Ci puoi digitare quel che ti pare". Tastiere e schermi non si erano ancora davvero affermati all'epoca. Ci mostravamo l'un l'altro un sacco di cose. Ho passato gratis ad altri gli schemi per l'Apple I e sono persino andato a casa di molte persone per aiutarle a costruirne uno. L'Apple I e l'Apple II venivano portati ogni due settimane agli incontri del club. "Ecco l'ultima piccola novità" dicevamo. Raccoglievamo qual-

* David Sheff, *Playboy Interview: Steven Jobs*, «Playboy», febbraio 1985.

che parere positivo e qualcuno si entusiasmava pure. Poter mostrare il proprio lavoro mentre procede, passo dopo passo, dà una grande carica. È piuttosto insolito che uno dei prodotti di maggior successo di tutti i tempi, l'Apple II, sia stato mostrato durante il processo di lavorazione. Oggi è abbastanza ovvio, se stai costruendo un prodotto da un miliardo di dollari, tenerlo segreto mentre lo sviluppi, altrimenti un milione di persone cercherà di rubartelo. Se avessimo avuto intenzione di aprire un'azienda e vendere i nostri prodotti, probabilmente ci saremmo seduti a tavolino e avremmo detto: "Bene, dobbiamo scegliere il microprocessore giusto, il numero ideale di caratteri da visualizzare sullo schermo" ecc. Altre aziende stavano prendendo decisioni simili, e il nostro computer sarebbe cresciuto come i loro – una grossa scatola quadrata con interruttori e luci e nessun terminale video... Noi abbiamo dovuto essere più pragmatici. Il microprocessore 6502, per esempio, l'abbiamo scelto per una ragione precisa: era il primo a essere venduto al pubblico a 20 dollari. L'8080 costava 370 dollari all'epoca e non potevi trovarlo in nessun magazzino. Dovevi andare da un distributore, che ti faceva sentire in colpa per il fatto di non avere un'azienda con un conto e tutto il resto. Non erano nati per appassionati o sperimentatori».*

Questa fu sempre la filosofia che avrebbe guidato Steve Wozniak, quella dei garage, dei club, e poi degli hacker, mentre Jobs aveva altre idee e altri progetti. E si deve solo alla volontà di quest'ultimo di commercializzare i primi prodotti realizzati insieme a Wozniak, di ricavarci un profitto, se l'evoluzione dei personal computer ha preso la piega che conosciamo. Ma questa è un'altra storia...

---

* Stephen Wozniak, *Chips and dips – The Homebrew Club and how the Apple came to be*, «InfoWorld», 8 ottobre 1984.

2. I COMPUTER

Apple I

È il primo computer realizzato dall'accoppiata Wozniak-Jobs e prende forma tra una riunione e l'altra dell'Homebrew Computer Club. Per capire di che cosa stiamo parlando, è indispensabile un piccolo sforzo d'immaginazione: all'epoca, quello che viene chiamato computer è un insieme di armadi pieni di componenti, da programmare utilizzando una serie di interruttori, schede o nastri perforati che riproducono il linguaggio macchina attraverso una serie di «0» e «1» e che a sua volta risponde riproducendo una serie di «0» e «1» su strisce di carta o, in casi rarissimi, su uno schermo.

Sono arrivati anche i primi microcomputer ma, anche in questo caso, si tratta in genere di una o più schede, al limite racchiuse in una scatola, sulle quali sono saldati diversi componenti; i comandi di programmazione si impartiscono tramite interruttori, non con una tastiera, e se si vuole uno schermo bisogna collegarsi a una tv. Wozniak è il primo a pensare di mettere in relazione la pressione di un tasto con la comparsa della lettera corrispondente sullo schermo, ed è il primo a renderlo possibile. La premessa è indispensabile per capire il racconto di Jobs sulla nascita dell'Apple I: «Io lavoravo molto alla Atari e di notte facevo entrare Woz. Atari aveva lanciato *Gran Track*, il primo gioco dove per guidare usavi un volante. Woz ci sprecava un sacco di monete, così lo lasciavo giocare gratis al piano della produzione. Una sera ero bloccato su un progetto e gli ho chiesto di interrompere per dieci minuti i suoi rally per aiutarmi. Lui ha lavoricchiato su qualcosa e a un certo punto ha abbozzato un terminale di computer con uno schermo sopra. Più tardi ha comprato un microprocessore e l'ha collegato al terminale creando quello che sarebbe diventato l'Apple I». Wozniak, in pratica, ha messo in atto tutti i passaggi necessari per realizzare un computer da tavolo: ha scaricato tutto il lavoro sul microprocessore, miniaturizzando i circuiti in modo da contenerli in una scatola, poi ci ha collegato da una parte una tastiera, per impartire i comandi, e dall'altra un televisore, per avere le risposte. Non in linguaggio macchina, ma in ben più comprensibili lettere dell'alfabeto. In questo modo, anche programmare diventa infinitamente più rapido.

A onor del vero, va detto che la versione di Wozniak sulla nascita dell'Apple I è un po' diversa – oltre a sorvolare sulle famose partite notturne alla Atari, Wozniak retrodata la creazione del circuito a una serie di esperimenti personali precedenti – ma il succo non cambia: quella che nasce è una macchina per appassionati, ed è a loro che, su iniziativa di Jobs, i due si rivolgono per provare a venderla. «Ne abbiamo piazzati 150 in tutto. Non era chissà che affare, ma ci abbiamo guadagnato più o meno 95.000 dollari e io ho cominciato a considerarlo un lavoro, oltre che un passatempo. L'Apple I era solo un circuito stampato. Non aveva un contenitore, non aveva un alimentatore; non assomigliava granché a un prodotto finito. Dovevi uscire e comprarti un trasformatore. Dovevi pure comprarti la tastiera».*

Il guadagno fu in gran parte merito del fatto che una piccola catena di negozi, The Byte Shop, ordinò 50 computer a

---

* David Sheff, *Playboy Interview: Steven Jobs*, «Playboy», febbraio 1985.

500 dollari l'uno. Questo diede alla società, fondata il 1° aprile 1976 col nome di Apple Computer, la liquidità necessaria a produrre tutti gli altri modelli, coinvolgendo qualche amico e lavorando a tempo pieno nel garage di casa Jobs. Che poi, come ricordato dallo stesso Jobs, quel computer non assomigliasse molto a un prodotto finito – gli Apple I con scatola di legno conservati nei musei sono versioni, per così dire, «di lusso» – per il momento non fu un problema. Ma fu uno dei motivi che portarono all'Apple II.

Apple II

È il computer che, in pratica, trasforma Apple in un'azienda a tutti gli effetti. Ed è anche una delle macchine di maggior successo di tutti i tempi: resterà in produzione, aggiornato di volta in volta in nuove versioni, dal 1977 al 1993, sfiorando i sei milioni di esemplari venduti e sostenendo i conti della Apple anche quando quelli che sarebbero dovuti essere i suoi successori, l'Apple III, il Lisa e il Macintosh, non otterranno i risultati sperati.

L'idea iniziale è semplicemente quella di dare all'Apple I l'aspetto di un prodotto vero e proprio, migliorando nel frattempo i limiti e i difetti riscontrati da Wozniak e Jobs nella loro prima creatura. Wozniak, un po' per sfida e un po' per perfezionismo, vuole farlo funzionare con metà dei chip: quel che ne esce è un computer più veloce, a colori, con grafica ad alta risoluzione. Anche perché l'altra cosa che Wozniak si mette in testa è di farci girare un gioco. Si tratta di *Breakout*, quello in cui, manovrando una barra alla base dello schermo, bisogna indirizzare una pallina contro alcune file di mattoncini nella parte superiore, distruggendoli: «Steve e io avevamo realizzato un videogame per Atari – *Breakout* in versione *arcade* (i videogiochi da bar e sale-giochi, *nda*) – ma non esistevano ancora giochi che girassero su microprocessori. Stavamo mostrando all'Homebrew Club come funzionava l'Apple II e mi venne in mente che sarebbe stato fantastico riuscire a scrivere *Breakout* in linguaggio Basic. Aggiunsi alcuni comandi grafici alla versione di Basic che stavo realizzando. *Breakout* aveva bisogno di un *paddle*: dovetti inserire qualche circuito per la rotella di controllo e per il pulsante. Ci voleva il suono: quando la palla colpisce i mattoni fa *ping*; quando persi si sente *ehhhh*. Perciò ci ho messo un altoparlante. Erano tutte funzionalità aggiunte apposta per quel gioco. Da quel momento in poi diventarono caratteristiche base dei computer. Magari non eravamo i primi a offrire una tastiera o lo schermo, ma poco ci manca. Di certo eravamo i primi a proporre un computer con Basic integrato. Abbiamo realizzato il primo slot per cassette, così potevi usare un mangiacassette economico per caricare i programmi e per archiviarli. Stavamo fissando gli standard per quelli che sarebbero diventati i personal computer a basso prezzo»*, ricorda Wozniak.

La versione di Jobs, tanto per non smentire la regola, è leggermente diversa. Ma forse, in questo caso, è soprattutto il punto di vista a essere differente, e si dimostra perfetto per esemplificare quanto fortunata sia stata l'unione tra il genio di Wozniak per i circuiti e l'ossessione di Jobs per la commercializzazione dei prodotti: «Pensavamo di poter costruire un computer che si potesse semplicemente tirar fuori dall'imballaggio e utilizzare. C'erano molti più appassionati di software che non di hardware, e potevamo rivolgerci a molte più persone se non dovevano essere esperti di hardware per usarlo»**. Come dire

---

* Stephen Wozniak, *Chips and dips – The Homebrew Club and how the Apple came to be*, «InfoWorld», 8 ottobre 1984.

** Bo Burlingham e George Gendron, *The Enterpreneur of the Decade*, «Inc.», 1 aprile 1989.

che, mentre Wozniak si concentrava per mettere dentro l'Apple II il meglio della tecnologia, Jobs si preoccupava di capire che razza di prodotto avrebbero offerto sul mercato.

La sintonia tra i due è totale, tranne per un dettaglio: il numero di slot d'espansione. Wozniak, favorevole a sistemi aperti, che gli utenti possano integrare e migliorare, ne vuole otto, Jobs soltanto due, ovvero il minimo indispensabile per collegare una stampante e un modem. Finirono per essere otto e la cosa, secondo Wozniak, contribuì non poco al successo dell'Apple II. Oltre a trasformarsi in un evento quasi leggendario, perché sarebbe stata l'ultima volta che Jobs si sarebbe piegato a una concessione del genere.

Per la verità c'è tutto un altro pezzo di storia da raccontare, perché dietro l'Apple II non ci sono più soltanto Jobs e Wozniak, ma una piccola azienda. Sono arrivati un terzo socio, Mike Markkula, che acquistando il 3 gennaio 1977 il 30% delle quote per 80mila dollari, e versandone altri 170mila come prestito, ha portato la liquidità necessaria per tutti gli sviluppi successivi, e un amministratore delegato, Mike Scott. In più, ci sono altri tre dipendenti. E i meriti, come ricorda lo stesso Scott, vanno condivisi in parti uguali: «All'inizio eravamo tutti talmente indaffarati che era ben chiaro chi si occupava di cosa. Woz costruiva il circuito vero e proprio, Jobs si dedicava a tutto il resto dell'Apple II, Markkula lavorava al marketing e io seguivo l'intera lavorazione e il resto degli affari. Ciò di cui non si parla mai è il fatto che era stato ingaggiato come ingegnere Rod Holt, e che l'Apple II aveva parecchi difetti poco pubblicizzati. Uno dei meriti di Holt è quello di aver progettato l'alimentatore grazie al quale potevamo realizzare un computer molto più leggero di tutti quelli che integravano un trasformatore. Usavamo un commutatore ad alta velocità invece di un trasformatore classico, ed è per questo che riuscivamo a tenere basso il peso. Ma nei primi Apple II, quando li usavi in posti caldi tipo la Florida, il commutatore si fermava. Non lo sapeva nessuno, all'epoca. Cosa fare perché funzionasse sempre? È rimasto un segreto industriale. Ed è stato Holt che l'ha scoperto. Se ci infilavi una sonda per cercare di capire quale fosse il problema, ricominciava a funzionare, una cosa terribilmente frustante, senza considerare che lottavamo contro il tempo per andare in produzione e dovevamo star lì a raffreddare il circuito stampato. L'altro problema che abbiamo avuto è stata la scocca di plastica, perché non avevamo il tempo di realizzarla con il processo di modellazione ideale. Abbiamo avuto un mucchio di problemi con la scocca: si imbarcava e non manteneva la forma».

La progettazione dell'alimentatore e quella della scocca sono tra le cose cui Jobs teneva in maniera particolare e mostrano da subito tutta la sua ossessione per i dettagli: «Era arrivata la scocca dell'Apple II, che era tra il beige e il verde, perché di tutte le tonalità di beige disponibili al mondo, che sono migliaia, nessuna era quella giusta per lui. Così abbiamo addirittura dovuto creare il "beige Apple" e registrarlo. Io me ne sono tenuto fuori, ma per settimane, forse anche sei settimane, si è discusso della scocca dell'Apple II: Jobs voleva che avesse il bordo stondato, in modo da evitare un aspetto duro. Hanno passato settimane e settimane a ragionare su quanto esattamente stondato dovesse essere il bordo»*, ricorda ancora Scott.

L'Apple II viene mostrato alla prima edizione della West Coast Computer Faire, a San Francisco, il 17 aprile 1977. Contiene appena 62 chip, un capolavoro di ingegneria elettronica

---

* Jay Yarow, *Exclusive: Interview With Apple's First CEO Michael Scott*, businessinsider.com, 24 maggio 2011.

di Steve Wozniak, e tutte le viti sono nascoste nella base, un capolavoro di ricerca estetica di Steve Jobs.

I computer regalati

Uno dei grandi successi dell'Apple II fu quello di approdare nelle scuole. Come vedremo, una delle fissazioni ricorrenti di Jobs sarà proprio quella di saldare indissolubilmente il rapporto tra formazione scolastica e computer. A sentire lui, il motivo è da ricercare nel fatto che i computer gli avevano cambiato la vita e che questo si doveva al fortuito evento che lui fosse cresciuto nella Silicon Valley e avesse perciò visto il suo primo computer all'età di 10-11 anni. Un'esperienza che desiderava che il numero più alto possibile di bambini condividesse.

Leggendo le statistiche relative al 1979, però, Jobs e i suoi si rendono conto che appena il 10% delle scuole americane possiede almeno un computer. Troppo poco: «Abbiamo realizzato che un'intera generazione avrebbe terminato gli studi prima ancora di avere tra le mani un computer e abbiamo pensato che i bambini non potevano aspettare. Volevamo regalare un computer a ogni scuola d'America. Salta fuori che ci sono circa centomila scuole in America, circa diecimila superiori e novantamila dagli asili alla terza media*. Era un costo che non potevamo sostenere. Però abbiamo scoperto che esisteva una legge secondo cui, se donavi uno strumento scientifico o un

* Il sistema scolastico americano è diverso da quello italiano: si è cercato di rendere i termini usati da Jobs, che parla di «about ten thousand high schools, about ninety thousand K through 8», trasponendoli nel nostro sistema scolastico.

computer a scopi didattici o di ricerca a un'università, potevi dedurlo dalle tasse. Significa che non ci guadagni, ma non ci perdi troppo, diciamo solo il dieci per cento. Se si fosse potuta estendere quella legge fino agli asili, allargando il vincolo della ricerca scientifica a un più generico scopo educativo-formativo, avremmo potuto regalare centomila computer, uno a ciascuna scuola in America, al costo di dieci milioni di dollari, che erano tantissimi all'epoca, ma comunque un'altra cosa rispetto ai cento milioni teorici. A quella cifra eravamo disposti a farlo. È stata una delle cose più incredibili che ho fatto nella vita».*

Jobs segue ogni passaggio dell'operazione: dal primo contatto con Pete Stark, il deputato della East Bay, a quello con il senatore John Danforth. Si prende persino la briga di andare personalmente a Washington per incontrare uno a uno deputati e senatori e convincerli a cambiare la legge, trascorrendo nella capitale un paio di settimane. Alla fine la proposta passa alla Camera, ma si arena al Senato nei giorni di fine mandato della presidenza di Jimmy Carter. Significa dover ripetere tutto l'iter da capo nella nuova legislatura, e tanto basta a convincere Jobs, probabilmente scoraggiato dall'inefficienza e dalle logiche della politica, a rinunciare.

Sembra la fine di tutto, invece arriva un colpo di scena: «Fortunatamente, è successa una cosa straordinaria. Lo stato della California pensava che la nostra fosse un'idea grandiosa, perciò sono venuti da noi e ci hanno detto: "Non dovete fare nulla. Approveremo un disegno di legge che dice che, visto che pagate le tasse in California, la deduzione l'avrete in California. Potete fare la vostra donazione alle diecimila scuole della California". E

* Smithsonian Institution – Oral and video histories – Intervista condotta da Daniel Morrow il 20 aprile 1995.

così è andata. Abbiamo regalato diecimila computer alle scuole californiane. Abbiamo messo insieme un bel gruppo di aziende che sviluppavano software, in modo da regalare anche quello. Abbiamo tenuto gratuitamente dei corsi per gli insegnanti e abbiamo continuato a seguirli per i primi anni. È stato fenomenale»*. Per capire meglio la rarità dell'evento, è giusto sottolineare che Jobs non farà mai più niente del genere, sia che si voglia considerare la cosa come un'operazione benefica, settore completamente trascurato da Jobs per il resto della vita, sia che la si voglia considerare un'enorme operazione pubblicitaria, branca nella quale invece il nostro eroe saprà distinguersi non poco.

Lisa

Il successo dell'Apple II imprime alla società una crescita impressionante. Nel 1976, l'anno degli inizi nel garage, Apple fattura 200mila dollari; nel 1977 sono già 7 milioni, poi diventano 17, quindi 47, per toccare i 117 milioni nel 1980, quando arriva una quotazione in Borsa da un miliardo e 790 milioni di dollari, che trasforma in un solo giorno Jobs e i primi azionisti di Apple in multimilionari. Nel 1981 il fatturato è di 335 milioni, nel 1982 di 583, nel 1983 sfiora il miliardo, 985 milioni, e nel 1984 lo supera decisamente: un miliardo e 400 milioni di dollari. Nel frattempo, l'Apple II è ormai una famiglia, con più versioni sul mercato, e gli si sono affiancati l'Apple III, il Lisa e il Macintosh.

Durante questo processo di crescita, Jobs perde prima il controllo della società, poi viene addirittura riconosciuto, pressoché all'unanimità, come un elemento dannoso per l'azienda,

* Smithsonian Institution – Oral and video histories – Intervista condotta da Daniel Morrow il 20 aprile 1995.

fino a venire esautorato dalla sua stessa creatura, cosa che lo porterà all'addio nel settembre del 1985. Come è potuto succedere? Da una parte, fin dagli inizi, è lo stesso Jobs a ritenersi troppo giovane per gestire in prima persona l'intera società e ad assumere persone esterne per farlo al posto suo, come Mike Markkula e Mike Scott, arrivati a completare il team Apple quando ancora ci sono a malapena altri dipendenti. Dall'altra parte, il suo carattere, che comincia a mostrare segni di eccessiva arroganza e di scarso rispetto nei confronti degli altri, amplificati da comportamenti di rara cattiveria, inizia a scavargli il vuoto intorno, mentre le sue manie di perfezionismo e di ricerca tecnologica esasperata rallentano lo sviluppo dei nuovi prodotti e ne alzano i costi, provocando crescenti malumori.

Dopo il successo dell'Apple II, si comincia a pensare a una macchina più potente, da vendere alle aziende. Nasce così il progetto Sara, che poi diventerà più semplicemente Apple III. Non è più una scheda disegnata da un solo uomo, ma una macchina le cui caratteristiche sono suggerite da stuoli di ingegneri e di esperti di mercato. Richard Jordan, uno degli ingegneri, ricorda così il clima che lo circondava: «Le azioni della Apple decollavano e noi ci sentivamo tutti dei geni, anche se la maggior parte di noi non aveva avuto nulla a che fare con l'Apple II... Quasi subito abbiamo pensato che fosse impossibile sbagliare, qualsiasi cosa facessimo»*. Invece, alla sua uscita, nel settembre del 1980, l'Apple III si dimostrò un disastro. Non solo ne furono venduti pochissimi, ma quei pochi continuavano a bloccarsi e i primi 14mila esemplari vennero richiamati e ritirati dal mercato.

Nel frattempo, nel 1979, è partito anche il progetto Lisa. Il nome, seguendo l'idea di battezzare ogni nuovo computer con

---

* Paul Kunkel, *Appledesign: The Work of the Apple Industrial Design Group*, Graphis Inc, New York 1997.

quello di una fidanzata, di una moglie o di una figlia, viene da quello della primogenita di Jobs, nata nel 1978. Piccolo dettaglio: Jobs, all'epoca, non ha ancora voluto riconoscerla. È il motivo per cui, con una brillante operazione al contrario, il nome viene giustificato con un acronimo, peraltro piuttosto insensato: Local Integrated Software Architecture (Architettura Software Locale Integrata). È un'assurdità talmente evidente che, tra chi lavora al progetto, circola un altro acronimo, scherzoso ma in qualche maniera più azzeccato: Let's Invent Some Acronym (Forza, Inventiamoci Un Acronimo).

Il 1979 è anche l'anno in cui Jobs compie una serie di visite ai laboratori Parc (Palo Alto Research Center) della Xerox, da cui deriva l'illuminazione che gli cambia la vita, o almeno gran parte della vita. La racconta così: «Alcuni amici mi dissero: "Devi vedere cosa stanno facendo al Parc della Xerox". Non è che lasciassero entrare molta gente, ma ci sono riuscito (per la verità, cedette 100mila azioni della Apple a un prezzo di favore in cambio di questo privilegio, *nda*). Era il 1979. Ho visto Alto, il loro prototipo di computer, che era fenomenale, e mi hanno mostrato tre cose su cui avevano lavorato già nel 1976. In realtà, non è che le abbia viste tutte e tre. Ho visto solo la prima, ma era così incredibile che mi ha abbagliato e non mi ha permesso di vedere le altre due. Mi ci sono voluti anni per riscoprirle, ricrearle e incorporarle tutte e tre nel disegno complessivo, ma erano davvero troppo avanti. Nessuna era davvero compiuta, ma tutte erano il germe di ciò che poi si è realizzato. Parlo di interfaccia grafica, linguaggio Oop (Object Oriented Programming)* e collegamento in rete. L'Alto aveva

* L'Oop è uno stile di programmazione che prenderà piede anni dopo e sarà alla base del funzionamento del sistema operativo del NeXT Cube, il computer che Jobs realizzerà una volta uscito da Apple.

il primo schermo grafico del mondo e un rudimentale sistema di menu. Pannelli rudimentali eccetera. Non funzionava come avrebbe dovuto, ma in linea di massima c'era già tutto. Quanto alla rete, loro hanno inventato Ethernet. E avevano circa 200 Alto connessi via server in una rete locale, che si scambiavano e-mail e tutto il resto. Nel 1979!»*. Dopo aver visto tanta genialità sprecata, Jobs decide che il Lisa dovrà avere un mouse e uno schermo grafico, due caratteristiche su cui un altro piccolo gruppo di sviluppatori Apple stava già lavorando...

Le cose iniziano a precipitare dopo la quotazione in Borsa. Nonostante la collocazione vada benissimo, il fallimento dell'Apple III, che avrebbe dovuto coprire l'area di mercato business, che di lì a poco verrà aggredita dal primo personal computer di IBM, e la nomina di John Couch, al posto di Steve Jobs, a capo del progetto Lisa, provocano le prime tensioni. «Dopo aver strutturato i concetti base, individuato le persone chiave e definito le principali direttive tecniche, Scotty (Mike Scott, il presidente, *nda*) ha deciso che non avevo abbastanza esperienza per dirigere il progetto. È stato molto doloroso. Inutile negarlo»**, ammetterà più tardi Jobs, aggiungendo un particolare importante: «La cosa più difficile da accettare era che per il Lisa avevano assunto molta gente che non condivideva la nostra idea iniziale. C'erano grosse divisioni, all'interno del progetto Lisa, tra chi in pratica voleva costruire qualcosa come il Macintosh e chi veniva da Hewlett-Packard o altre aziende e pensava a macchine più grandi, da vendere alle aziende. Io intanto avevo messo insieme un piccolo gruppo per progettare il Macintosh. Non ci presero molto sul serio. Credo che Scotty si

* Smithsonian Institution – Oral and video histories – Intervista condotta da Daniel Morrow il 20 aprile 1995.

** David Sheff, *Playboy Interview: Steven Jobs*, «Playboy», febbraio 1985.

divertisse alle mie spalle»*. L'uscita di Jobs, come al solito, è da prendere con cautela. Il gruppo Macintosh, infatti, esisteva già: lui si limita a entrarci in corsa e prenderne il comando, travasandoci alcune delle idee che aveva faticosamente cercato di imporre nel Lisa. Ma questa è un'altra storia...

Macintosh

Il progetto Macintosh è la grande occasione di rivincita di Jobs nei confronti delle persone che lui stesso ha assoldato e che nel frattempo l'hanno estromesso. A dargli vita, battezzandolo col nome di una delle sue mele preferite, cambiato da McIntosh a Macintosh per evitare problemi con un marchio di hi-fi**, fu Jef Raskin, un tipo decisamente poliedrico: direttore d'orchestra, diplomato al college in matematica e filosofia e con un master in scienza dei computer. Appassionato di elettronica della prima ora, Raskin era approdato in Apple come autore di manuali tecnici e ricorda come tutto nacque da una chiacchierata con Mike Markkula: «Mi chiese di occuparmi di quello che lui chiamava Annie. Ciò che non riesco a ricordare è come alla fine si fosse reso conto che ero capace di progettare una macchina. Doveva essere una console per videogame da 400 dollari. Gli dissi che non

* David Sheff, *Playboy Interview: Steven Jobs*, «Playboy», febbraio 1985.

** Per la verità, il cambiamento non bastò a evitare problemi: al momento della richiesta di registrazione del marchio, nel 1982, Apple se la vide rifiutare perché il suono, alla pronuncia, era lo stesso. Jobs cercò di convincere il proprietario della McIntosh scrivendogli una lettera e invitandolo a visitare i loro stabilimenti e a vedere il loro computer. Si pensò anche di cambiare il nome in «Mac», trovandogli l'ennesimo acronimo fantasioso («Mouse Activated Computer», cioè «Computer Gestito con un Mouse»), ma poi, nel 1983, Apple ottenne il permesso grazie a un accordo per il quale si parlò di un pagamento di 100.000 dollari. Secondo i legali di McIntosh, la cifra pattuita fu addirittura molto più alta.

mi interessava, il che spiega abbastanza bene il mio atteggiamento nei confronti del lavoro: solo perché venderà e farà un sacco di soldi, non significa che io voglia occuparmene. Credo che esistano obiettivi più importanti. Comunque gli ho risposto rilanciando: "Io invece è un po' che penso a una cosa che chiamo Macintosh". Doveva avere tutta la potenza di un computer, ma una facilità d'uso infinitamente superiore. Una console per videogame ci avrebbe messo in concorrenza con molte aziende, come Atari e chiunque altro producesse giochi in quel periodo, e io pensavo che anche solo entrarci, in quel mercato, fosse una strategia perdente per Apple. Questo ti mostra quanto Apple fosse aperta, visto che potevi andare dal presidente del consiglio d'amministrazione e dire: "La tua linea di prodotti è sbagliata, senti invece la mia idea" e lui ti ascoltava. Insomma, lui mi ha proposto Annie e, ora non ricordo se gli ho risposto subito o se gli ho detto: "Dammi un paio di giorni", ma alla fine gli ho raccontato la mia idea di Macintosh e gli è piaciuta; ha detto: "Facciamolo"»*.

Finito il lavoro preliminare, da cui si svilupperà quello che nell'ambiente è noto come «Book of Macintosh», un lungo documento che riporta tutti gli spunti iniziali, seguiti da una specie di diario di lavoro, il progetto vero e proprio prende il via a settembre del 1979, con l'ingaggio da parte di Raskin di un piccolo gruppo di persone. Non ha vita facile, perché l'azienda è tutta concentrata sul Lisa, e più di una volta rischia di essere chiuso, finché Jobs, allontanato dal Lisa, non ne fa il suo cavallo di battaglia: dopo aver iniziato a metterci il naso nell'autunno del 1980, ne prende ufficialmente il comando a gennaio del 1981, scontrandosi subito con Raskin, che al mouse, fortemente voluto da Jobs dopo le visite al Parc, preferiva altri sistemi di controllo.

Quelli che seguono il passaggio di Jobs alla squadra Macin-

* Università di Stanford – Intervista condotta da Alex Pang il 13 aprile 2000.

tosh sono tre anni molto intensi. A febbraio 1981 arrivano i primi tagli: Mike Scott licenzia una cinquantina di persone, la maggior parte dal team dell'Apple II, per poi andarsene cedendo il ruolo di amministratore delegato a Mike Markkula, che lo accetta a condizione che sia un *interim*. In estate, Jef Raskin, il suo iniziatore, esce dal progetto Macintosh, prima di lasciare definitivamente Apple nel febbraio del 1982. A gennaio del 1983 viene lanciato sul mercato il Lisa, che non raccoglie i successi sperati anche perché lo stesso Jobs lo azzoppa preannunciando nelle sue interviste dell'epoca il futuro arrivo del Macintosh. Ad aprile del 1983 viene nominato il nuovo amministratore delegato: è John Sculley, l'uomo che ha rilanciato l'immagine della Pepsi Cola, erodendo importanti quote di mercato alla Coca Cola grazie a un marketing molto aggressivo. Nel corso del 1983 il valore delle azioni Apple scende costantemente, aumentando le tensioni interne e, inoltre, facendo piombare il patrimonio stimato di Jobs da 450 milioni a 200 milioni di dollari. Infine, il 24 gennaio del 1984, anticipato da una campagna di lancio monumentale, il Macintosh fa il suo debutto.

In mezzo, c'è quella che Jobs non esiterà a definire «l'esperienza più bella della mia vita», un'avventura che vivrà come un ritorno allo spirito dei garage, lavorando insieme a un gruppo che diventerà affiatatissimo.

«Quello che ci ha legato di più è stata la capacità di fare cose che avrebbero cambiato il mondo. Eravamo in meno di cento a sviluppare il Macintosh e Apple ne ha venduti più di 10 milioni. Poi è stato copiato da tutti e ora parliamo di centinaia di milioni. È una scala piuttosto grande, un milione a uno. Non capita spesso, nella vita, di vedere amplificate le proprie idee cento volte tanto, figuriamoci un milione».*

---

* David Sheff, *Playboy Interview: Steven Jobs*, «Playboy», febbraio 1985.

Probabilmente, la storia che illustra meglio la capacità di far gruppo di Jobs è quella dei pirati. Lo slogan «È meglio essere un pirata che arruolarsi in marina» è diventato uno dei più citati di Jobs, perché racchiude in sé, tutti insieme, lo spirito rivoluzionario, l'aspirazione a lavorare in manipoli di poche persone e il concetto di appropriarsi, se necessario, delle idee altrui, ma fu ben più di una semplice frase. Tutto comincia al ritiro aziendale che Jobs trascorre con il suo gruppo di lavoro al La Playa Hotel di Carmel, California, poco più di un centinaio di chilometri dalla sede della Apple, il 27 e 28 gennaio del 1983. Jobs teneva molto a queste due-giorni e cercò di organizzarne una ogni circa sei mesi, a partire dal gennaio 1982. La settimana prima del ritiro era stato presentato il Lisa, perciò era arrivato il momento di serrare le fila e finalizzare il lavoro sul Macintosh, il prodotto della rivincita di Jobs, il concorrente diretto del Lisa, costruito in casa. Lo slogan è uno dei tre che Jobs lancia al suo gruppo, che comincia a contare una sessantina di persone. Secondo Jay Elliot, Jobs fece addirittura distribuire a tutti delle magliette con la scritta: «Siamo pirati! Non la Marina», ma sembra l'unico a ricordare questo dettaglio. Quel che conta, comunque, è che lo slogan fece presa: ad agosto del 1983 la squadra, ormai allargatasi a ottanta persone, si sposta in un nuovo edificio e, per personalizzarlo, Steve Capps, programmatore arrivato giusto a gennaio dal gruppo Lisa, propone di esporre sull'antenna del palazzo una bandiera pirata. «Pochissimi giorni prima di spostarci nel nuovo edificio, Capps ha comprato dei vestiti neri e li ha cuciti insieme per formare una bandiera. Ha chiesto a Susan Kare di dipingerci al centro un grosso teschio bianco con le tibie incrociate. Il tocco finale è stato l'immancabile benda sull'occhio, fatta come il logo della mela arcobaleno della Apple. Volevamo che sventolasse in cima all'edificio quando saremmo entrati nei nuovi uffici, il lunedì mattina, perciò il piano era quello di issare la bandiera domenica sera sul tardi», ricorda Andy Hertzfeld, storico programmatore della Apple e del Macintosh. La ricerca del punto migliore dove esporre la bandiera è difficoltosa e l'installazione pure, con alcune persone che fanno da palo per controllare che nessuno li veda, ma alle dieci di sera la missione è compiuta: «Non sapevamo come l'avrebbero presa i nostri colleghi, specialmente Steve Jobs, ma piacque molto sia a Steve sia praticamente a tutti gli altri, perciò divenne un elemento stabile dell'edificio. Mi strappava sempre un sorriso non appena la scorgevo, arrivando al lavoro la mattina»*. A fine settembre, primi di ottobre, la bandiera viene rubata dal team Lisa, che manda pure un biglietto con richiesta di riscatto, ma i «pirati» non ci stanno: irrompono nell'edifico principale e la strappano a una segretaria, che la nascondeva in un cassetto della propria scrivania. Tornerà a sventolare sull'edificio del Macintosh per più di un anno, finché non sparirà senza che nessuno sappia più dire né dove né come.

L'episodio mostra anche l'altra faccia della medaglia della strategia di Jobs: creare un gruppo compatto significa provocare divisioni con il resto dell'azienda e, anche se in questo caso la schermaglia sembra più che altro goliardica, saranno proprio gli scontri e le gelosie indotti dagli atteggiamenti di Jobs uno dei motivi che spingeranno il consiglio d'amministrazione a chiedere la sua testa, più avanti. Ma è ancora presto: il gruppo, in effetti, riesce a stringere i tempi e, per il gennaio del 1984, appena un anno dopo il lancio del Lisa, il Macintosh è pronto.

La campagna messa in piedi per il debutto della nuova creatura di Jobs è davvero imponente, ma in fondo l'azienda ci si

---

* Andy Hertzfeld, *Revolution in The Valley: The Insanely Great Story of How the Mac Was Made*, O'Reilly Media, 2004.

gioca gran parte del futuro: le vendite del Lisa non procedono come previsto e il Pc IBM è ormai una star del mercato. Il momento *clou* della campagna è lo spot che viene trasmesso il 22 gennaio 1984, in occasione del Super Bowl, la finale del campionato di football americano, ovvero lo spettacolo più seguito del Paese. Il prezzo per un minuto di trasmissione è di 800mila dollari, incredibilmente più alto dei 750mila pagati per lo spot, affidato alla regia di Ridley Scott, ancora abbastanza fresco del successo di *Blade Runner*. Il motivo della scelta è semplice: lo spot è ambientato in un futuro cupo, ispirato a quello immaginato da Orwell nel suo romanzo *1984* e non lontano dalle atmosfere del film di Scott. Si vedono schiere di persone con la testa rasata che ascoltano ipnotizzate un discorso da uno schermo enorme. Quindi irrompe in scena una ragazza che impugna un martello: corre, inseguita da un corpo militare, sulla canottiera ha disegnato un Macintosh stilizzato. Le immagini si succedono in un montaggio serrato: lo schermo, i militari, la ragazza, finché quest'ultima, quasi come un'atleta olimpica della specialità, non scaraventa il suo martello contro lo schermo, che esplode proprio mentre risuonano le parole «Noi vinceremo». E così Apple lega a doppio filo la propria immagine all'idea di un mondo nuovo, ribelle, più libero grazie ai computer.

Il secondo appuntamento in grande stile per il lancio del Macintosh è la conferenza dei soci Apple, che si tiene appena due giorni dopo nell'auditorium più importante di Cupertino. Jobs orchestra quella che sarà la prima di una serie di presentazioni che faranno storia e diventeranno uno dei suoi marchi di fabbrica. Tra le trovate che strappano boati di ammirazione, quella di lasciare che il Macintosh si presenti da sé, con un breve discorsetto pronunciato da una voce sintetizzata che riascoltata oggi fa quasi tenerezza. È un trionfo, cui segue un grosso successo iniziale di vendite: settantamila esemplari nei primi 100 giorni. Ma poi c'è uno stop, che appare ancora più grave a causa delle grandiose previsioni di vendita fatte da Jobs e, a marzo del 1985, i Macintosh venduti sono appena il 10% di quanto preventivato. Ancora una volta, il prezzo è percepito come troppo alto e l'iniziale scarsità di memoria della macchina, a fronte delle complesse operazioni di calcolo che doveva svolgere anche solo per gestire lo schermo grafico, frena gli acquirenti.

Non ci sono più difese: il consiglio di amministrazione, già da tempo sul piede di guerra, di fronte alle perdite economiche è deciso a estromettere Jobs da qualsiasi ruolo operativo. È la primavera del 1985 e Apple annuncia, per la prima volta nella sua storia, un bilancio trimestrale in perdita. Nel frattempo, si combatte una lotta per il potere, non priva di colpi bassi, tra Jobs e Sculley. Per la verità il primo sopravvaluta la propria capacità di convincere i consiglieri che conosce da più tempo e finisce per essere sconfitto. Il 28 maggio 1985 la conta dà ragione a Sculley, che il 29 annuncia la riorganizzazione dell'azienda, di cui Jobs resta presidente e maggiore azionista, ma di fatto senza poteri. Da qui in poi, a sentire Jobs, la situazione è semplice, e oggi le diamo un nome ben preciso: mobbing. Prima viene spedito a supportare il lancio del Macintosh in Unione Sovietica e in Europa, poi, al suo ritorno, scopre che gli è stato assegnato un nuovo ufficio, in un edificio dall'altro lato della strada rispetto alla sede della Apple: una destinazione che lui e la segretaria, con un misto di risentimento e ironia, ribattezzeranno «Siberia»: «Ho traslocato dall'altra parte della strada, e mi sono assicurato che tutti i dirigenti avessero il mio numero di telefono di casa. Sapevo che John l'aveva e ho chiamato tutti gli altri personalmente e mi sono assicurato che l'avessero. Ho detto loro che volevo rendermi utile in qualsiasi modo, e di chiamarmi in qualsiasi momento se gli sembrava che potessi aiutarli. Tutti mi hanno risposto con una frase cordiale, ma nessuno mi ha mai richiamato. Perciò andavo al lavoro, arrivavo là e mi aspettavano una o due telefonate di rappresentanza, più qualche e-mail da guardare. Ma... sarà stato a giugno o luglio... la maggior parte dei resoconti aziendali smisero di arrivare sulla mia scrivania. Qualcuno vedeva la mia auto nel parcheggio e passava a commiserarmi un po'. Io mi deprimevo e tornavo a casa dopo tre o quattro ore, a pezzi. La scena si è ripetuta un po' di volte, poi ho deciso che non era sano per la mia mente. Ho smesso di andare. Cioè, non c'era nessuno lì dentro di cui sentissi la mancanza»*.

È un colpo durissimo per Jobs, che però non impiega poi molto tempo a riprendersi, pur dopo aver meditato, nell'ordine, di trasferirsi in Italia o in Francia, di darsi alla politica o all'insegnamento, e forse persino – qualcuno dei suoi amici lo temeva – di suicidarsi. A settembre, la decisione di fondare un'altra società, che chiamerà NeXT. Il 17 settembre 1985, Jobs prende l'auto e si dirige a casa di Markkula, al quale consegna la lettera che mette fine alla sua avventura in Apple, parte prima. Con un ultimo colpo basso, la invia contestualmente anche ai giornali. Vale la pena di riportarla integralmente, perché descrive alla perfezione la situazione e il livello di tensione raggiunto:

> Caro Mike,
> i giornali di stamattina malignano che Apple stia considerando l'idea di rimuovermi dall'incarico di presidente. Ignoro le fonti di questi articoli, ma sono fuorvianti per il pubblico e ingiusti nei miei confronti.
> Ricorderai che nel consiglio di amministrazione di giovedì ho dichiarato di voler fondare una nuova impresa e vi ho presentato le mie dimissioni da presidente.
> Il consiglio d'amministrazione le ha respinte e mi ha chiesto di

---

* Gerald C. Lubenow e Michael Rogers, *Jobs Talks About His Rise and Fall*, «Newsweek», 29 settembre 1985.

rinviarle di una settimana. Ho accettato di farlo in considerazione dell'incoraggiamento rivolto dal consiglio nei confronti della nuova impresa e dell'intenzione di Apple di partecipare con un finanziamento. Venerdì, dopo che gli ho comunicato i nomi delle persone che mi avrebbero seguito, John Sculley mi ha confermato la volontà di Apple di trovare una possibilità di collaborazione tra Apple e la mia nuova impresa.
Adesso la società sembra assumere un atteggiamento ostile verso di me e la mia nuova impresa. Di conseguenza, devo insistere affinché le mie dimissioni vengano accettate immediatamente. Mi auguro che, in qualsiasi comunicazione ritenga necessario diffondere, la società precisi che la decisione di lasciare la carica di presidente è mia. Sono rattristato e perplesso per la condotta della società in questo frangente, perché mi pare contraria agli interessi della Apple. Interessi che rimangono una delle mie più grandi preoccupazioni, sia per la mia storia passata in Apple sia per l'importante investimento che ancora vi conservo.
Continuo a sperare che prevalgano le voci più pacate all'interno della società. Alcuni suoi rappresentanti hanno manifestato il timore che io usi tecnologie proprietarie della Apple nella mia nuova impresa. È una preoccupazione priva di fondamento. Se fosse questa preoccupazione la causa dell'ostilità di Apple nei confronti della mia impresa, sono pronto a dissiparla.
Come sai, la recente riorganizzazione mi ha lasciato senza un ruolo preciso e mi ha persino negato l'accesso ai resoconti dirigenziali. Ho solo trent'anni e voglio ancora contribuire a ottenere dei risultati.
Dopo tutto ciò che abbiamo realizzato insieme, mi piacerebbe che la nostra separazione fosse amichevole e dignitosa.
Sinceramente tuo,

Steven P. Jobs*

---

* Jeffrey S.Young e William L.Simon, *iCon Steve Jobs: The Greatest Second Act in the History of Business*, Wiley 2005.

NeXT

La fine dell'avventura Apple e l'inizio di quella NeXT in gran parte coincidono: in pratica, dopo essere stato estromesso da qualsiasi ruolo operativo, ai primi di giugno Jobs inizia a pensare al proprio futuro. È una crisi, quella che affronta, importante ma piuttosto breve, che si conclude nel momento esatto in cui decide di lasciare la Apple: «Ho 30 anni. Non sono pronto a trasformarmi in un vecchio saggio dell'industria. Ho ricevuto tre offerte per insegnare in università, quest'estate, e ho risposto a tutte che penso che sarei un pessimo docente. La cosa che mi riesce meglio è formare gruppi di persone di talento e realizzare cose con loro. Rispetto la direzione che ha preso la Apple. Ma io, personalmente, amo costruire oggetti. E se lì non posso farlo, allora mi comporterò come ho già fatto due volte. Me la caverò da solo. L'ho fatto nel garage, quando Apple è nata, e l'ho rifatto in un garage metaforico con il Mac»*.

La leggenda vuole che l'idea di fondare da zero una nuova società, NeXT, con il preciso intento di costruire un computer abbastanza potente e abbastanza economico da poter supportare la ricerca scientifica nelle università, gli sia venuta dopo un pranzo di fine agosto 1985 insieme a Paul Berg, che cinque anni prima aveva vinto il Nobel per la Chimica: una chiacchierata di due ore e mezzo in una caffetteria di Palo Alto. In questa storia c'è senz'altro del vero, ma la si ritrova ripresa in così tante occasioni, e sempre raccontata con le stesse parole, da destare il sospetto che, come versione ufficiale, fosse particolarmente gradita allo stesso Jobs. È evidente che, al momento di

* Gerald C. Lubenow e Michael Rogers, *Jobs Talks About His Rise and Fall*, «Newsweek», 29 settembre 1985.

andarsene, Jobs cerca una scusa di facciata per produrre un computer in diretta concorrenza con Apple – e quella dell'università si dimostra perfetta – ed è altrettanto evidente che l'idea di associare il proprio nome a quello di un genio universalmente riconosciuto non gli dispiace affatto. Da qui a trasformare la storia del pranzo con Berg in leggenda, sfrondandola di tutti gli altri ragionamenti che lo hanno spinto a fondare NeXT, il passo è breve.

Dopo la separazione da Apple, Jobs è ormai una celebrità e la stampa lo aspetta al varco: nessuno crede che voglia limitarsi a puntare a una ristretta nicchia di mercato e tutti sono curiosi di vedere se si rivelerà in grado di guidare un'azienda, cosa di cui pochi lo ritengono capace, considerate le ragioni della fine della sua avventura in Apple. Le perplessità sono ben riassunte da un articolo del «Time»: «Nell'uscire da Apple, Jobs diventa solo l'ultimo di una lunga lista di imprenditori che sono stati costretti a lasciare le società che avevano fondato. Michael Tushman, professore alla Columbia University, calcola che solo il 10% di chi lancia una nuova azienda riesce a sopravvivere agli inevitabili cambiamenti portati da una crescita rapida. Spiega Tushman: "Le qualità che spingono un imprenditore a fondare una società – indipendenza, innovazione e fedeltà alle proprie idee – sono le stesse che possono decretare la sua fine come manager. Una società matura non può sopportare un fermento continuo o una tendenza a sfuggire in tutte le direzioni»*.

In puro stile da pirata, Jobs esce dalla Apple insieme a un manipolo di persone – sono in cinque a seguirlo – e approfitta di questo fatto e di ciò che ne consegue, ovvero la minaccia di un'azione legale per concorrenza sleale da parte di Apple, per far

---

* Barbara Rudolph, Robert Buderi e Karen Horton, *Shaken to the Very Core*, «Time», 30 settembre 1985.

guadagnare un po' di visibilità al suo nuovo progetto. Nelle interviste che con rara generosità concede, Jobs non perde occasione per sottolineare il carattere rivoluzionario e indipendente della sua impresa: «La cosa bella di questo gruppo è che ci conosciamo da quattro anni. Abbiamo ciascuno una fiducia enorme nelle capacità degli altri e siamo davvero affiatati. Condividiamo il desiderio di lavorare in una piccola società, in modo da poterne orientare il destino e da trovarci in un ambiente piacevole e divertente. Abbiamo parlato di questa nuova impresa così, non più di due settimane prima che io stesso comunicassi al consiglio d'amministarzione che avevo intenzione di fondarla. Non abbiamo nemmeno un *business plan*. Non abbiamo ancora fatto nulla. Magari si può pensare che siamo pazzi. Abbiamo giusto un'idea di massima. Vogliamo capire di che cosa hanno bisogno le università. Pensiamo di visitarne parecchie a ottobre e ascoltare le loro richieste. E poi costruire il nostro computer, come serve a loro». Naturalmente, non perde l'occasione per prendersi gioco dell'azienda che ha appena lasciato: «Non abbiamo intenzione di rubare alcuna tecnologia o alcun brevetto di Apple. Lo metteremo per iscritto. Comunque è la legge a vietarlo. Peraltro nulla impedisce alla Apple di mettersi in concorrenza con noi, se pensa che sia un'idea così interessante. È difficile credere che una società da 2 miliardi di dollari e con più di 4300 dipendenti non riesca a competere con sei persone in blue jeans».*

Si tratterà pure di «sei persone in blue jeans», come dice Jobs, ma una di queste ha un patrimonio di oltre 100 milioni di dollari in azioni Apple da impegnare per finanziare la sua enorme voglia di rivalsa. Le cederà tutte in meno di un anno, conservandone una sola: c'è chi dice come ricordo e chi per poter

---

* Gerald C. Lubenow e Michael Rogers, *Jobs Talks About His Rise and Fall*, «Newsweek», 29 settembre 1985.

ricevere i report aziendali. Intanto, 7 milioni di dollari, frutto della prima tranche di cessioni, finiscono immediatamente nelle casse della neonata impresa.

Per il resto, a dire il vero, le mosse iniziali di Jobs non sembrano particolarmente aggressive: costruisce il contenitore prima del contenuto. I primi 100.000 dollari che escono dalle casse societarie vanno a Paul Rand, grafico di lungo corso e autore, tra gli altri, del logo della IBM, per creare il design del marchio NeXT. Ne esce un cubo nero inclinato sul quale spicca la scritta «NeXT» in lettere multicolori, tutte maiuscole tranne la «e». Il cubo è la forma che prenderà il nuovo computer, il resto lo spiega Rand nella brochure di presentazione del suo lavoro: «Scritta interamente in lettere maiuscole, la parola NEXT viene confusa a volte con EXIT, forse perché il raggruppamento EXT è particolarmente forte. Una combinazione di lettere maiuscole e minuscole attenua il problema. La "e" si differenzia per fornire sia un punto d'attenzione sia un contrasto visivo in mezzo alle maiuscole che, altrimenti, formano un insieme compatto di linee dritte. La "e" può anche felicemente significare: education ("formazione scolastica"), eccellenza, eccezionale, emozione, $e=mc^2$… Inclinata in modo irriverente, è ricolma della informalità, familiarità e spontaneità dei sigilli natalizi e dell'autorevolezza di un timbro. In combinazione con la sua vivace silhouette nera diventa un punto d'attenzione cui lo sguardo difficilmente può sfuggire. In equilibrio sul suo angolo di 28 gradi, il cubo nero risulta efficace anche se usato in bianco e nero. Per non parlare delle infinite declinazioni che può assumere in articoli promozionali come fermacarte, adesivi o altro»*.

* Il testo è contenuto nella brochure originale consegnata da Rand a Jobs al momento di presentargli il logo. La si può vedere a questo indirizzo: http://imprint.printmag.com/branding/paul-rand-steve-jobs

Altra decisione più di forma che di sostanza: tra i primi dieci impiegati assunti c'è un *interior designer*, che dovrà curare l'aspetto della sede della società a Palo Alto. Ma non è nulla rispetto allo sforzo esibito per costruire la fabbrica di Fremont, un impianto pressoché completamente automatizzato, capace di assemblare una scheda madre in 20 minuti, con un livello di precisione 10 volte superiore agli standard dell'epoca. Velocità e precisione sono i motivi per cui Jobs punta sull'automazione, destinando alla progettazione dell'impianto ben quaranta persone, e riservandosi il capriccio di pretendere pareti bianche e macchinari colorati, per colpire positivamente chiunque possa visitare l'impianto. Una fabbrica il cui potenziale non verrà mai sfruttato appieno a causa della perenne scarsità di ordini.

Sono tutte manifestazioni del desiderio di perfezionismo di Jobs, spinto agli estremi sia per la sua voglia di rivalsa sia perché non c'è nessuno, dall'altro lato, che possa frenarlo: nessun azionista, nessun manager al suo livello. Un atteggiamento che avrà le sue ricadute più pesanti nella realizzazione del computer, il vero protagonista della nuova impresa, che subirà continui ritardi. Nulla rende l'idea della situazione meglio dell'episodio accaduto a Todd Rulon-Miller, venditore di punta di IBM chiamato a lavorare per NeXT. Siamo a ottobre del 1986 e già da un anno si rincorrono speculazioni su che cosa stia facendo Jobs. Rulon-Miller sta per incontrarlo e vede, sul tavolo della sala riunioni, un oggetto nascosto da un drappo. È senz'altro il computer, pensa. A quel punto entra Jobs, che lo intrattiene per mezz'ora riversandogli addosso tutto il suo entusiasmo e le sue idee. Poi gli domanda: «Sei pronto a vedere che cosa c'è sotto il drappo?». Dopo una breve pausa teatrale, toglie la copertura e svela un blocco di calcestruzzo forato, delle dimensioni di un monitor per computer, sostenuto da un piedistallo. «Non è un piedistallo fighissimo? Si inclina! È brevettato! Non è fighissimo?» dice Jobs. Un anno di lavoro aveva prodotto un piedistallo, senza nemmeno un monitor…

Così, a fine 1986, l'azienda si ritrova già in gravi difficoltà economiche, talmente evidenti che un documentario della CBS della serie *The Entrepreneurs* ne parla esplicitamente. A seguirlo, tra i tanti telespettatori, c'è Ross Perot, divenuto miliardario un paio d'anni prima vendendo la sua società Electronic Data Systems alla General Motors. Finito lo show, Perot telefona a Jobs: i due si intendono subito e a febbraio del 1987 il nuovo socio ottiene il 16% delle azioni in cambio di 20 milioni di dollari. Un colpo di fortuna che ridà fiato alle casse aziendali e, insieme, consente a Jobs di proseguire per la sua strada, accumulando altri ritardi, tanto che ormai tra gli addetti ai lavori circola la battuta che l'azienda cambierà nome, da Next («prossimo») a Eventually («alla fine»).

Nonostante tutto, il giorno della presentazione finalmente arriva e il 12 ottobre 1988, alla Davies Symphony Hall di San Francisco, fa il suo debutto in società il NeXT Cube. La scelta della location si deve alle straordinarie qualità musicali del computer che, in un'epoca di macchine capaci di produrre al massimo qualche *bip* metallico, duetterà in chiusura di serata con il primo violino dell'orchestra sinfonica sullo spartito del *Concerto per violino in La minore di Bach*, strappando prevedibili e trionfali applausi. L'intero show, naturalmente, è preparato da Jobs con cura ossessiva. I proiettori, costati 60.000 dollari, sono quelli usati nei concerti rock e accolgono chi entra con immagini di un cubo in bianco e nero, che riporta la sigla NeXT, e con un'indefinita raffigurazione color seppia sui pannelli acustici che foderano la sala.

Jobs inizia il suo discorso snocciolando cifre e caratteristiche tecniche, accompagnate da aggettivi come «incredibile», «straordinario» e via dicendo, e sottolinea con particolare enfasi la novità di un disco magneto-ottico da 256 MB su cui scommette il futuro della società. Infine, dopo una breve interruzione durante cui tutti possono vedere il Cube da vicino, tre ore dopo l'inizio dell'evento, arriva alle questioni più concrete. La prima è il prezzo: 6.500 dollari, ovvero il doppio di quanto avesse inizialmente promesso e di quanto le università si aspettassero. La seconda sono i tempi di consegna: le prime macchine saranno disponibili subito ma gireranno con un software provvisorio, incompleto. In pratica il computer sarà davvero sul mercato solo a partire dall'estate del 1989. Al di là dello stordimento ipnotico provocato dallo show di Jobs, gli specialisti mostrano subito diverse perplessità: il computer promette bene, ma di fatto non esiste e, quando arriverà, i concorrenti potrebbero averlo già eguagliato se non superato. Jobs però sfugge qualsiasi domanda dei giornalisti, evitando di rispondere a quelle più articolate e cavalcando le altre per sfoggiare battute brillanti. A chi gli domanda quanti pezzi pensa di produrre, risponde: «Parecchi, ma probabilmente non abbastanza»; a chi gli fa notare quanto il computer sia in ritardo: «La maggior parte di chi l'ha visto dice che è cinque anni in anticipo»; e a chi si interessa su come possa acquistarlo per non frequenta l'università: «Si iscriva!». Anche Perot sembra sinceramente entusiasta, tanto da dichiarare: «Hanno impiegato un tempo interminabile alla ricerca della perfezione. Ce l'ha fatta un'altra volta»*. Un'affermazione che si rivelerà quantomeno affrettata.

Senza scendere troppo nei dettagli, l'uscita ritardata, la mancanza di un monitor a colori, indispensabile per molti esperimenti, e il prezzo poco competitivo freneranno molte università dall'acquisto. E questo darà un primo duro colpo ai piani di Jobs, che aveva individuato come target principale per la sua nuova creatura tremila Università, con i loro 45.000 dipartimenti, 600.000 dipendenti e 12 milioni di studenti.

* Katherine M. Hafner e Richard Brandt, *Steve Jobs: Can he do it again?*, «BusinessWeek», 25 agosto 1997.

Non va meglio con le aziende, che comprano pochi esemplari del Cube per provarlo, prima di disporre grandi ordinazioni. Eppure Businessland, il distributore esclusivo per questo canale, non abbassa la sua previsione di fatturare 100 milioni di dollari nel primo anno. La realtà si dimostra ben più crudele: 15 mesi dopo il lancio e 4 dopo aver rilasciato la versione definitiva del software, sono 500-600 i computer venduti ogni mese, per un valore intorno ai 4 milioni di dollari.

Nonostante tutto, gli investitori non mancano: anche Canon decide di acquistare una quota azionaria e ottiene il 16,7% in cambio di 100 milioni di dollari. Significa che l'intera Apple viene ormai valutata, contro ogni evidenza, 600 milioni. È una mossa che costerà cara all'azienda giapponese, che pur di non mandare a monte questo primo investimento sarà costretta a gettare altri soldi nell'impresa, che si rivelerà ben presto un pozzo senza fondo.

Il declino è impietoso, ma tutt'altro che rapido: troppe persone, Jobs in primis, hanno scommesso quasi tutto su NeXT, quindi ogni mezzo è lecito per tenerla in vita. Nel 1990 arrivano finalmente gli schermi a colori, viene abbandonata la strada del disco magneto-ottico in favore di un più ragionevole harddisk, e aprono le prime filiali europee, ma nessuna di queste cose è sufficiente a invertire il trend. Nel 1991 Perot liquida le sue quote. Nel 1993, davanti all'evidenza di un disastroso totale di 50.000 Cube venduti in 5 anni, NeXT chiude con l'hardware, cede la fabbrica di Fremont con tutti i suoi impiegati a Canon, licenzia 300 dipendenti e viene ribattezzata NeXT Software Inc. Si dedicherà unicamente ai sistemi operativi. Ciononostante, i risultati finanziari del 1994 parlano di un fatturato di 50 milioni di dollari con un utile di appena un milione di dollari. Perciò, quando il 20 dicembre del 1996, al termine di una trattativa con Apple che ha a che fare più con il ritorno di Steve Jobs che con il software che NeXT può offrire, quest'ultima viene acquistata dalla Apple per 429 milioni di dollari, si può ben dire che sia un sollievo per tutti.

Unica nota positiva dell'avventura NeXT resterà probabilmente il fatto che è proprio usando un Cube che, nel 1990, Tim Berners-Lee sviluppa al Cern di Ginevra il primo germe di quello che il mondo avrebbe imparato a conoscere come World Wide Web, o Internet, realizzando in pieno lo spirito che aveva spinto Jobs a buttarsi in questa avventura. E c'è chi ci tiene a sottolineare che anche *Doom*, il primo gioco sparatutto in soggettiva, nasce nel 1990 sul Cube di John Carmack, il suo creatore.

3. LA PIXAR

Le origini e l'acquisto

Il 30 gennaio del 1986 Steve Jobs inizia la sua avventura in Pixar, all'epoca una divisione della Lucasfilm specializzata in computer-grafica. A ben vedere, come puntualizza da sempre documenti alla mano Alvy Ray Smith – cofondatore di Pixar e nemico numero 1 di Jobs all'interno della stessa – non si tratta di un acquisto ma di un investimento. Jobs versa 5 milioni di dollari a George Lucas in cambio dello sfruttamento delle tecnologie sviluppate fino a quel momento dal gruppo e altri 5 milioni di dollari per finanziare la società, da quel momento indipendente, garantendosi il 70% delle azioni. Il restante 30% è suddiviso in quote variabili tra gli allora 40 dipendenti, inclusi i cofondatori Ed Catmull e Alvy Ray Smith, che diventano i maggiori azionisti dopo Jobs oltre che, rispettivamente, presidente e vice presidente.

Su indicazione di Alan Kay, ingegnere della Apple, Jobs era già stato a visitare la Pixar nel 1985, quando ancora la sua posizione nell'azienda che aveva fondato non sembrava in discussione. Ne era rimasto entusiasta ma, nonostante già all'epoca Catmull e Smith stessero cercando investitori, la cosa finì lì. Alla seconda occasione, invece, si presenta con tanti soldi da investire e tanta voglia di rivincita, e quei computer così evoluti che ha visto in azione appena un anno prima gli fanno particolarmente gola, per motivi che però non hanno nulla a che vedere con il cinema, tantomeno quello d'animazione. Lui stesso, poco prima che *Toy Story* esca nelle sale e ottenga un successo clamoroso, cambiando il destino dell'azienda e non solo, spiega con fierezza: «A un certo punto George Lucas ha deciso che non voleva più spenderci diversi milioni di dollari l'anno, perciò ho rilevato io il gruppo e l'ho battezzato Pixar con l'obiettivo di rivoluzionare la grafica d'alta gamma. Se guardi quali sono state le dieci rivoluzioni più importanti nella grafica d'alta gamma, negli ultimi dieci anni, otto sono di Pixar»*.

L'insistenza di Jobs sulla grafica si deve al fatto che è proprio su questa che ha puntato per quasi dieci anni, prima di scoprire che la vera gallina dalle uova d'oro, a sorpresa, erano i film d'animazione. Tanto basta a far rilevare la gratuità dell'accenno a George Lucas, trattato come uno che, nonostante l'intelligenza e il fiuto per gli affari, non aveva capito le potenzialità di Pixar. Ma mettere in ridicolo gli altri è una costante, per Jobs, quando si tratta di portare maggior gloria a se stesso. Tra l'altro, secondo tutti i «ben informati», Lucas si decide a cedere questa e altre attività per finire di liquidare, in contanti, la metà del suo patrimonio nell'ambito degli accordi del doloroso divorzio dalla moglie avvenuto nel 1983 dopo 14 anni di matrimonio e una proficua collaborazione artistica: Marcia Griffin in Lucas, tra le altre cose, aveva dato un contributo decisivo nel montaggio della trilogia di *Guerre stellari*, vincendo anche un Oscar per il primo episodio della saga.

L'altro elemento da notare nell'affermazione di Jobs è la rivendicazione di primogenitura sulla Pixar. E qui le questioni di forma lasciano il campo a quelle di sostanza. Perché se Jobs ha recitato una parte da protagonista assoluto nella nascita del-

* Smithsonian Institution – Oral and video histories – Intervista condotta da Daniel Morrow il 20 aprile 1995.

l'industria dei computer, Ed Catmull e Alvy Ray Smith hanno fatto lo stesso per quella dell'animazione digitale 3D. Già nel 1974 Catmull, poi raggiunto da Smith, era alle dipendenze del New York Institute of Technology, allora un centro di ricerca finanziato da Alexander Schure, un eccentrico milionario che sognava di diventare l'erede digitale di Walt Disney. Catmull ci era arrivato inseguendo il suo sogno d'infanzia di fare l'animatore, inizialmente frustrato dalla sua tecnica di disegno, buona ma non eccellente, ma poi rilanciato dalla personale convinzione che personaggi e animazioni potessero essere realizzati usando un computer. Smith aveva presto sposato questa aspirazione e lo stesso Jobs, molti anni dopo, avrebbe riconosciuto: «Ed ha condiviso con me un sogno che aveva avuto fin dal liceo: realizzare il primo film interamente animato con un computer. Era il sogno di Ed. Io me ne sono preso un pezzo, spiritualmente ed economicamente, John Lasseter se ne è preso un altro. Ma era il sogno di Ed fin dall'inizio»*.

Le difficoltà per un progetto del genere, alla fine degli anni Settanta, erano in gran parte riconducibili alla scarsa potenza dei computer. Catmull e Smith avevano calcolato che, con i processori dell'epoca, realizzare interamente un film usando un computer sarebbe costato un miliardo di dollari contro i 20 milioni al massimo di una pellicola tradizionale. Ma avevano anche previsto, e contemporaneamente sperato, che seguendo la legge di Moore, secondo cui ogni 18 mesi la potenza dei processori sarebbe raddoppiata, verso la metà o al massimo alla fine degli anni Ottanta il loro sogno avrebbe potuto realizzarsi. Cosa che in effetti, con buona approssimazione, accadde.

La svolta, per Catmull e Smith, arriva nel 1979 con l'inatte-

* Ellen Lee, *The dynamic duo behind Pixar's big success*, «San Francisco Chronicle», 29 gennaio 2006.

sa chiamata da parte di George Lucas. Il primo *Guerre Stellari* era stato realizzato interamente senza effetti speciali digitali, ma Lucas aveva capito di trovarsi in un vicolo cieco: il tempo impiegato per dipingere a mano dettagli come la luce delle spade laser, immagine dopo immagine e a colpi di 24 fotogrammi al secondo, e la perdita di qualità dovuta all'aggiunta di uno sfondo, di un'astronave o di qualsiasi altro effetto, operazione che poteva ripetersi anche 13 volte per fotogramma, lo convinsero che bisognava imboccare la strada del digitale. In California, all'epoca, nessuno si occupava ancora di computer e cinema: per trovare la soluzione ai suoi problemi Lucas dovette spingersi fino a New York. È così che l'intero team che lavorava alle dipendenze di Catmull e Smith sulla East Coast si trasferisce dall'altra parte degli Stati Uniti, a San Rafael, 20 chilometri oltre il Golden Gate di San Francisco. Per evitare problemi con Alexander Schure, l'uomo che aveva fino ad allora generosamente finanziato la ricerca sull'animazione digitale, il gruppo si scompone e ricompone alla spicciolata, in tempi diversi e passando sempre prima da un altro lavoro, ma il risultato finale è che la Industrial Light & Magic di Lucas inizia a sviluppare computer potentissimi e software ad hoc sotto la guida di Catmull e Smith.

Quanto al nome, Pixar, Alvy Ray Smith sostiene di averlo inventato insieme a Loren Carpenter, uno dei suoi collaboratori. L'idea era quella di trovare una parola che avesse un suono tecnologico come «laser» e, partendo da un immaginario «Pixer», che conteneva qualcosa di «picture» («immagine») e assomigliava all'infinito di un verbo spagnolo, si è arrivati a «Pixar», che aveva un'assonanza con la parola «radar» e conservava un suffisso da verbo spagnolo. John Lasseter, invece, sostiene che «Pixar» sia frutto di una fusione tra «pixel» e «art» ma, essendo arrivato dopo Smith, su questo argomento potrebbe essere meno affidabile. Quel che è certo è che il nome della società viene, per estensione, da quello del Pixar Image Computer, la macchina che sarebbe diventata il primo prodotto commerciale della nuova società, pensata e battezzata prima dell'arrivo di Jobs.

I primi anni

«La Pixar era indebitata nove volte più di quanto sarebbe bastato a farla fallire, ma Jobs non voleva fallire e continuava a firmare assegni. Ci avrebbe venduto a chiunque in un attimo, e a un certo punto ci provò con una certa insistenza, ma pretendeva di recuperare i 50 milioni di dollari che aveva già perso»*, racconta Alvy Ray Smith riguardo i primi anni di vita della nuova società. L'inizio, in effetti, non è dei più promettenti: Steve Jobs, che trascorre la quasi totalità del suo tempo alla NeXT, appena fondata per rilanciarsi dopo la cacciata da Apple, ha deciso di investire nella Pixar perché attratto dalla potenza dei suoi computer. L'idea è quella di produrre macchine di alta gamma, da vendere ad aziende impegnate non solo nella computer-grafica, ma anche in previsioni meteo, geofisica o medicina, tutti settori che hanno bisogno di elaborazioni e visualizzazioni complesse. E, contrariamente alla NeXT, il primo prodotto è pronto subito: appena 3 mesi dopo l'arrivo di Steve Jobs, viene messo in commercio il Pixar Image Computer a un prezzo di 135.000 dollari. L'anno successivo arriva il P-II, la nuova versione della macchina, che abbassa il prezzo a 30.000 dollari, ma tra l'uno e l'altro se ne vendono un totale di appena 120, metà dei quali alla National Security Agency – i servizi segreti – e alla Disney, che aveva iniziato a colorare con il com-

* Alan Deutschman, *The Second Coming of Steve Jobs*, Broadway 2000.

puter le tavole disegnate a mano dai suoi animatori, senza dirlo troppo in giro, per velocizzare la produzione dei film.

Nel 1988, compreso che dall'hardware rischia di avere soltanto delusioni, Jobs comincia a considerare la strada del software: il programma che lo convince che tutti, seduti nelle loro case davanti ai propri computer, si sarebbero presto trasformati in piccoli animatori, si chiama RenderMan. L'idea gli viene dal fatto che, nel frattempo, i Macintosh hanno finalmente sfondato sul mercato, portando la gente comune a realizzare documenti e *brochure* casalinghe paragonabili a quelle professionali, come lui aveva immaginato anni prima. Peccato che RenderMan sia comunque troppo difficile da usare e che la passione per l'animazione non abbia contagiato il mondo nemmeno al giorno d'oggi: a volte essere un «visionario» permette di anticipare il futuro, altre volte fa imboccare strade incredibilmente sballate. In ogni caso, tra gli acquirenti delle 100.000 licenze di RenderMan, c'è un certo James Cameron, che ne fa buon uso creando gli effetti speciali di *The Abyss* e *Terminator 2*.

Per fortuna, zitto zitto, era nato e aveva cominciato a svilupparsi in azienda un terzo filone, che si sarebbe in seguito rivelato quello vincente: l'animazione. Gran parte del merito va al talento di John Lasseter, arrivato nel 1984 da Disney e subito autore di un cortometraggio d'animazione, *The Advenures of André and Wally B*, che aveva riscosso un successo enorme al Siggraph, la più importante manifestazione del settore. Lasseter viene incaricato di realizzare un altro corto, da usare per mostrare le potenzialità di hardware e software della Pixar. Ne esce *Luxo Jr.*, un film di due minuti dove una lampada padre – le Luxo sono le tipiche lampade da scrivania, che abbondavano sui tavoli della Pixar – e una lampada figlio giocano con una palla: un soggetto di una semplicità disarmante che mette in mostra l'incredibile abilità di Lasseter nel rendere antropomorfi gli oggetti, caricandoli di espressioni umane, e che si guadagnerà una candidatura all'Oscar, oltre all'entusiasmo di Jobs.

Nonostante tutto, non è ancora il momento perché i film d'animazione diventino l'interesse principale di Pixar. In compenso, già dal 1988, contribuiranno a salvarne i bilanci. Non parliamo di storie per il cinema, ma di spot pubblicitari: lo stesso Lasseter ne dirigerà diversi e, in questo periodo, allargherà il suo team ad Andrew Stanton, che più tardi dirigerà *Alla ricerca di Nemo* e *Wall-E*, e Pete Docter, che diventerà famoso con *Monsters & Co.* e *Up*. «Credo che, quando l'ho assunto, Andrew avesse già provato quattro volte a entrare in Disney. Siamo diventati subito ottimi amici e ci siamo divertiti un sacco insieme. Ero entusiasta di sentire intorno l'energia di altri animatori. C'erano scherzi, nottate in piedi, battaglie con i puntatori laser... Abbiamo iniziato a costruire la cultura della Pixar – animatori che lavoravano insieme ai modellatori divertendosi come matti»*, ricorda Lasseter.

È il momento in cui molti credono di aver trovato la strada giusta, come ricorda Charles Kolstad, allora amministratore delegato di Pixar: «Abbiamo guardato la cosa dal punto di vista della società e ci siamo detti: "Ecco come possiamo fare soldi". Tutto senza dimenticare che l'obiettivo della società era creare un film e che solo creando un film avremmo raggiunto la felicità societaria. Quello era un sogno condiviso da tutti. Quindi ci siamo trovati a dire: "Come possiamo realizzare quel sogno e guadagnarci anche dei soldi?" Quasi tutti in Pixar, Steve escluso, eravamo abbastanza convinti di farcela»**.

Il 1988 è anche l'anno di *Tin Toy*, altro capolavoro di Lasseter che nel 1989 diventerà il primo film interamente realizzato al computer a vincere l'Oscar per il miglior corto d'ani-

---

* Aubrey Day, *Interview: John Lasseter*, «Total Film», 3 giugno 2009.

** David A.Price, *The Pixar Touch: The Making of a Company*, Knopf 2008.

mazione. Pubblicità e successi nel campo dell'animazione non bastano però a contenere l'emorragia finanziaria della società: nel 1991 Jobs ha buttato nel pozzo senza fondo di Pixar, tra l'altro contemporaneo al pozzo gemello di NeXT, un totale di 50 milioni di dollari di patrimonio personale, acquisendo nell'operazione le azioni di tutti i dipendenti. A proposito di dipendenti, ad aprile Jobs ne licenzia 30 su 72, incluso Kolstad, e si scontra duramente per l'ennesima volta con Alvy Ray Smith, che decide di lasciare. Ma *Tin Toy* ha già cominciato a diffondere i suoi benefici influssi, portando un accordo con Disney capace di salvare Pixar e l'idea di un film che ne avrebbe riempito le casse oltre ogni sogno più proibito: *Toy Story*.

Toy Story

A un certo punto, forse scottato dal fallimento di tutte le altre opzioni o forse sinceramente affascinato dal talento di John Lasseter, Jobs decide che è giunta l'ora di puntare su un lungometraggio d'animazione al computer. Una scelta che non faticherà ad appuntarsi al petto, poco prima del lancio di *Toy Story*: «Pixar aveva un'altra visione, quella di raccontare storie. Di creare veri film. La nostra aspirazione era quella di creare il primo lungometraggio d'animazione al mondo interamente realizzato al computer: le scenografie, i personaggi, tutto. Dopo dieci anni ci siamo riusciti. Abbiamo sviluppato gli strumenti – tutti proprietari – per farlo, per gestire la produzione e il disegno, il disegno calcolato al computer. Stiamo terminando il primo lungometraggio d'animazione al computer del mondo. Pixar l'ha scritto, realizzato e prodotto. Lo distribuirà la Walt Disney Corporation e uscirà quest'anno come il suo film di Natale. Sarà in tutte le sale, credo, l'11 novembre e si chiamerà

Toy Story. Ne sentirete parlare tanto, perché credo proprio che sarà il film di maggior successo dell'anno»*.

Tutto inizia con *Tin Toy*, il corto al cui centro c'è il rapporto tra un bebè fin troppo esuberante e i suoi giocattoli, tra i quali a fare la parte del leone c'è un divertentissimo soldatino-musicista di latta. In cinque minuti c'è tutto Lasseter: il suo amore per il cinema, la sua capacità di indurre tensione, emozione, risate, e il suo talento nel regalare espressioni umane agli oggetti inanimati. Dopo l'Oscar, Michael Eisner e Jeffrey Katzenberg lo contattano per convincerlo a tornare in Disney: «Tutte le volte che finivo un corto mi chiamava qualcuno dalla Disney per cercare di riassumermi. È vero, guadagnavo poco, ma mi divertivo così tanto...»**, dice Lasseter, per chiarire perché non voleva rifare il percorso all'indietro. A quel punto, non c'è che una soluzione: «Se non puoi batterli, fatteli amici. Decidemmo di trovare un modo per associarci alla Pixar e commissionare loro un film per noi, con giocattoli per protagonisti»***, spiega Katzenberg.

È così che Ed Catmull, Bill Reeves e Ralph Guggenheim, tutti dirigenti della Pixar, nel maggio del 1991 accompagnano Steve Jobs all'incontro con Jeffrey Katzenberg al quartier generale della Disney. «Era come assistere a una partita di Wimbledon», ricorda Ralph Guggenheim. «Era il principe della San Fernando Valley contro il principe della Silicon Valley.»**** Dopo un'ora di discussioni, il match si conclude con Disney che assicura 17 milioni di dollari per finanziare il film – Kat-

* Smithsonian Institution – Oral and video histories – Intervista condotta da Daniel Morrow il 20 aprile 1995.

** Aubrey Day, *Interview: John Lasseter*, «Total Film», 3 giugno 2009.

*** Walter Isaacson, *Steve Jobs*, Mondadori, Milano 2011.

**** Alan Deutschman, *The Second Coming of Steve Jobs*, Broadway 2000.

zenberg spergiura che non ne ha mai stanziati di più, quando per *La bella e la bestia* ne aveva appena spesi 32 – e concede alla Pixar una percentuale sugli incassi che varia tra il 10 e il 15% a seconda del successo del film. Inoltre Disney conserva per sé i diritti sull'home video, la possibilità di produrre altri film con gli stessi personaggi come protagonisti e infine si assicura un'opzione sui due film successivi della Pixar. Si potrebbe dire che ha vinto Katzenberg, ma Jobs aveva un obiettivo e l'ha raggiunto: salvare la Pixar.

Inizia così il processo di produzione di *Toy Story*, che richiederà quattro anni, non senza dover superare grossi ostacoli e passare attraverso diversi cambiamenti di sceneggiatura. Lasseter e i suoi pongono le basi della storia approntando «una lista di quello che volevamo che il nostro film non fosse. Non volevamo che fosse un musical; non volevamo che ci fossero un buono, un cattivo, amici del cuore e cose del genere. Perché quelle erano tutte caratteristiche della Disney»*.

L'idea di avere dei giocattoli come protagonisti si rivela azzeccata anche per vincere le resistenze della Disney, preoccupata dall'aspetto freddo, un po' troppo «di plastica» dei primi personaggi in 3D. Questione di tecnologie ancora in fase embrionale: non per nulla gli esseri umani, nel film, hanno una parte secondaria. Quello che proprio non si può evitare è il controllo creativo da parte della Disney, altro diritto sancito dal famoso accordo tra Katzenberg e Jobs: in un primo momento sembra persino un fatto positivo e porta alla nascita di Woody e Buzz, i nuovi protagonisti al posto del soldatino musicista già visto in *Tin Toy*, ma poi diventa funesto. «Ci davano un sacco di indicazioni sulla storia; c'era questo responsabile dello sviluppo che camminava per lo studio con una lava-

---

* Aubrey Day, *Interview: John Lasseter*, «Total Film», 3 giugno 2009.

gnetta e ogni volta che buttavamo lì un'idea doveva fare una relazione su come stessimo seguendo le indicazioni. Una delle cose su cui Katzenberg insisteva riguardo il personaggio di Woody era: "Fatelo irritabile, fatelo irritabile, fatelo irritabile"... Continuava a ripeterlo. Alla Disney avevano la sensazione che nessuno – o meglio, nessun adulto – avrebbe voluto sedersi in sala a guardare un film su dei bambini e i loro giocattoli. Perciò seguivamo le loro indicazioni... Ma poi, quando abbiamo organizzato una proiezione interna, il film era orribile! I personaggi, specialmente Woody, erano insopportabili! Woody era davvero atroce, atroce, atroce! E io ero imbarazzato perché non era il film che avevamo stabilito di fare»*, racconta Lasseter.

Dopo la proiezione, la Disney vorrebbe fermare la produzione e licenziare tutti, ma per fortuna concede a Pixar una seconda possibilità. Jobs ricorda questo momento quasi con nostalgia: «In Pixar, quando stavamo realizzando *Toy Story*, c'è stato un momento in cui abbiamo dovuto ammettere che la storia non era eccezionale. Non era eccezionale e basta. Abbiamo fermato la produzione per cinque mesi... Abbiamo pagato tutti per girarsi i pollici mentre il team perfezionava la storia di quello che poi è diventato *Toy Story*. E se non avessero avuto il coraggio di fermarsi, *Toy Story* non sarebbe mai stato quel che è, e probabilmente non ci sarebbe stata nessuna Pixar. L'abbiamo chiamata "Crisi della trama" e non ci saremmo mai aspettati di viverne un'altra. Be', la sai una cosa? C'è stata una crisi in ogni film. Però ora non fermiamo la produzione per cinque mesi: siamo diventati un filino più scaltri. Ma c'e' sempre un momento in cui, semplicemente, le cose non funzionano, ed è molto facile mentire a se stessi – con-

---

* Aubrey Day, *Interview: John Lasseter*, «Total Film», 3 giugno 2009.

vincersi che tutto va bene, quando nel cuore sai benissimo che non è così»*.

Lasseter e i suoi ripartono da zero e tornano alle origini della loro idea. Poi, nel 1994, Katzenberg lascia la Disney in polemica con Eisner e fonda, con Steven Spielberg e David Geffen, la DreamWorks. A quel punto, fare il film che avevano in testa dall'inizio diventa più facile. Certo, rimane qualche compromesso da accettare, come inserire le canzoni, fortemente volute da Disney come un marchio di fabbrica. Però non sono i personaggi a cantarle, perciò non è un musical. Anche le voci scelte, Tom Hanks per Woody e Tim Allen per Buzz, aggiungono un contributo notevole: «Quello che ho subito ammirato di Tom è la sua capacità di rendere attraente ogni tipo d'emozione. Anche quando urla a qualcuno, resta affabile. È una dote cruciale, perché Woody si comporta piuttosto male quando non è più il giocattolo-leader»**, sottolinea Lasseter.

Naturalmente i costi crescono: la Disney adegua il proprio finanziamento da 17 a 21 milioni di dollari e costringe Jobs a garantire personalmente un'ulteriore linea di credito di 3 milioni di dollari, cosa che lo spinge a cercare un acquirente, se non per l'intera Pixar almeno per una parte. Invano.

Tutto cambia prospettiva a gennaio del 1995, quando la Disney annuncia che *Toy Story* verrà lanciato a fine novembre in occasione del Giorno del Ringraziamento, che apre ufficialmente la stagione delle feste invernali. Lo stesso mese, durante un evento con il sindaco Rudolph Giuliani, Eisner proclama che *Pocahontas*, l'ultima fatica di casa Disney, esordirà in giugno con una grandiosa *première* all'aperto a Central Park, estesa a qualcosa come centomila persone, che potranno assistere

---

* Betsy Morris, *Steve Jobs speaks out*, «Fortune», febbraio 2008.

** David A.Price, *The Pixar Touch: The Making of a Company*, Knopf 2008.

alla proiezione su schermi alti quanto un palazzo di sette piani. Jobs comincia a capire di che cosa può essere capace l'enorme macchina promozionale della Disney e decide di cavalcarla: quoterà Pixar in Borsa in coincidenza con il lancio di *Toy Story* e, per esercitare un maggior potere seduttivo nei confronti degli investitori, assume la carica di presidente al posto di Catmull che, riluttante, l'aveva accettata di nuovo dopo l'allontanamento di Chuck Kolstad. Catmull rimane vice presidente e direttore dell'ufficio tecnico e, a chiudere il nuovo triumvirato che forma l'Ufficio di Presidenza, viene assunto Lawrence Levy, l'uomo che deve garantire la credibilità della società nei confronti di Wall Street.

Il film è pronto. Occupa 1.000 cd, per un totale di 110.000 *frame* (l'equivalente, in formato digitale, del fotogramma), ciascuno dei quali ha comportato diverse ore di elaborazione, fornite da 117 computer Sun Sparc 20s. Per digitalizzare le scene entrate nel montaggio definitivo sono servite in tutto 800.000 ore di lavoro-macchina. Come recita una battuta divenuta celebre negli studios della Pixar: *Toy Story* è stato girato interamente in una sola location – il cyberspazio. Intanto, la macchina Disney ha svolto perfettamente il suo compito, montando una campagna del valore di 145 milioni di dollari. Solo 20 sono messi dalla stessa Disney, gli altri arrivano dai partner commerciali, che riempiono i loro prodotti – hamburger, bevande, dolciumi – di immagini e merchandising dei personaggi Pixar. Resta qualche dubbio su come possa reagire il pubblico ma, secondo il sito di cinema *Rotten Tomatoes*, 76 critici su 76 che assistono all'anteprima per la stampa finiscono per scrivere recensioni favorevoli, quando non entusiaste.

Il trionfo di *Toy Story* non ha precedenti. Nei primi cinque giorni, tra mercoledì 22 novembre e domenica 26 novembre, il film incassa 38 milioni di dollari, diventando il più grande successo di sempre nel ponte del Ringraziamento. A fine stagione i milioni di dollari incassati saranno 357, una cifra mai toccata prima da nessun film d'animazione.

Intanto si compie il colpo di genio di Jobs: una settimana dopo il debutto nelle sale di *Toy Story*, il 29 novembre, Pixar sbarca in Borsa. Le azioni, che debuttano a 22 dollari l'una, chiudono la giornata a 39, dopo aver toccato punte di 50 dollari, e la società che solo un anno prima era sull'orlo del fallimento, a disposizione di chiunque avesse firmato a Jobs un assegno da 50 milioni di dollari, vale ora 1 miliardo e 400 milioni di dollari.

Ma forse il finale più adatto a questa storia lo fornisce Lasseter, che racconta un aneddoto capitatogli all'aeroporto: «Scendendo dall'aereo, mio figlio mi dice: "Papà, papà, guarda!" e mi indica un bambino di quattro anni o giù di lì che, insieme alla madre, sta aspettando suo papà con evidente entusiasmo e... con un pupazzo di Woody in braccio. In quel momento tutto ha trovato un senso. Mi sono reso conto di quanto questi film emozionino le persone»*. *Toy Story* è stata la vittoria della passione di un numero incredibile di persone, prima che una miniera d'oro.

Disney

Il successo di *Toy Story* e della successiva, ravvicinata collocazione in Borsa di Pixar, provocano due conseguenze immediate. La prima è una sollevazione interna all'azienda: come già aveva fatto quando a essere quotata era stata Apple, Jobs divide a capriccio le stock-option tra le persone che erano lì dalla

* Mike Lyons, *Toon Story: John Lasseter's Animated Life*, «Animation World Magazine», novembre 1998.

prima ora e, anche se nessuno si sogna di discutere i meriti di Lasseter e Catmull, in parecchi casi l'ingiustizia nella disparità di trattamento è evidente. L'incredibile valore toccato dalle azioni non fa che amplificare il problema. Jobs è perciò costretto ad affrontare parecchie discussioni e a fare concessioni che – incredibilmente – lo amareggiano, perché le ritiene mosse da meschine questioni di denaro. Lasseter e Catmull arrivano addirittura al punto di considerare la possibilità di ridistribuire parte delle loro azioni agli altri, ma gli ostacoli legali e fiscali si rivelano eccessivi. Nel frattempo, in ogni caso, la situazione si normalizza.

La seconda conseguenza, ben più rilevante, è che Jobs decide di ridiscutere i termini dell'accordo con Disney. In un pranzo con Eisner spara la sua proposta: una partnership alla pari per cinque film nell'arco di dieci anni. Significa che Disney e Pixar divideranno investimenti, ricavi e... spazio sui titoli e sui cartelloni, dove i loghi delle due compagnie si equivarranno. In più, Pixar manterrà il completo controllo creativo sui film. L'idea di Jobs è chiarissima, come spiegherà lui stesso in una lettera agli azionisti: «Crediamo che esistano solo due marchi significativi nell'industria del cinema – "Disney" e "Steven Spielberg". Vorremmo imporre "Pixar" come terzo. I marchi di successo riflettono la fiducia dei consumatori, che si guadagna col tempo attraverso una serie di esperienze positive che gli stessi consumatori hanno con i prodotti del marchio. Per esempio, i genitori contano sul fatto che i film d'animazione marchiati Disney saranno divertenti e appropriati per la loro famiglia, basandosi sugli indiscutibili precedenti di Disney nel creare meravigliosi film d'animazione. Questa fiducia è vantaggiosa sia per i genitori sia per Disney: rende molto più facile per i genitori la scelta di un momento di divertimento familiare e permette a Disney di conoscere più facilmente e con maggior chiarezza il pubblico che assisterà ai suoi film. Vogliamo che, nel tempo, Pixar diventi un marchio capace di riflettere lo stesso livello di fiducia di Disney. Ma affinché Pixar ottenga questa fiducia, i consumatori devono prima essere a conoscenza del fatto che è Pixar a creare i film»*.

Quelle avanzate da Jobs sono richieste enormi, ma in quel momento è vincolato a Disney per altri tre anni e poi è libero di trovarsi un nuovo partner, e sa bene di potersi giocare un paio di carte importanti, anzi una coppia di re: il realizzatissimo John Lasseter, neo milionario e a capo di un team costruito da lui stesso, che molte persone all'interno della Disney considerano il nuovo Walt Disney; e lo spauracchio Jeffrey Katzenberg, uscito da Disney per i dissidi con Eisner, che con la sua Dreamworks accoglierebbe il team creativo di Pixar a braccia aperte. Infatti Eisner non può che fare buon viso a cattivo gioco: accetta tutte le condizioni di Jobs e se la lega al dito. Il nuovo accordo viene firmato il 24 febbraio del 1997 e da allora in poi i rapporti tra i due saranno come minimo turbolenti.

Nel frattempo si è già iniziato a lavorare al nuovo film: Pixar ha 160 dipendenti che, anziché essere stati assunti a progetto e poi lasciati a casa dopo *Toy Story*, come avrebbe fatto e faceva qualsiasi altro produttore, sono lì a tempo pieno, perciò vanno impiegati al più presto. La nuova storia ha per protagonisti formiche e altri insetti, che hanno il vantaggio, come i giocattoli, di non essere complicati da rendere al computer. Titolo provvisorio: *Bugs*.

Ma c'è un piccolo dettaglio stonato: anche DreamWorks ha in lavorazione un film che vede come protagoniste alcune formiche, intitolato *Antz*. Il punto è che, nel 1995, Lasseter aveva raccontato con entusiasmo a Katzenberg, del quale era rimasto molto amico, l'idea di *Bugs*. A nulla serve una telefonata del

---

* David A.Price, *The Pixar Touch: The Making of a Company*, Knopf 2008.

primo al secondo per chiedere spiegazioni e, a peggiorare la situazione, si aggiunge il fatto che *Antz* debutta il 19 settembre del 1998 al Toronto Film Festival per arrivare nelle sale il 2 ottobre, mentre quello che ha finito per chiamarsi *A Bug's Life* uscirà solo il 25 novembre. Lasseter passerà tutto il periodo precedente al lancio a lamentarsi di quello che sente come un furto e un tradimento e, anche a distanza di anni, continuerà a definire l'episodio «incredibilmente fastidioso»*, ovvero il massimo dell'astio che il suo carattere docile gli concede. Jobs, invece, prende subito una posizione ufficiale sorprendentemente morbida: «Il mercato dei computer è un gioco a somma zero. Se un cliente compra il computer di un concorrente, non comprerà il tuo. Ma nell'industria del cinema il tempo e il pubblico hanno dimostrato che se ci sono in giro tre film veramente belli, la gente va a vederli tutti e tre; e se i tre film non sono un granché non va a vederne nessuno. Se *A Bug's Life* sarà bello, *Antz* non ci danneggerà particolarmente, anche se dovesse essere altrettanto bello»**. Alla fine avrà ragione lui. Nonostante la somiglianza nell'ambientazione, i due film saranno molto diversi, senza contare che ai botteghini *A Bug's Life* surclasserà *Antz*: 358 milioni di dollari incassati contro 152.

Il trend positivo prosegue con *Toy Story 2*, uscito nel 1999, e con *Monsters & Co.*, del 2001. Il primo, nella tradizione Disney da *Aladdin* in poi, nasce come sequel per il mercato dell'home video, da far uscire a stretto giro rispetto a *Toy Story*. Il piano è quello di farne un prodotto senza troppe pretese, con un budget ridotto, esterno al nuovo accordo tra Disney e Pixar. Ma Lasseter non ci sta e interviene sulla lavorazione, stravolgendola: nonostante i tempi di realizzazione non vengano cam-

* Aubrey Day, *Interview: John Lasseter*, «Total Film», 3 giugno 2009.
** Betsy Morris, *Steve Jobs speaks out*, «Fortune», febbraio 2008.

biati, il film migliora incredibilmente e viene distribuito nelle sale: «Ho sempre avuto la sensazione che, se fosse stato fatto come si doveva, *Toy Story 2* si sarebbe meritato l'uscita nei cinema. Penso tuttora che sia uno dei nostri migliori film in assoluto. Credo che abbia sorpreso la gente per la sua profondità – per il fatto che non fosse soltanto un altro sequel "divertente", che ci fosse un pizzico di anima nel racconto, soprattutto nella storia di Woody. La maggior parte dei sequel sono parti del racconto originario riproposte in un altro modo, cosa che tra l'altro fa perdere qualcosa al primo film. Abbiamo sempre tenuto come modello di riferimento *L'Impero colpisce ancora* e *Il padrino – Parte II*, proprio perché entrambi approfondivano il film precedente. E questo era esattamente il nostro obiettivo»*, dice Lasseter, non senza una punta critica nei confronti delle strategie Disney.

Nonostante la sequenza di successi – o forse proprio a causa di essa – a primavera del 2003 il rapporto tra Disney e Pixar sembra già in crisi. Due film, più uno extra, sono già stati distribuiti, e il terzo, *Alla ricerca di Nemo*, arriverà nelle sale a fine maggio. Jobs pensa che sia giunto il momento di discutere con Eisner la prosecuzione del loro rapporto, che secondo gli accordi si estinguerà tre anni e mezzo e altri due film dopo *Alla ricerca di Nemo*. Probabilmente Jobs è cosciente del fatto che la trattativa sarà lunga, ma chi non lo sarebbe se si presentasse con una proposta come la sua? La sua idea è che, in futuro, Pixar debba mantenere la completa proprietà dei propri film. A Disney resterebbero solo il 7,5% degli incassi per i primi cinque anni dall'uscita di ciascun film, come diritti di distribuzione, e la facoltà di usare i personaggi Pixar nei propri parchi tematici. Come prevedibile Eisner rifiuta, e l'anno seguente Jobs

---

* Aubrey Day, *Interview: John Lasseter*, «Total Film», 3 giugno 2009.

annuncia che sta trattando con altri partner commerciali, anche se è difficile che qualcuno sia disposto ad accettare le sue condizioni. In realtà è solo l'ultimo atto di un braccio di ferro che ottiene i risultati sperati: il 30 settembre del 2005 Eisner esce di scena e lascia il posto di amministratore delegato all'allora presidente Bob Iger. Nel frattempo, nel 2004, è uscito nelle sale *The Incredibles* e si attende per il 2006 l'ultimo film dell'accordo decennale: *Cars*.

Con Iger le trattative riprendono in maniera spedita e si parla addirittura di una possibile acquisizione della Pixar da parte di Disney. Lasseter manifesta qualche timore: «Abbiamo questa entità preziosa che è la Pixar. È come un organismo vivente, come se avessimo trovato il modo per far sviluppare una forma di vita in un pianeta su cui non sembrava possibile. Ci siamo domandati se un accordo del genere avrebbe potuto ucciderlo. Ma Steve ha detto a me e a Ed Catmull: "Andate a parlare con Bob Iger. Non vi chiedo altro. È una persona per bene"»*.

I giochi sono fatti. All'assemblea dei soci di fine 2005, Jobs può dichiarare: «Il 2005 segna il decimo anno di Pixar come società per azioni e, sono felice di dirlo, quello con i profitti più alti. Vista la trattativa per la fusione tra Pixar e Disney, questo sarà auspicabilmente il nostro ultimo bilancio come società indipendente, perciò vorrei ringraziare ogni singolo azionista della Pixar per averci sostenuto negli ultimi dieci anni e per averci aiutato a diventare la splendida realtà che siamo»**. L'accordo viene suggellato il 24 gennaio del 2006: Disney acquisisce Pixar per 8,06 miliardi di dollari, 2,81 dei quali finiscono nelle tasche di Jobs sotto forma del 7,46% di titoli Disney, trasformandolo nel maggior azionista della società. Un vero capo-

* Brent Schlender, *Pixar's magic man*, «Fortune», 17 maggio 2006.

** Comunicato stampa pubblicato sul sito pixar.com

lavoro, anche perché, come spiega ancora Lasseter: «L'accordo tra le due società è fondato sull'idea che Pixar rimanga esattamente com'è, e la sua identità venga difesa e garantita. Non sarà fagocitata da Disney. Continueremo a fare le cose come le abbiamo sempre fatte»*. Lasseter, con l'accordo, diventa Chief creative officer, capo del dipartimento creativo, sia di Pixar sia di Disney.

Quanto a Jobs, soldi e considerazione a parte, ricorderà l'avventura in Pixar principalmente per due motivi. Il primo sono le persone: «Alla Pixar c'è la più grande concentrazione di persone straordinarie che io abbia mai visto. C'è uno che ha un dottorato in modellazione di piante al computer – erba, alberi e fiori in 3D. E c'è un altro che è il migliore al mondo nel trasferire le immagini su pellicola»**. Il secondo è aver avuto la possibilità di produrre cose che restano nel tempo: «Tutto ciò che abbiamo realizzato nel campo dell'informatica oltre 20 anni fa ora viene scartato – come se facesse parte di uno strato sedimentario di un'altra era. Nessuno utilizza più un Apple II. Però quando *Biancaneve e i sette nani* è stato ridistribuito nel 2001, noi facevamo parte di quei dieci milioni di famiglie che sono andate a vederlo. È un film vecchio di 60 anni ma mio figlio l'ha adorato. Mi piace pensare che la gente amerà ancora *A Bug's Life* tra 60 anni. Ma dubito che tra 60 anni qualcuno utilizzerà ancora un Macintosh»***.

---

* Russell Baillie, *John Lasseter king of Toon town*, nzherald.co.nz, 3 giugno 2006.

** Betsy Morris, *Steve Jobs speaks out*, «Fortune», febbraio 2008.

*** Brent Schlender, *The Three Faces Of Steve*, «Fortune», 9 novembre 1998.

4. iCOSE

Il ritorno in Apple

Per tutto il periodo del suo esilio, Jobs ha continuato a esprimere opinioni su come Apple veniva gestita: dapprima risentite, poi sempre più addolorate di fronte all'idea che l'azienda avesse rinunciato alla missione per cui era nata, cioè innovare. Frasi e uscite pubbliche che si intensificano nell'ultimo anno prima del ritorno, quando Jobs comincia a ripetere un po' in ogni occasione che lui saprebbe come risollevare le sorti di Apple, facendo contemporaneamente capire di non voler però compiere il primo passo. A Natale del 1995, per esempio, quando l'amico Larry Ellison, con cui si trova in vacanza, gli propone di mettere insieme un gruppo di investitori per scalare Apple riportandolo in sella come amministratore delegato, Jobs rifiuta: sarà solo orgoglio, ma dal suo punto di vista l'iniziativa deve partire dalla stessa Apple.

Tutto si risolve alla fine del 1996. L'azienda non ha più una guida autorevole fin da quando, nel 1993, anche Sculley è stato allontanato. Nel frattempo, non è riuscita nell'intento di farsi acquistare da altre società e ha definitivamente perso la battaglia dei computer contro Windows: la quota di mercato su cui può contare non supera il 4%. Dal canto suo, Jobs non può vantare risultati brillanti alla NeXT, ma un anno prima è riuscito a ribaltare la situazione fallimentare di Pixar con il lancio di *Toy Story* e una straordinaria quotazione in Borsa. È in base a questi presupposti che, il 20 dicembre del 1996, si compie l'operazione di acquisizione di NeXT da parte di Apple, che porta direttamente nelle tasche di Jobs 120 milioni di dollari in contanti e 37 milioni in azioni da non cedere per almeno sei mesi. Tutto lascia pensare a un ruolo importante per lo stesso Jobs, accolto trionfalmente nel gennaio del 1997 dal pubblico del MacWorld di San Francisco. Lui invece si limita ad accettare un generico incarico da consulente, sostenendo che il suo desiderio è di restare amministratore delegato di Pixar, pur aiutando concretamente Apple. Quella che si viene a creare è una situazione strana, che si risolve solo nel momento in cui il consiglio d'amministrazione, il 9 luglio del 1997, decide di allontanare Gil Amelio e di offrire la poltrona di amministratore delegato a Jobs, il quale però, con un altro colpo di scena, l'accetta solo ad interim, nell'attesa di individuare una persona adatta al ruolo. Ma quella persona – alla lunga lo si capirà – non può che essere lui stesso: «Il consiglio d'amministrazione mi ha fatto parecchie offerte incredibilmente generose. Io le avevo rifiutate tutte per una serie di motivi. Il primo anno non volevo che gli azionisti e i dipendenti della Pixar pensassero che il loro amministratore delegato volesse farsi una scampagnata alla Apple per non tornare più. Dopo due anni e mezzo, penso che i gruppi dirigenti di Pixar e Apple abbiano dimostrato di saper gestire la situazione. Ecco perché ho eliminato la parola "interim" dal mio titolo. Anche se mi faccio ancora chiamare "iCeo" perché penso che sia figo...»*

Certo, in quei due anni e mezzo il comportamento ambiguo di Jobs provoca qualche problema di fiducia esterna, tra gli investitori, ma a chi insiste nel chiedergli spiegazioni, lui risponde così: «Sono amministratore delegato anche della Pixar, e

---

* *Apple's One-Dollar-a-Year Man*, «Fortune», 24 gennaio 2000.

vorrei rimanerlo in futuro perché mi piace. Questo pone alcune limitazioni a quel che posso fare in Apple. Da quando sono tornato, tutti hanno iniziato a perseguitarmi con questa storia dell'interim, chiedendomi per quanto tempo sarei rimasto. Poi, all'inizio di quest'anno, una mattina ho pensato: "Non è un mio problema. È un problema degli altri. Non ci perderò altro sonno e non è per questo che lavorerò meno duramente per Apple". Quindi ho semplicemente deciso che, con tutti i problemi di cui mi ero fatto carico, non avevo bisogno anche di questo, e non ci ho pensato mai più».*

A ciò si aggiunge il fatto che Jobs vende tutte le sue azioni Apple, un'altra mossa ambigua che spiegherà in maniera non del tutto convincente: «Durante le trattative per l'acquisto di NeXT, Apple mi disse che mi avrebbe pagato una parte in azioni – erano un milione e mezzo, e corrispondevano a circa un sesto di quello che dovevo percepire – e il resto in contanti. Ma c'era un inghippo: volevano che fossero azioni non registrate, così non avrei potuto venderle per sei mesi. È stato un grosso errore e ti spiego perché. Sei mesi dopo, come d'accordo, dovettero registrare le azioni alla Sec, l'ente preposto alla vigilanza della borsa. Non appena lo fecero, la stampa economica – ovvero voi, ragazzi – ne dedusse che io stessi per venderle, anche se non ci avevo minimamente pensato. Quando il caso è esploso, ho pensato: "Caspita, per Apple è un brutto colpo d'immagine. Se vendo tra tre o sei mesi ne arriverà un altro, perciò è meglio se lo faccio subito". Tutto questo, tra parentesi, prima che il consiglio d'amministrazione di Apple cominciasse a farmi pressioni per tornare a guidare la società. All'epoca era Gil Amelio a farlo. Perciò pensavo pure: "Voglio davvero tenermi queste azioni che og-

---

* Brent Schlender, *The Three Faces Of Steve*, «Fortune», 9 novembre 1998.

gi valgono 20 milioni di dollari, quando penso che nel giro di un anno la società perderà tutto il suo valore?" Così le ho vendute. E di lì a pochi giorni, letteralmente, ho ricevuto una chiamata da Ed Woolard, il presidente del consiglio d'amministrazione, per discutere del mio ritorno. Ma vendere quelle azioni è stata decisamente una buona idea. Non ho uno stipendio alla Apple. Prendo un dollaro l'anno, così la mia famiglia può avere l'assicurazione medica, tutto qui. Potete dedurne, come avete fatto, che non ho interessi in Apple. Ma questo mi ha permesso di presentarmi con un minimo di autorità morale per dire: "Guardate, non c'entro io o i soldi che guadagnerò. C'entra solo quello che è giusto per Apple". In qualche modo, era più puro».

Ambiguità a parte, è vero che l'impegno nel rilanciare Apple è totale, anche perché la situazione è davvero grave. Non è solo una questione finanziaria, anche se Jobs ricorda che «di lì a 90 giorni Apple avrebbe dichiarato bancarotta: quando sono tornato era molto peggio di quanto pensassi all'inizio»*, ma anche di motivazioni: «Le persone si erano sentite ripetere che erano dei perdenti per così tanto tempo che erano sul punto di arrendersi. I primi sei mesi sono stati molto sconfortanti, e a volte sono stato anch'io molto vicino a gettare la spugna. Non mi sono mai sentito tanto stanco in vita mia. Arrivavo a casa alla dieci di sera e crollavo direttamente nel letto, per trascinarmene fuori alle sei del mattino dopo, fare una doccia e tornare al lavoro».**

---

* Intervista con Steve Jobs condotta da Kara Swisher e Walt Mossberg alla conferenza «D8 All Things Digital» a giugno 2010, visibile integralmente all'indirizzo http://allthingsd.com/20100607/steve-jobs-at-d8-the-full-uncut-interview/?refcat=d8.

** Brent Schlender, *The Three Faces Of Steve*, «Fortune», 9 novembre 1998.

A mancare è soprattutto un'idea chiara sulla direzione da prendere: «Apple si era dimenticata che cos'era. Chi è Apple? Perché Apple è qui? Le radici della Apple erano di costruire computer per la gente, non per le aziende. Quando abbiamo fondato Apple, era IBM a costruire computer per le aziende. Adesso sono Microsoft e Intel. All'epoca non c'era nessuno che costruisse computer per la gente. La cosa divertente è che vent'anni dopo non c'era di nuovo nessuno che costruisse computer per la gente. Capisci? Cercavano di vendere alle persone comuni i computer assemblati l'anno prima per le aziende. Noi abbiamo detto: "Bene, queste sono le nostre radici. Questo è il motivo per cui siamo qui. Il mondo non ha bisogno di un'altra Dell o di un'altra Compaq. Il mondo ha bisogno di una Apple».

L'intervento principale, quindi, diventa quello di semplificare: «C'erano 15 linee di prodotto quando sono arrivato. Era incredibile. Non riuscivi a capire che cosa comprare. Ho cominciato a chiedere in giro e nessuno era in grado di spiegarmelo. Quest'anno abbiamo aggiornato il PowerBook in maggio e l'iBook in luglio. Il G4 ha rimpiazzato il G3 in agosto e adesso, in ottobre, è arrivato l'iMac. Ho fatto il conto dei tempi: in 148 giorni abbiamo modificato completamente ogni singolo prodotto»* (si riferisce al 1999, quindi l'iMac cui accenna è già una seconda versione, *nda*).

Tra i prodotti abbandonati, anche se Jobs non lo nomina, c'è pure il Newton, il palmare voluto da Sculley. I maligni, naturalmente, sostengono che si sia trattato unicamente di una vendetta personale, ed è vero che il Newton era l'unico prodotto davvero innovativo – quindi in pieno stile Apple, secondo la visione di Jobs – lanciato durante la sua assenza, ma è an-

---

* Michael Krantz, *Steve Jobs at 44*, «Time», 10 ottobre 1999.

che vero che le vendite non erano ancora decollate e che Jobs non ha mai sopportato l'idea che si dovesse usare un pennino, anziché le dita, per gestirlo.

L'impegno diretto di Jobs porta un primo risultato visibile già ad agosto del 1997 quando, dopo aver annunciato un accordo a sorpresa con Microsoft al MacWorld di Boston, le azioni schizzano in alto del 33% in una sola giornata, raggiungendo il doppio del valore di quando Amelio era stato costretto a lasciare, poco meno di un mese prima, e tanto basta a mettere al riparo da tempeste i conti di Apple: «Credo che senza la giusta attenzione, la società potesse, potesse, potesse – sto cercando la parola giusta – potesse morire»*, ricorderà più tardi Jobs. Naturalmente, a quel punto, quel che serve è un grande prodotto, e quel prodotto è l'iMac.

iMac, iBook e gli altri computer

L'iMac è un preciso segnale al mondo che Steve Jobs è tornato e che la Apple può vivere una seconda giovinezza sotto la guida del suo fondatore. Il 6 maggio del 1998, nello stesso auditorium che aveva visto il lancio del primo Macintosh, Jobs presenta al mondo la sua nuova creatura. Lo fa mostrando una foto che ritrae i «vecchi» computer, scatole squadrate e di color beige, con cavi che vanno da tutte le parti, per poi scoprire la sua macchina al centro del palco: un computer tutto incluso in un solo elemento, con un retro bombato formato da una plastica traslucida di un colore speciale battezzato «Bondi Blu», tra il verde marino e il blu. Sembra atterrato da un altro piane-

* Cathy Booth, David S.Jackson, Valerie Marchant, *Steve Jobs: Restart Apple*, «Time», 18 agosto 1997.

ta e il design, volutamente estremo, non è altro che il modo per segnalare a colpo d'occhio che quello è un computer completamente nuovo.

L'idea è che possa ben figurare sulla scrivania di persone giovani e creative, che sia semplice da collegare e che faciliti e velocizzi l'accesso al Web (la «i» del nome sta proprio per «Internet»). Per esagerare, il manuale d'istruzioni incluso nella confezione entrerà nel Guinness dei primati come il più corto per un computer: si tratta di un cartoncino che illustra le sei mosse per avviare l'iMac dopo averlo spacchettato, ripetute in diverse lingue. «Il design è l'essenza stessa della creazione umana, che finisce per esprimersi nei diversi livelli esteriori del prodotto o del servizio. L'iMac non è solo il colore, l'essere traslucido o la forma della scocca. L'essenza dell'iMac è quella di essere il più raffinato computer per la gente, in cui ogni elemento collabora con gli altri. Nel nostro ultimo iMac, sono stato irremovibile sul fatto di liberarci della ventola, perché è molto più piacevole lavorare con un computer che non ronza continuamente. Eliminare la ventola non era solo una "decisione di Steve"; richiedeva un enorme sforzo ingegneristico per capire come gestire meglio l'energia e la dispersione termica dentro la macchina. E questo è quanto di più lontano esista dall'aspetto esteriore. Era il cuore del prodotto fin dal giorno in cui abbiamo cominciato»*.

Tra le altre novità dell'iMac, spiccano la mancanza di un lettore di floppy disk e il debutto dei collegamenti Usb: «Siamo stati i primi a diffondere il floppy da 3 pollici e mezzo. L'ha inventato Sony e noi l'abbiamo introdotto nei primi computer, per diverse buone ragioni. Ci siamo sbarazzati completamente del floppy disk nel 1998 con il primo iMac. Ci siamo anche sba-

* *Apple's One-Dollar-a-Year Man*, «Fortune», 24 gennaio 2000.

razzati di quelle cose chiamate porte parallele e seriali e abbiamo adottato la tecnologia Usb, anche se l'aveva inventata Intel. Si è vista per la prima volta sugli iMac. Ci siamo sbarazzati di diverse cose. E a volte, quando ci sbarazziamo di cose come il lettore di floppy disk sul primo iMac, ci dicono che siamo matti»*. Non sempre, infatti, i salti nel futuro di Jobs si sono rivelati azzeccati, ma in questo caso l'idea che il floppy disk non avesse un futuro, a confronto con i cd e con la potenza di Internet ed e-mail, era giusta. E giusta si dimostra anche, concretamente per la prima volta, l'idea di Jobs secondo cui soltanto facendo tutto in casa si possa davvero innovare: «I nostri concorrenti – Gateway, Dell e Compaq – sono in realtà aziende di distribuzione. Prendono la tecnologia da Microsoft e da Intel, la assemblano in Estremo Oriente e la spediscono. A determinare se avranno successo o meno sono il loro modello di distribuzione e la loro efficienza logistica. Non progettano nulla. Quando abbiamo lanciato l'iMac, abbiamo deciso di adottare questo nuovo collegamento chiamato Usb. Subito dopo, ho ricevuto una chiamata da un importante dirigente della Intel. Mi ha chiesto: "Tu lo sai chi ha inventato l'Usb, vero?" e io gli ho risposto: "No, chi?". Mi ha detto: "Intel. Cinque anni fa. Abbiamo tentato di farla adottare dall'industria dei pc per cinque anni e voi, in trenta giorni esatti, avete fatto un balzo enorme in avanti rispetto a noi, è assurdo. Era come cavar sangue dalle rape". Noi invece diciamo: "Okay, approntiamo l'hardware, approntiamo il software e informiamo gli sviluppatori". Possiamo scegliere una mezza dozzina di tecnologie del genere all'anno e

* Intervista con Steve Jobs condotta da Kara Swisher e Walt Mossberg alla conferenza «D8 All Things Digital» a giugno 2010, visibile integralmente all'indirizzo http://allthingsd.com/20100607/steve-jobs-at-d8-the-full-uncut-interview/?refcat=d8.

realizzare fino in fondol'innovazione su cui abbiamo deciso di puntare»*

L'altro aspetto fondamentale, a partire dall'accordo con Microsoft, è ricominciare ad avere software d'eccellenza: «Il vero problema è che per un sacco di sviluppatori è stata davvero dura trattare con Apple negli ultimissimi anni. Ci ho parlato. Il problema non era tanto il calo di vendite dei Mac, quanto proprio trattare con Apple. Abbiamo già sistemato quasi tutto. Gli sviluppatori stanno tornando ed è una buona notizia. Non li abbiamo ancora riportati indietro tutti, ma la maggior parte sì»**.

L'iMac si dimostra subito un prodotto azzeccato: «Nei primi 139 giorni, abbiamo venduto un iMac ogni 15 secondi di ogni singolo minuto di ogni singolo giorno di ogni singola settimana»***, dice orgoglioso Jobs, facendo una semplice media matematica sugli 800.000 iMac consegnati – e a gennaio del 1999 arrivano i nuovi colori: Strawberry, Blueberry, Lime, Grape e Tangerine. A ottobre si aggiunge anche il Grafite e contemporaneamente arriva il primo aggiornamento di tutti i modelli, nei quali finalmente, al posto del normale cassettino per inserire i cd, c'è una semplice fessura: una soluzione che Jobs avrebbe voluto fin da subito e che, pur aumentando l'eleganza del prodotto, sarà uno dei motivi che, involontariamente, ne freneranno la diffusione. A giugno dello stesso anno, infatti, un ragazzino di nome Shawn Fanning dà vita a Napster, il software che permette pressoché a chiunque di scambiare file digitali e che diventerà un vero fenomeno, convincendo anche le persone più oneste a scaricare canzoni illegalmente. Che cosa c'en-

---

* Michael Krantz, *Steve Jobs at 44*, «Time», 10 ottobre 1999.

** Brent Schlender, *The Three Faces Of Steve*, «Fortune», 9 novembre 1998.

*** Comunicato stampa Apple del 5 gennaio 1999.

tra la scelta del sistema di inserimento dei cd? Semplice: la soluzione a fessura non permette, in quel momento, di gestire un masterizzatore di cd, e chi scarica musica, più che tenerla sul pc, vuole usarla per creare dischi con compilation personali. Jobs, all'epoca, dichiara ancora serenamente: «L'iMac è semplicemente il miglior computer al mondo per connettersi a Internet e creare film a casa o in classe»*, senza capire che, più che il cinema, è la musica a interessare al suo pubblico. Più tardi correrà ai ripari, ma solo a febbraio del 2001 gli iMac avranno finalmente un masterizzatore di cd interno.

Nel frattempo, il 21 luglio del 1999 è nato anche l'iBook, un computer portatile – il primo per il grande pubblico a prevedere una connessione senza fili – caratterizzato dalle stesse plastiche colorate e dalla stessa forma arrotondata dell'iMac, e nel corso dell'anno Apple finisce di risistemare le linee di computer «professionali», con i portatili PowerBook e i fissi PowerMac G4. Il 5 gennaio del 2000, infine, arriva il momento di annunciare il nuovo sistema operativo, Mac Os X, che debutta nell'estate dello stesso anno. È un cambiamento importante perché, anche se chi usa il computer quasi non lo nota, implica il passaggio a una diversa tecnologia di software, più simile a quella che fa girare Windows, e perché a breve favorirà un'altra rivoluzione copernicana tecnologica: l'adozione da parte di Apple dei processori Intel.

Eppure, quando il grosso dei cambiamenti nel settore dei computer sembra essere avvenuto, Jobs rilancia ancora. La prima sorpresa arriva con il nuovo iBook, presentato il 1° maggio del 2001: abbandonate le linee e i colori estremi della versione precedente, Jobs inaugura l'era del bianco. Il nuovo portatile, elegantissimo, è grande meno della metà del precedente e pesa

* Comunicato stampa Apple del 19 luglio 2000.

il 30% in meno. Ha uno schermo da 12,1" (circa 31 cm di diagonale), masterizzatore cd e lettore dvd. Jobs lo presenta così: «Il nuovo iBook è meravigliosamente piccolo e leggero, e ha tutte le straordinarie caratteristiche che ci si aspettano da Apple. Con iMovie, iTunes e iTools, il nuovo iBook riparte dall'incredibile successo del primo iBook ed è pensato per assecondare lo stile digitale di oggi»*.

A ottobre 2001 fa il suo debutto l'altrettanto bianco iPod, che aprirà un intero nuovo mondo alla Apple, e infine, il 7 gennaio del 2002, diventa bianco anche l'iMac. «Il nuovo iMac inaugura l'era dei computer a schermo piatto per tutti. Il monitor tradizionale è ufficialmente morto» dichiara trionfante Jobs. Per la verità, quello che presenta è probabilmente il computer dal design più originale di tutti i tempi: lo schermo piatto da 15", infatti, è sospeso in aria grazie a un braccio cromato pieghevole e orientabile, che poggia su una base semisferica, dentro la quale sono ospitate tutte le componenti del computer. Eppure, anche questo modello, dopo essere stato aggiornato con schermi da 17" e poi da 20", ha vita breve e viene sostituito il 31 agosto del 2004 da un nuovo iMac, tutto raccolto dentro uno schermo bianco, spesso appena 5 cm e sostenuto da una base in alluminio. Più tardi, nel 2007, la scocca in alluminio sostituirà quella bianca, ma in pratica l'iMac non cambierà più aspetto. Anzi, si può dire che il modello con base semisferica fosse solo un compromesso dettato dai limiti della tecnologia, infatti viene abbandonato non appena l'idea di «far sparire» il computer dentro uno schermo piatto diventa realizzabile.

Nel frattempo, si era compiuto l'altro grande balzo tecnologico di Apple nel campo dei computer: il passaggio ai processori Intel, non per nulla sottolineato da Jobs in una presen-

---

* Comunicato stampa Apple del 1° maggio 2001.

tazione diventata ormai celebre. È il 10 gennaio del 2006 e, in mezzo a un fumo denso che avvolge il palco, tra lo stupore generale, Paul Otellini, amministratore delegato di Intel, vestito di una tuta di quelle usate dai tecnici che lavorano ai microprocessori, simili a quelle degli astronauti, si presenta al cospetto di Jobs porgendogli i primi chip realizzati per Apple. Eppure, aspetti tecnologici a parte, non è questo il momento più significativo dopo il lancio del primo iMac. Per trovarlo, bisogna fare un ulteriore salto indietro e tornare al 2002. Il 29 aprile di quell'anno, infatti, Jobs presenta un computer chiamato eMac, che è uno strettissimo parente del primo, arrotondatissimo iMac. Per capire perché sia così importante, basta sapere che la «e» del nome sta per «education». Per l'ennesima volta, Jobs pensa alle scuole e fornisce loro un computer compatto, con uno schermo da 17", connesso a Internet e già completo di software per gestire foto, musica e film, a partire da 999 dollari. È il suo modo per lasciare un segno nella società e – perché no? – per ricordarsi del bambino che è stato.

iPod

L'iPod è uno degli argomenti su cui le persone tendono maggiormente a fare confusione. Perché è un prodotto di enorme successo e perché è relativamente recente, quindi è facile sovrapporgli ricordi personali legati al lancio o all'acquisto di una delle tante versioni uscite in poco più di dieci anni.

Per questo motivo, già soltanto ristabilire la cronologia dei fatti può rivelare dettagli sorprendenti. Primo tra tutti: è iTunes, e non l'iPod, a inaugurare il rapporto di Apple con la musica. Fin dagli ultimi mesi del 1999 c'è stato il boom di Napster e degli altri software per scaricare e scambiare musica illegalmente. Un'esplosione che, oltre alle vendite di dischi, ha messo in difficoltà quelle dell'iMac che, a differenza dei concorrenti, non aveva un masterizzatore di cd integrato, con cui le persone potessero creare le proprie compilation «pirata». La richiesta di cd vergini nel 2000 è cresciuta dell'84%, superando i tre miliardi di pezzi venduti – certo non tutti per registrarci musica, ma una buona parte sì. Per riparare alla situazione, il 9 gennaio del 2001 Jobs lancia iTunes, il primo software Apple per gestire la musica, seguito il 22 febbraio dal primo iMac con masterizzatore di cd interno. L'idea, semplicissima, è quella di riconquistare i favori delle persone – perlopiù giovani, ovvero il pubblico di riferimento dell'iMac – che improvvisamente si ritrovano con centinaia di canzoni dentro il computer e non hanno strumenti all'altezza per organizzarle o ascoltarle: «iTunes è miglia avanti rispetto a qualsiasi altro jukebox per computer e noi ci auguriamo che la sua incredibile facilità d'uso spingerà sempre più persone a convertirsi alla smaterializzazione digitale della musica»*, si limita ad affermare Jobs quel 9 gennaio. Un mese e mezzo dopo, sono già quasi un milione le persone che utilizzano iTunes, che diventa compatibile con 25 diversi modelli di masterizzatore, oltre che con il nuovo masterizzatore interno dell'iMac. È un numero altissimo considerando che, al momento, iTunes funziona solo sui computer Apple.

Naturalmente la rivoluzione si compie solo con l'arrivo del primo iPod, il 23 ottobre del 2001. L'invito per la presentazione reca solo la scritta «Suggerimento: non è un Mac» e, durante il suo solito show, Jobs evita giochi di luce e altri effetti speciali, limitandosi a estrarre l'iPod dalla tasca dei jeans, un gesto accolto dal consueto coro di urla di giubilo misto a stupore. Seguono tutti gli aggiornamenti di software che permettono a iTunes e iPod di collaborare perfettamente tra loro. Quello che

---

* Comunicato stampa Apple del 9 gennaio 2001.

fa specie è che, in quel momento, iTunes non è ancora legato a doppio filo con l'iPod, ma è compatibile pure con un lettore mp3 concorrente: il Rio One. Per la verità, il mercato dei lettori musicali è piuttosto confuso e poco redditizio, ed è proprio questo il motivo che spinge Apple a entrarci: la maggior parte dei modelli in commercio non è in grado di contenere più di 25-30 canzoni e gli unici apparecchi che hanno un hard-disk, e quindi una capienza maggiore, come appunto il Rio o il Creative Nomad Jukebox, sono complicati da usare.

L'iPod è davvero di un'altra categoria, e lo si capisce subito. Tra le caratteristiche vincenti, una memoria sufficiente per conservare mille canzoni, la possibilità di trasferire un intero cd in 5-10 secondi, contro i 3-5 minuti dei concorrenti, la durata delle batterie, che arriva a 10 ore contro uno standard di 2-3. E, naturalmente, una grande facilità nello scorrere i titoli delle canzoni, grazie al colpo di genio della rotella di controllo, oltre alla possibilità di organizzarle in playlist. Ma forse il miglior indizio di quanto l'iPod sia rivoluzionario lo fornisce involontariamente Bill Gates. La sera stessa della presentazione, il giornalista tecnologico Steven Levy è invitato a una cena organizzata da Microsoft. Ha ricevuto un iPod da provare e ce l'ha in tasca. A fine serata lo porge a Bill Gates domandandogli se l'abbia già visto. Gates lo studia, schiaccia un po' di pulsanti alla velocità della luce, scorre i menù e lo restituisce a Levy. «Sembra un prodotto straordinario», dice. Breve pausa, poi aggiunge: «È solo per i Macintosh?»*. Sì, è solo per i Macintosh, all'epoca, ma le cose sarebbero cambiate nel giro di non molto tempo.

Come si sia arrivati all'iPod, con un livello così alto di riservatezza e in così breve tempo, è una delle storie ancora oggi

---

* Steven Levy, *The Perfect Thing*, «Wired», novembre 2006.

maggiormente coperte da segreti che esistano al mondo, nonostante due dei protagonisti dell'avventura, Jon Rubinstein e Tony Fadell, siano nel frattempo usciti da Apple. Di certo, Apple ci tiene a diffondere l'idea secondo cui si è trattato di uno dei più grandi lavori d'équipe della sua storia. Secondo la versione ufficiale, a procurare l'hard-disk da 5 GB di capienza, grande appena 1,8" (4,5 cm di diametro), fu Jon Rubinstein, ex ingegnere della NeXT a capo del progetto iPod fin dal primo giorno: «In Toshiba mi dissero che non sapevano che cosa farne. Che forse si poteva usare per un notebook piccolissimo»*, riferisce come massima confidenza. Del software si occupò Tim Wasko, anch'egli arrivato da NeXT, partendo da un programma preesistente che un'altra società, la Pixo, aveva ideato per i cellulari. La celebre rotella di controllo fu suggerita da Phil Schiller, capo del marketing di Apple, fin da una delle prime riunioni; anche l'idea che le canzoni scorressero sempre più velocemente a ogni giro di ruota è sua. Ad assemblare tutti gli elementi già scelti fu Tony Fadell, chiamato dallo stesso Rubinstein perché aveva già realizzato altri lettori musicali, tra cui quelli della Philips. Persino la paternità del nome, pur con qualche contrasto, viene attribuita a tale Vinnie Checo, un copywriter assunto a progetto per lanciare il nuovo prodotto. Checo sostiene che il nome gli sia venuto in mente per associazione mentale con una capsula spaziale di *2001 Odissea nello spazio*. L'aggiunta della «i» di fronte al «Pod» da lui proposto sarebbe invece di Jobs. Per la verità, qualche bene informato suggerisce che Checo abbia proposto il nome e Jobs l'abbia scartato con la consueta eleganza – una frase del tipo «Fa cagare!» – per poi ripresentarlo come una propria idea in una riu-

* Leander Kahney, *Straight Dope on the iPod's Birth*, wired.com, 17 ottobre 2006.

nione di qualche giorno dopo. Non manca chi fa notare che il marchio «iPod» era già stato registrato e avrebbe dovuto essere utilizzato per una specie di cabina pubblica, analoga a quelle del telefono, da cui poter navigare su Internet.

Dietro al design, c'è la mano di Jonathan Ive: «Fin dal principio volevamo qualcosa che sembrasse così naturale, così inevitabile e così semplice da non far quasi pensare che fosse stato progettato». Anche il bianco porta il suo marchio: «È neutro, ma sfacciatamente neutro. Direi scandalosamente neutro»*. E questo vale anche per le cuffie, candide come i fili: una particolarità che diventa subito un segno distintivo. I meriti di Jobs? È sempre Ive a metterli a fuoco meglio di chiunque altro: «Fin dall'inizio Steve ha fatto alcune osservazioni molto interessanti su come il cuore della questione stesse nel modo che avremmo escogitato per navigare tra i contenuti. Bisognava essere molto focalizzati e non permettere di fare troppe cose con l'apparecchio – cosa che l'avrebbe reso complicato e, di conseguenza, fallimentare. Le caratteristiche base non erano ovvie ed evidenti, perché la chiave era sbarazzarsi di tutta la robaccia. Quel che è interessante è che dando forma a quella semplicità, a quel senso quasi spudorato di semplicità, è venuto fuori un prodotto diversissimo dagli altri. Ma l'obiettivo non era farlo diverso. Peraltro, è piuttosto facile creare qualcosa di diverso. La cosa emozionante è stata iniziare a capire che la sua diversità era una conseguenza diretta del tentativo di farne un oggetto molto semplice»**.

Naturalmente non manca una gola profonda che racconta una storia diversa da quella ufficiale, attribuendo praticamente

---

* Johnny Davis, *10 years of the iPod*, «The Guardian», 18 marzo 2011.

** Rob Walker, *The Guts of a New Machine*, «The New York Times», 30 novembre 2004.

tutti i meriti a Tony Fadell. Difficile considerarla particolarmente affidabile, dal momento che si tratta di Ben Knauss, un manager della PortalPlayer, l'azienda dai cui progetti Apple è partita per accorciare i tempi di produzione dell'iPod e per la quale Fadell lavorava. Secondo Knauss: «L'idea di Tony era di prendere un lettore mp3, collegarlo con un servizio di vendita di musica tipo Napster e costruirci attorno un'azienda. È stato Tony ad avere l'idea dell'intero business». Non solo, Knauss sostiene anche che quando è arrivata Apple il lavoro era già concluso all'80%: «Gran parte del tempo dedicato a costruire l'iPod l'abbiamo passato a rifinire il nostro prodotto». Quanto a Jobs, Knauss ricorda che «Steve si sarebbe terribilmente risentito se non fosse riuscito ad arrivare alla canzone che voleva in meno di tre clic»* e che, dato che Jobs non ci sentiva bene, il volume dell'iPod è più alto di quello degli altri lettori musicali. Fadell non conferma né smentisce nulla: ha firmato un accordo di segretezza valido anche e soprattutto dopo la sua uscita da Apple.

Con l'aiuto delle feste natalizie, l'iPod si dimostra subito un successo, nonostante le perplessità di molti sul prezzo. A fine dicembre 2011 saranno 125.000 gli esemplari venduti a 399 dollari. Ma è solo l'inizio di una storia lunghissima e trionfale oltre ogni più rosea aspettativa. Il 17 luglio del 2002 esce una nuova versione dell'iPod, con la rotella che diventa sensibile allo sfioramento e la memoria che cresce fino a contenere 4000 canzoni, ma la novità più importante è un'altra: la compatibilità con i computer Windows. A dire il vero, quella che potrebbe apparire come una rivoluzione epocale, si ferma solo a metà, perché l'iPod arriva su Windows senza l'indispensabile accompagnamento di iTunes: chi lo vuole, si deve accontentare del software MusicMatch. È un segnale evidente del fatto che la strategia di

* Leander Kahney, *Inside Look at Birth of the iPod*, wired.com, 21 luglio 2004.

Apple non è ancora chiarissima: Jobs non si azzarderà più, in futuro, a non controllare l'intero processo, rischiando di ritrovarsi dei clienti insoddisfatti. Tanto più che si accorgerà presto che il vero valore aggiunto dell'iPod sta proprio nel software: «Se guardi al motivo per cui l'iPod esiste e per cui Apple è entrata in quel mercato, è perché queste enormi aziende giapponesi di elettronica che praticamente erano padrone del mercato della musica portatile, l'hanno inventato e se ne sono impossessate, non sono state capaci di creare il software giusto, di pensare e integrare il software giusto. Perché l'iPod non è nient'altro che software. C'è software dentro l'iPod stesso, software nel pc o nel Mac, software nella "nuvola" del negozio. Certo, è racchiuso in una bella confezione, ma si tratta di software»*. E proprio sul software Jobs costruirà le basi di quello che diventerà praticamente un monopolio nel mercato musicale.

iTunes Music Store

Il vero capolavoro di Jobs ha un nome ben preciso: iTunes Music Store. Il 28 aprile del 2003, Jobs presenta la terza versione dell'iPod – con la rotella che, anziché girare fisicamente, funziona semplicemente sfiorandola – ma la vera notizia è che nasce il negozio on line che cambierà il mercato della musica. «La nostra prima generazione di iPod non ha ancora un valido avversario e noi siamo già alla terza. Con il nuovo iTunes Music Store ora puoi comprare musica on line e trasferirla direttamente sul tuo iPod per

* Intervista con Steve Jobs condotta da Kara Swisher e Walt Mossberg alla conferenza «D8 All Things Digital» a giugno 2010, visibile integralmente all'indirizzo http://allthingsd.com/20100607/steve-jobs-at-d8-the-full-uncut-interview/?refcat=d8.

ascoltarla ovunque ti pare», proclama Jobs, che aggiunge: «I consumatori non vogliono essere trattati come criminali e gli artisti non vogliono che il loro prezioso lavoro venga rubato. L'iTunes Music Store offre a entrambi una soluzione all'avanguardia»*.

La vera difficoltà di tutta l'operazione è stata convincere le major discografiche, scottate dall'esplosione della pirateria musicale, a compiere questo passo. E ad affidarsi ad Apple per farlo. Jobs la spiega così: «Ci sono parecchie persone intelligenti nelle case discografiche. Il problema è che non sono molto tecnologiche. Le buone case discografiche fanno una cosa straordinaria. Hanno gente che sa scegliere, tra 5000 candidati, quello che spaccherà. È una questione d'intuito. E le etichette migliori sanno farlo con una ragionevole percentuale di successo. Penso che sia un bene. Il mondo avrebbe bisogno di più persone così. Il problema è che tutto questo non ha nulla a che vedere con la tecnologia. Quando è arrivato Internet, e poi Napster, l'industria musicale non sapeva come reagire. Molte di queste persone non usavano computer, non avevano e-mail – per qualche anno non hanno capito che cosa fosse sul serio Napster. Hanno reagito piuttosto lentamente. A dire il vero, non hanno ancora reagito davvero. Sono indifese di fronte alle persone che gli presentano soluzioni tecniche assicurandogli che funzioneranno, quando invece non funzioneranno»**.

Quello con cui Jobs deve confrontarsi fin dal primo momento è un misto di ignoranza, diffidenza e paura. L'ignoranza è nel non comprendere a fondo quel che sta succedendo, la diffidenza è quella che il mondo della musica nutre nei confronti di chi viene da quello dei computer – tra le altre, ci sono state

* Comunicato stampa Apple del 28 aprile 2003.

** Jeff Goodell, *Steve Jobs: Rolling Stone's 2003 Interview*, «Rolling Stone», ottobre 2011.

diverse polemiche sulla campagna pubblicitaria per il lancio di iTunes, ingiustamente accusata di incoraggiare la pirateria – la paura è quella di veder crollare di colpo un mercato fino a quel momento florido. Sono tutti sentimenti che bloccano il cambiamento. Spiega ancora Jobs: «La nostra idea fin dall'inizio è stata che non tutto quell'ottanta per cento di gente che scaricava musica illegalmente volesse davvero rubarla. Ma il Web è irresistibile. Ti dà soddisfazione immediata. Non devi andare fino al negozio; la musica è già digitalizzata e non devi copiarla dal cd. È per questo che una persona è disposta a trasformarsi in ladro pur di farlo. Perciò chiedergli di smettere senza dargli una valida alternativa non ha senso. Abbiamo detto: "L'unico modo per convincere la gente a smettere di rubare è offrirgli la carota invece del bastone". E la carota è un'esperienza migliore, a un solo dollaro a canzone. Poi abbiamo spiegato alle case discografiche che scaricare una canzone da Kazaa non è tutto questo spasso. Digiti il titolo di una canzone, ma non ne trovi una, ne trovi centinaia, su centinaia di computer diversi. Provi a scaricarne una e magari dall'altra parte c'è una connessione lenta. Dopo due o tre collegamenti da schifo, finalmente hai un brano, ma scopri che gli mancano quattro secondi perché l'ha convertito un bambino di dieci anni. Ora che ottieni quel che volevi passa minimo un quarto d'ora. È vero, qualcuno è disposto a fare comunque tutta la trafila, ma molti altri no»*.

Il discorso di Jobs è così convincente da permettergli di riuscire dove tutti gli altri avevano fallito. Tra gli argomenti a suo favore, c'è anche il fatto che iTunes è disponibile solo per i Mac, computer che non superano il 5% del mercato: l'ideale per fare un test da cui si possa eventualmente tornare indietro con faci-

* Jeff Goodell, *Steve Jobs: Rolling Stone's 2003 Interview*, «Rolling Stone», ottobre 2011.

lità. È così che, al suo debutto ad aprile, con 200.000 brani a disposizione a 99 centesimi di dollaro l'uno, l'iTunes Music Store è appoggiato da tutte e cinque le più importanti major discografiche dell'epoca. Ma sarà un passo senza ritorno: nella prima settimana, iTunes vende un milione di canzoni e a ottobre i titoli disponibili sono già 400.000 e le canzoni vendute 13 milioni. Ed è proprio a ottobre, il 16, che con una mossa senza precedenti Jobs porta iTunes su Windows: «Ci abbiamo fatto un sacco di riflessioni. Il rischio più grande era che c'era gente che comprava il Mac solo per mettere le mani sull'iPod. Portare l'iPod su Windows! Questa è stata la decisione più importante. Sapevamo che, una volta presa, non potevamo più tornare indietro. Sono certo che stiamo perdendo qualcosa nelle vendite dei Mac, ma già metà degli iPod che vendiamo sono per l'universo Windows»*.

Il segnale che la rivoluzione è avvenuta sta nei numeri: nel trimestre che precede il lancio dell'iTunes Music Store, gli iPod venduti sono 78.000, quello seguente diventano 304.000; dopo l'apertura a Windows diventano 733.000, mentre a fine anno le canzoni scaricate da iTunes sono 25 milioni. Inizia così un processo che porterà alla disgregazione degli album, sostituiti dai brani singoli, e a un brusco calo degli utili delle case discografiche che, se non bastasse il drastico abbassamento dei prezzi, in pratica hanno ceduto il 30% dei loro affari ad Apple. Apple, invece, si ritrova improvvisamente padrona di un nuovo mercato, raccogliendo l'eredità perduta dei walkman, i mangiacassette tascabili di Sony che sono uno dei prodotti-simbolo più amati da Jobs, e scopre che può fare più affari con gli iPod che con i computer: «Con l'iPod siamo usciti dalla campana di vetro dei sistemi operativi ed è stato grandioso perché abbiamo

* Jeff Goodell, *Steve Jobs: Rolling Stone's 2003 Interview*, «Rolling Stone», ottobre 2011.

dimostrato che l'innovazione, l'ingegnerizzazione e il design di Apple contavano davvero. L'iPod ha toccato quote di mercato del 70%. È inutile che ti dica quanto è stato importante dopo tanti anni di fatiche ripagate dal 4-5% del Mac».*

Il bello è che da questo momento in poi i record si accumulano e ogni novità introdotta si trasforma in un successo senza precedenti. A gennaio del 2004 arriva l'iPod mini, un modello più piccolo dell'originale, rifinito in alluminio anodizzato e disponibile in cinque colori. Contiene fino a mille canzoni, come il primo iPod, e porta un'ulteriore innovazione, che verrà in seguito adottata dal modello «grande»: la rotella cliccabile, che permette di eliminare i tasti di selezione, ascolto, pausa e ricerca dei brani. Il 2004 è anche l'anno dell'espansione dell'iTunes Music Store all'estero, iniziando da Francia, Inghilterra e Germania: gli iPod venduti ogni trimestre diventano prima 2 milioni e poi, il trimestre successivo, l'ultimo dell'anno, 4 milioni e mezzo, mentre iTunes chiude il 2004 con la vendita della canzone numero 100 milioni. Ma la fame di miniaturizzazione di Jobs non si ferma: a gennaio del 2005 esce l'iPod shuffle, un oggetto minuscolo, a forma di chiavetta Usb, privo di schermo e di rotella, sostituiti da 5 tasti che ne replicano in piccolo il design, capace di contenere 120 o 240 canzoni e venduto a partire da 99 dollari. La chiave di tutto è la funzione «shuffle», che seleziona le canzoni in ordine casuale: introdotta per non costringere le persone a creare troppe playlist e, in definitiva, per evitare loro di compiere troppe operazioni con l'iPod, si rivela un successo oltre ogni attesa, tanto che cominciano a circolare leggende metropolitane sulla presunta «intelligenza» dell'iPod, capace di scegliere da solo la musica adatta a ogni momento, o sul fatto che la funzione sia programmata in qualche modo misterioso e nient'affatto casuale. Quel che conta

---

* Betsy Morris, *Steve Jobs Interview*, «Fortune», 2008.

è che la funzione «shuffle» rende superfluo lo schermo per scegliere quale brano ascoltare. Ma ancora non è niente: dopo essere stato aggiornato nel febbraio del 2005, a settembre dello stesso anno l'iPod mini cede il posto all'iPod nano, definito da Jobs «un iPod completo in una dimensione impossibilmente piccola, che cambierà le regole dell'intero mercato della musica portatile»*. Riportare tutte le successive varianti dei diversi modelli, tra schermi a colori e sensibili al tocco, pesi e dimensioni sempre minori, nuovi colori e nuovi materiali, capacità di mostrare foto e video e caratteristiche varie, si trasformerebbe in un elenco lungo e noioso, mentre quel che è importante sottolineare è il fatto che col tempo il numero di apparecchi che, in pratica, contengono un iPod, si estende prima all'iPhone e poi all'iPad. Arriviamo così al paradosso dei giorni nostri: per la prima volta dal suo lancio, e dopo aver compiuto dieci anni, l'iPod segna a ottobre 2011 il primo calo di vendite della sua storia: –27% rispetto all'anno precedente. Parliamo di un totale di oltre 6 milioni e 600 mila iPod venduti in un anno, una cifra spropositata, ma tanto è bastato a molti per prevedere che presto, superato dagli eventi, l'iPod non esisterà più. Forse bisognerebbe essere meno drastici e dire che questo avverrà più tardi che presto, ma probabilmente la domanda giusta, nel parlare dell'eventuale fine dell'iPod, è un'altra, e tiene conto di tutte le trasformazioni di cui questo oggetto è stato capace: che cos'è, in fondo, che fa di un iPod un iPod?

iPhone

«Tutti noi avevamo un cellulare. Solo che ci faceva schifo, era orribile da usare. Il software era pessimo, ma anche l'hardware

* Comunicato stampa Apple del 7 settembre 2005.

non era un granché. Abbiamo parlato con i nostri amici e anche a loro non piaceva il cellulare che avevano. Praticamente chiunque sembrava detestare il proprio cellulare. Eravamo tutti d'accordo che potessero essere più potenti. E molto interessanti da produrre. È un mercato enorme. Voglio dire, si vendono un miliardo di cellulari l'anno, quasi dieci volte il numero dei lettori musicali. Il quadruplo dei pc che vengono venduti ogni anno. Era una grande sfida. Creare un telefono straordinario di cui potessimo innamorarci. Avevamo la tecnologia. Avevamo la miniaturizzazione dell'iPod. Avevamo il sistema operativo del Mac. Nessuno aveva mai pensato di mettere sistemi operativi complessi come l'Os X dentro un telefono, quindi era quello il grande interrogativo. Abbiamo discusso a lungo se ne fossimo capaci o meno. Quando si trattava di decidere, ho detto: "Facciamolo. Proviamoci". I ragazzi del software dicevano che si poteva fare, perché non lasciarli tentare? Ci sono riusciti»*.

Questa è la storia della nascita dell'iPhone come la riassume Steve Jobs. Naturalmente c'è molto di più. Intanto, prima del 9 gennaio 2007, data dell'annuncio ufficiale, si sono rincorse per anni le voci secondo cui Apple voleva entrare nel mercato dei telefoni cellulari. Ogni volta che c'era una nuova presentazione, qualche giornale buttava lì lo scoop in anteprima, regolarmente disatteso. Finché un giorno tutta questa attesa non partorisce un topolino: il 7 settembre del 2005, Apple e Motorola annunciano il Rokr E1, il primo telefonino con dentro iTunes. Fin dal primo momento è chiaro che la collaborazione tra i due marchi, annunciata 15 mesi prima, non ha funzionato: il design non è quello sexy e sottile della linea Razr e le funzioni sono ridotte rispetto a un iPod: solo 100 canzoni e nessuna possibilità di acquistarle direttamente dal cellulare. Insomma, troppi compro-

---

* Betsy Morris, *Steve Jobs Interview*, «Fortune», 2008.

messi, perché da una parte Motorola e gli operatori telefonici non vogliono concedere troppo spazio a Jobs, dall'altra Jobs teme di cannibalizzare le vendite degli iPod, la vera fonte dei profitti di Apple, che invece da iTunes ricava ben poco. Persino la presentazione al pubblico è piena di pessimi auspici: Jobs cerca di mostrare quanto sia facile passare dalla funzione mp3 a quella telefono e viceversa, ma finita una telefonata non riesce a far ripartire la musica. «Dovrei poter ricominciare a sentire la canzone dal punto in cui era», spiega leggermente imbarazzato armeggiando con il telefono, ma non succede nulla. Poi, la caduta: «Ops! Ho schiacciato il pulsante sbagliato»*. Inconcepibile, per uno faceva della ricerca della semplicità il suo vanto e che provava i propri discorsi fino alla nausea.

Insomma, il rapporto con Motorola nasce già morto: non per nulla il Rokr E2 uscirà pochi mesi dopo con Real Player al posto di iTunes, mentre Jobs, imparata la lezione, decide per l'ennesima volta di fare tutto da solo. Sarà un percorso pieno di ostacoli, che inizia dalle contrattazioni con le compagnie telefoniche e si conclude con la progettazione vera e propria dell'apparecchio: «Il design esterno dell'iPhone è stato diverso da quello attuale fino a un momento talmente vicino a quello del lancio che di lì a poco non sarebbe più stato possibile cambiarlo. Sono entrato in una delle nostre riunioni del lunedì e ho detto: "Non mi piace e basta. Non riesco a convincermi ad innamorarmene. E questo è il prodotto più importante che abbiamo mai fatto". Abbiamo schiacciato il tasto "cancella". Abbiamo riguardato un'infinità di prototipi realizzati e di idee schizzate. E il risultato è l'iPhone che vedete, che è infinitamente meglio. È stato un inferno, perché siamo dovuti andare dal team e dire: "Butteremo via tutto il lavoro che avete fatto

* Frank Rose, *Battle for the Soul of the MP3 Phone*, «Wired», novembre 2005.

nell'ultimo anno e ricominceremo da capo, e dovrete lavorare il doppio perché non ci resta molto tempo". E lo sai che cosa hanno detto tutti? "Ci siamo". Accade più spesso di quanto tu creda, perché non si tratta solo di scienza e ingegneria. C'è dell'arte in quello che facciamo. A volte, quando sei nel mezzo di una di queste crisi, non sei sicuro che riuscirai a superarla. Ma ce l'abbiamo sempre fatta, perciò siamo sempre ottimisti, anche se qualche dubbio ti viene. Penso che il segreto sia quello di non essere terrorizzati tutti nello stesso momento»*.

Il risultato, come dirà in quella che probabilmente è diventata la più celebre delle sue presentazioni, è la somma di un telefono, un iPod e uno strumento per navigare su Internet ovunque ti trovi. Con due grandi innovazioni: il touch screen e l'App Store. Jobs lo introduce così: «L'iPhone è un prodotto magico e rivoluzionario, che è letteralmente cinque anni avanti rispetto a qualsiasi altro telefono cellulare. Tutti abbiamo fin dalla nascita il più avanzato strumento di puntamento mai creato – le nostre dita – e l'iPhone usa questo strumento per creare l'interfaccia d'uso più rivoluzionaria dai tempi del mouse»**. È interessante notare che molte delle prime perplessità sollevate da chi criticava il telefono sono proprio sullo schermo sensibile al tocco, ritenuto poco funzionale, proprio come il mouse alla sua prima apparizione. Sono considerazioni che oggi fanno sorridere.

Tanto per aggiungere qualche problema, il marchio iPhone è già registrato da Cisco. Non è la prima volta che Jobs sceglie un nome già usato da altri – era già accaduto col Macintosh e succederà ancora – ma, neanche un mese e mezzo dopo, la questione è già risolta grazie a un accordo confidenziale. Così, il 29

---

* Betsy Morris, *Steve Jobs Interview*, «Fortune», 2008

** Comunicato stampa Apple del 9 gennaio 2007.

giugno, tutto è pronto per il debutto ufficiale. A dispetto del prezzo, 499 dollari per la versione da 4 GB e 599 dollari per quella da 8 GB – altro grande punto debole dell'iPhone, secondo i critici – già il primo giorno si formano lunghe code di fronte ai negozi Apple, che dimostrano come la scelta di creare una propria catena – ampiamente criticata e ritenuta da molti analisti fallimentare quando, nel 2001, fu aperto il primo Apple Store – fosse invece giusta. Ron Johnson, da sempre responsabile di quest'area, ne approfitta per sottolineare: «I negozi Apple sono stati creati per occasioni come questa – per permettere ai consumatori di toccare e provare un nuovo prodotto rivoluzionario. Grazie al nostro leggendario Genius Bar, ai nostri laboratori e ai nostri corsi individuali, siamo pronti ad aiutare i nostri clienti a tirar fuori il massimo dal loro nuovo iPhone»*. Negozi o meno, già dopo 74 giorni Apple vende il suo milionesimo iPhone, un risultato che l'iPod ha impiegato quasi due anni a raggiungere. E siamo al 10 settembre: la stagione dei regali deve ancora arrivare, come pure il debutto al di fuori degli Stati Uniti.

Uno dei segreti di tanto successo è sicuramente l'App Store: fin da subito sembra esserci una app per fare qualsiasi cosa, dalla più stupida alla più utile. Eppure, il fatto di aprirlo a sviluppatori esterni, moltiplicando l'offerta, è stato uno dei temi più dibattuti all'interno di Apple. Jobs, in un primo momento, non voleva, e infatti nella presentazione di gennaio dell'iPhone non parla di sviluppatori esterni, che invece compaiono all'improvviso in un comunicato stampa Apple dell'11 giugno: 18 giorni prima che il telefono approdi nei negozi. La soluzione individuata prevede che Apple imponga linguaggi di programmazione e standard minimi, per evitare che il telefono si bloc-

* Comunicato stampa Apple del 29 giugno 2007.

chi o possa essere vulnerabile nei confronti di eventuali attacchi informatici, e che si riservi il diritto di respingere qualsiasi app dai contenuti sgraditi, come politica o pornografia, cosa che in seguito frutterà ad Apple qualche accusa di censura. Più tardi, anche Jobs sottolineerà come gran parte della novità del telefono stesse nelle app: «Le persone fanno fatica a ricordare – e questo è un bene – l'era pre-iPhone, solo tre anni fa. Non esisteva un mercato di applicazioni per i telefoni. I cellulari erano come una scatola chiusa ermeticamente, nel senso che non potevi metterci dentro niente. La gente ha protestato. Il pensiero che uno sviluppatore potesse creare un'applicazione per un telefono era inaudito. Ne esistevano una manciata (per il Palm, *nda*), ma non era assolutamente paragonabile a quello che c'è adesso. Adesso è un mercato enorme. E poi, quando compravi un telefono, la compagnia telefonica decideva unilateralmente cosa ci sarebbe stato dentro. L'iPhone è stato il primo telefono grazie al quale abbiamo instaurato un nuovo rapporto con l'operatore: "Operatore, tu pensa alla rete, di quel che va messo dentro al cellulare ci occupiamo noi"»*.

Quella che segue il lancio è una serie di successi cui ormai abbiamo fatto l'abitudine, ma non per questo meno stupefacente. A settembre l'iPhone sbarca in Inghilterra e Germania, a novembre in Francia, mentre l'Italia dovrà aspettare fino all'11 luglio 2008, giorno di lancio dell'iPhone 3G, più veloce a scaricare dati dal Web. Bastano appena 3 giorni nei negozi di 21 nazioni perché il nuovo modello tocchi il milione di esemplari venduti.

---

* Intervista con Steve Jobs condotta da Kara Swisher e Walt Mossberg alla conferenza «D8 All Things Digital» a giugno 2010, visibile integralmente all'indirizzo http://allthingsd.com/20100607/steve-jobs-at-d8-the-full-uncut-interview/?refcat=d8.

Come d'abitudine, il secondo modello supera molti dei limiti del precedente: in questo caso, la mancanza della connessione 3G era un punto a sfavore notevole per navigare in Internet, specialmente in Europa, dove il wi-fi gratuito non è diffuso come negli Stati Uniti. Ma, come era accaduto per l'iPod, già pochi giorni dopo la commercializzazione del nuovo modello iniziano a rincorrersi voci sulle caratteristiche di quello che seguirà: è uno dei segreti di Jobs, capace di creare un enorme senso di attesa intorno a ogni nuovo annuncio e di mantenere giovane qualsiasi prodotto con una serie continua di innovazioni. Gli aggiornamenti successivi aumentano sempre più la velocità di connessione del traffico dati, le capacità e la definizione della fotocamera e dello schermo – denominato «Retina» perché supera le capacità dell'occhio umano – aggiungono una videocamera sulla parte frontale per le videochiamate e vedono un importante cambiamento di design con l'arrivo dell'iPhone 4.

Il destino vuole che l'iPhone sia anche l'ultimo prodotto aggiornato prima della scomparsa di Jobs: Tim Cook presenta al mondo la versione 4S il 4 ottobre del 2011 e il giorno seguente Jobs muore. Le novità più importanti sono iCloud – un servizio per sincronizzare immagini, musica e testi tra più apparecchi e per averli sempre a disposizione – e Siri, che introduce nell'universo Apple i comandi vocali, diventando presto un piccolo fenomeno di costume. Perché il riconoscimento vocale non è la parte più sorprendente o divertente di Siri: la sua tecnologia, infatti, gli permette di comprendere e interpretare frasi complesse, anziché singoli comandi, e di eseguire una serie di compiti in sequenza. Se, per esempio, le chiedete di mandare un messaggio a una determinata persona, Siri la cerca nei contatti, apre il messaggio e raccoglie il testo che dettate. Poi, alla fine, lo spedisce. In più, se interpreta che la vostra domanda richieda una ricerca sul Web, la compie ed elabora una risposta. L'esempio più abusato è quello del meteo: chiedete a Siri se dovete prendere l'ombrello, uscendo di casa, e il software consulterà le previsioni del tempo per darvi una risposta pertinente. Ma non è finita: Siri è infatti anche collegata a un bot, ovvero un software che simula le risposte di una persona comune in una conversazione e questo, tra l'altro, ha dato il via a una serie di gare a chi trovava la domanda – e la risposta – più divertente, ha prodotto una improbabile canzone d'amore, cliccatissima su Internet, in cui l'autore duetta con una Siri infastidita dalle *avance* del cantante* e ha persino provocato un piccolo scandalo quando, per uno scherzo, un ragazzino inglese è stato insultato dall'iPhone. È bastato registrare una parolaccia al posto del nome dell'utente, in un esemplare di un negozio di Coventry, in Inghilterra, perché alla prima domanda l'apparecchio la pronunciasse all'inizio della sua risposta**.

iPad

Il 27 gennaio 2010 è il giorno della presentazione dell'iPad. Steve Jobs sale sul palco dello Yerba Buena Center di San Francisco e inizia il suo consueto show. Spiega che, se deve esistere una terza categoria di prodotti, a metà strada tra gli smartphone e i computer portatili, deve essere migliore di entrambi in tutte queste attività: navigare su Internet, gestire e-mail, guardare foto e video, godersi la musica, giocare e leggere e-book. Poi, dopo aver maltrattato i netbook, definendoli «portatili a basso prezzo», peggiori delle altre categorie di computer in tutte le attività che ha nominato, mostra finalmente la sua tavolet-

* Il video si può guardare a questo indirizzo: http://www.youtube.com/watch?v=hckrig2BwNY.

** Andrew Parker e Chris Pollard, *iPhone tells lad: "Shut the f*** up"*, «The Sun», 30 dicembre 2011.

ta multitouch da 9,7", che sarà disponibile in diverse versioni, con wi-fi o 3G e vari tagli di memoria, a partire da 499 dollari.

Come di consueto, Jobs non risparmia gli aggettivi: «L'iPad è il massimo della nostra tecnologia messa dentro un apparecchio magico e rivoluzionario, a un prezzo incredibile»*. «Magico», come già per l'iPhone, è la parola chiave, e infatti la riprenderà in altre occasioni, spiegando meglio perché ne è sinceramente convinto: «Ha un alone di magia. È come se ti consentisse un rapporto molto più diretto e intimo con Internet e con gli altri media, con le app, con le tue cose. È come se fosse stato sradicato, tolto di mezzo, un livello intermedio», per poi cercare di definire meglio la questione: «È perché ti offre un'azione più diretta? O perché te lo puoi portare ovunque? Oppure perché non ci sono cavi e ha un'autonomia di dieci ore? Non lo so. È per tutte queste cose insieme, più altre che ancora non capisco, ma ha un che di magico, e credo che siamo solo all'inizio per quanto riguarda le applicazioni che possiamo creare per l'iPad»**.

Le app, come e più che per l'iPhone, sono infatti il vero segreto di questo oggetto – accolto per la verità con freddezza dagli esperti e dalla stampa, che lo considerano poco più di un iPhone stirato – subito andato a ruba nei negozi, vuoi per reale interesse, vuoi perché ormai Apple fa tendenza. E infatti le perplessità iniziali vengono spesso dal fatto che, in mancanza di un'ampia offerta di app ad hoc, molte delle prime che vengono usate per provare la nuova tavoletta magica sono quelle nate per lo schermo piccolo, «allargate» con conseguente perdita di qualità

---

* Comunicato stampa Apple del 27 gennaio 2010.

** Intervista con Steve Jobs condotta da Kara Swisher e Walt Mossberg alla conferenza «D8 All Things Digital» a giugno 2010, visibile integralmente all'indirizzo http://allthingsd.com/20100607/steve-jobs-at-d8-the-full-uncut-interview/?refcat=d8.

(e – perché no? – di senso). Ma è chiaro che sono le app, nel loro complesso, il vero fenomeno degli ultimi anni: si prevede che questo nuovo mercato, nato quasi per caso nel 2007, toccherà nel 2012 i cinquanta miliardi di download. Certo, è un dato che mette insieme telefonini e tablet, iPhone, Android, BlackBerry e tutti gli altri, ma è comunque impressionante. Anche perché, con il tempo, stanno cambiando le abitudini di navigazione delle persone: la maggior parte dei dati che viaggiano sul Web, oggi, non vengono da visite a tradizionali siti Internet, ma da accessi «filtrati» dalle app. Lo sottolineava già nel 2010 lo stesso Jobs: «Sta accadendo qualcosa di veramente interessante sui cellulari. Non imitano in piccolo i computer portatili o da scrivania, perché la gente non li usa per fare ricerche classiche. La maggior parte di quelle che chiamiamo ricerche avviene sui computer. Lo sappiamo: lo dicono i dati. Le persone con i telefoni o con i tablet passano la maggior parte del tempo sulle app, quindi, se per qualsiasi motivo vogliono trovare un ristorante, non lo fanno scrivendo "giapponese a Palo Alto" su un motore di ricerca. Vanno su Yelp o qualsiasi app sia in grado di dirglielo, o di dirgli se il loro aereo è in orario e tante altre cose. Non so perché sia diverso rispetto al pc, cioè: credo di saperlo ma potrei anche sbagliarmi. Credo che sia così perché per i computer non ci sono mai state 200.000 applicazioni in un posto solo, delle quali una marea è gratis e le altre costano pochissimo. Credo che il fenomeno delle app rappresenti un'assoluta novità nella mia vita e nella vostra»*.

Non per niente, dopo due giorni dal lancio americano, avvenuto l'1 aprile 2010, Apple comunica che in media ogni uten-

* Intervista con Steve Jobs condotta da Kara Swisher e Walt Mossberg alla conferenza «D8 All Things Digital» a giugno 2010, visibile integralmente all'indirizzo http://allthingsd.com/20100607/steve-jobs-at-d8-the-full-uncut-interview/?refcat=d8.

te scarica qualcosa più di tre app e qualcosa meno di un libro nelle primissime ore d'uso dell'iPad. Quanto alle vendite, che dal 28 maggio vengono estese ad altri paesi, tra cui l'Italia, si arriva al milione di esemplari in appena 28 giorni: «Meno della metà dei 74 giorni che ha impiegato l'iPhone per arrivarci», tiene a sottolineare Jobs in un comunicato. E, a chi gli fa notare che si vende in media un iPad ogni tre secondi, risponde: «Per ora, mi preoccupa solo il fatto che ci vogliano ben tre secondi per farne uno, sennò potremmo venderli più alla svelta»*.

E dire che la leggenda vuole che Jobs abbia deciso di costruire un tablet solo per dimostrare a un dirigente Microsoft, che per l'intera durata di una cena l'aveva ammorbato con le sue vanterie, come andasse realmente fatto: senza stilo e con un sistema operativo diverso da quello dei computer. Leggende a parte, è sicuramente vero che Jobs inizia a lavorare sul tablet prima che sul telefono: «Sono partito dal tablet e dall'idea di eliminare la tastiera e scrivere su un display di vetro multi-touch. Ho chiesto ai nostri ingegneri se potevamo creare uno schermo su cui poter davvero scrivere con le mani, con le dita, e circa sei mesi dopo mi hanno chiamato e mi hanno mostrato questo prototipo, che era fantastico. Era l'inizio degli anni 2000. L'ho dato a uno dei nostri brillanti ingegneri del gruppo che si occupa di interfaccia utente, il quale mi ha richiamato qualche settimana dopo per mostrarmi l'effetto di scorrimento inerziale delle pagine e alcune altre caratteristiche. All'epoca stavamo pensando di realizzare un cellulare e quando ho visto queste meraviglie ho pensato: "Mio Dio, possiamo farci un te-

---

* Intervista con Steve Jobs condotta da Kara Swisher e Walt Mossberg alla conferenza «D8 All Things Digital» a giugno 2010, visibile integralmente all'indirizzo http://allthingsd.com/20100607/steve-jobs-at-d8-the-full-uncut-interview/?refcat=d8.

lefono con queste cose". Così ho accantonato il progetto del tablet, perché il telefono era più importante, e ci siamo presi qualche anno per fare l'iPhone. Quando le cose hanno iniziato ad andare per il verso giusto, abbiamo pensato che fosse il momento di cominciare un nuovo progetto e abbiamo ritirato fuori il tablet, recuperato tutto quello che avevamo imparato dal telefono, e ci siamo rimessi all'opera».*

Per la verità, c'è un altro aneddoto che circola sulla nascita dell'iPad, ed è quello che vuole che l'invenzione risalga addirittura al 1972, quando Alan Kay, un altro dei meravigliosi scienziati dello Xerox Parc, aveva presentato un progetto per una tavoletta analoga. Lo stesso Kay nega che i due oggetti siano imparentati, ma racconta che, dopo aver lanciato l'iPhone, Jobs l'ha avvicinato chiedendogli se fosse «buono abbastanza per essere criticato», rifacendosi a un'opinione espressa da Kay sul Macintosh nel 1984. Kay, tra il serio e il faceto, gli ha risposto: «Fallo con uno schermo da almeno 5 pollici per 8 e dominerai il mondo»**. Lo schermo dell'iPad è di quasi 10 pollici per poco più di 7, quindi probabilmente Jobs dice il vero quando racconta di averne deciso la grandezza insieme a Ive semplicemente provando diversi prototipi di varie dimensioni e cercando di capire, affidandosi al feeling delle dita che correvano sullo schermo, quale fosse quella ideale. Una storia che dice molto su come avviene la progettazione nelle stanze segrete di Apple, dove Ive lavora con il suo gruppo di designer...

---

* Intervista con Steve Jobs condotta da Kara Swisher e Walt Mossberg alla conferenza «D8 All Things Digital» a giugno 2010, visibile integralmente all'indirizzo http://allthingsd.com/20100607/steve-jobs-at-d8-the-full-uncut-interview/?refcat=d8.

** Wolfgang Gruener, *Did Steve Jobs Steal The iPad? Genius Inventor Alan Kay Reveals All*, tomshardware.com, 17 aprile 2010.

Dopo che sono stati venduti oltre 15 milioni di iPad, e con già 65.000 app specifiche disponibili, il 2 marzo del 2011 arriva il turno dell'iPad 2. È sempre Jobs a salire sul palco per presentarlo, nonostante le sue condizioni di salute si siano aggravate, tanto da essere ufficialmente assente dal lavoro per curarsi già da metà gennaio. La novità più evidente dell'iPad 2 è lo spessore ridotto del 33%, le più importanti sono la doppia fotocamera, posteriore e anteriore, per le videochiamate, oltre ai software iMovie, per montare film, e GarageBand, per comporre musica, sui quali Jobs punta moltissimo da sempre. Nove giorni dopo, l'iPad 2 è già in tutti gli Apple Store americani e dal 25 marzo in molti altri Paesi, tra cui l'Italia. Rimane un po' l'oggetto-testamento di Jobs, anche perché, nonostante l'enorme successo, non ne sono ancora ben chiare tutte le potenzialità. È stato visto come l'ancora di salvezza per quotidiani e periodici, e lo stesso Jobs teneva molto a questo aspetto perché, diceva «credo fermamente che la democrazia sia strettamente legata a una stampa libera e in buona salute»*, ma Jobs si aspettava soprattutto che, diventando più potente, l'iPad avrebbe potuto assorbire funzioni dei computer, come quelle legate alla produttività, tipo word processor e fogli di calcolo, e più di tutto svolgere meglio, e in maniera più intuitiva di qualsiasi altra cosa, compiti creativi legati a immagini e musica. Anche se, a domanda precisa sul futuro dei tablet, la sua risposta fu la seguente: «Sto cercando di pensare a una buona analogia. Quando eravamo una nazione basata sull'agricoltura, tutti i veicoli erano camion, perché in una fattoria c'era bisogno

* Intervista con Steve Jobs condotta da Kara Swisher e Walt Mossberg alla conferenza «D8 All Things Digital» a giugno 2010, visibile integralmente all'indirizzo http://allthingsd.com/20100607/steve-jobs-at-d8-the-full-uncut-interview/?refcat=d8.

di questo. Poi, man mano che gli automezzi hanno cominciato a essere usati in città, e che gli americani hanno cominciato a popolare i centri urbani e suburbani, le macchine sono diventate sempre più diffuse, e innovazioni come il cambio automatico, il servosterzo e altre cose di cui non ti importava molto nei camion, hanno cominciato a diventare fondamentali per le automobili. Al giorno d'oggi, probabilmente (non conosco le statistiche) un veicolo su 25 o 30 è un camion, mentre prima erano il 100%. I computer faranno la fine dei camion. Ce ne saranno ancora. Saranno ancora molto importanti, ma saranno usati da pochissime persone. E questa trasformazione creerà malcontento fra la gente abituata al mondo dei computer, come me e te. Ci sentiremo a disagio perché il computer ci ha portati fin qui. È straordinario. Ci piace parlare dell'era post-computer, ma quando poi arriva davvero, in tanti sono scontenti perché produrrà cambiamenti che si ripercuoteranno sugli interessi personali di molti. Credo che questa nuova era stia cominciando. Sarà grazie all'iPad? Chi lo sa? Accadrà tra un anno, o fra cinque, o fra sette, chi lo sa?»*

* Intervista con Steve Jobs condotta da Kara Swisher e Walt Mossberg alla conferenza «D8 All Things Digital» a giugno 2010, visibile integralmente all'indirizzo http://allthingsd.com/20100607/steve-jobs-at-d8-the-full-uncut-interview/?refcat=d8.

Steve Wozniak

Il mondo è pieno di coppie che, lavorando insieme, ottengono un successo che forse individualmente non avrebbero raggiunto, e quello dell'hi-tech non fa eccezione: Hewlett e Packard, Wozniak e Jobs, Allen e Gates ne sono gli esempi più limpidi. Chi non ama Steve Jobs tende spesso a sottolineare esageratamente i meriti di Steve Wozniak, il genio tecnico, colui che progetta e assembla i primi circuiti di Apple, dimenticando che, senza la capacità di Jobs di venderli, costruendogli intorno fin dal primo giorno l'aura di prodotti insuperabili, i computer probabilmente non sarebbero come li conosciamo oggi. Ed è per questo che la storia dell'amicizia tra i due Steve è così interessante da diventare esemplare. Oltre che per diverse note caratteriali.

Steve Wozniak, detto più semplicemente «Woz», nasce a San Jose nel 1950 e inizia subito ad appassionarsi alla matematica e all'elettronica, incoraggiato dal padre, ingegnere alla Lockheed, l'industria aerospaziale che lavora per la Difesa degli Stati Uniti. Ed è proprio seguendo questa passione che conosce Jobs. È il 1968 e Wozniak sta costruendo un rudimentale computer insieme a Bill Fernandez, un vicino di casa: «Ci abbiamo messo quasi due settimane per assemblare quello che avevo progettato. Andavamo in bici a comprarci della cream soda per bercela una volta tornati a casa, perciò l'abbiamo chiamato Cream Soda Computer. Bill frequentava il liceo locale e un giorno mi ha detto:

"C'è un ragazzo all'Homestead High, più giovane di te, a cui piacciono l'elettronica, gli scherzi e cose del genere, credo che dovresti conoscerlo." Pensava che ci assomigliassimo», racconta Wozniak. Fernandez, a quanto pare, ci aveva visto giusto. Ecco come la ricorda Jobs: «Ho conosciuto Woz quando avevo 13 anni, nel garage di un amico. Lui ne aveva quasi 18. Era probabilmente la prima persona che incrociavo a saperne più di me di elettronica, in quel momento. Siamo diventati buoni amici, perché condividevamo l'interesse per i computer e il senso dell'umorismo. Abbiamo fatto un sacco di scherzi assieme». Probabilmente Jobs si attribuisce competenze elettroniche più profonde di quanto in realtà non fossero, ma sono queste, insieme alla musica, a legare i due, nonostante le differenze d'età e di carattere: «Abbiamo iniziato a confrontare gli scherzi che avevamo fatto e a discutere di chip e altri componenti elettronici. Avevamo un sacco di cose in comune e quindi molto di cui parlare. Siamo stati amici per la pelle per molto tempo. Non c'erano molte persone così giovani che ne capivano di tecnologia. Io e Steve non avevamo personalità simili, perciò era strano, ma io sono il genere di persona che va d'accordo con chiunque abbia voglia parlare di tecnologia. E poi andavamo d'accordo pure sulla musica»*. Quanto al carattere di Woz, ecco come lo descrive Jobs: «Penso che Woz vivesse in un mondo che nessuno capiva. Nessuno condivideva i suoi interessi ed era un bel po' avanti rispetto ai suoi tempi. Questo lo faceva sentire isolato. Ma a spingerlo erano più le motivazioni interiori che non gli stimoli esterni, quindi se la cavava egregiamente»**.

L'episodio che li fa diventare una squadra e pone le basi di

---

* Jessica Livingston, *Founders at Work: Stories of Startups' Early Days*, Apress 2007.

** David Sheff, *Playboy Interview: Steven Jobs*, «Playboy», febbraio 1985.

quella che diventerà una collaborazione professionale a tutti gli effetti avviene nel 1971, quando Wozniak costruisce un piccolo aggeggio che, riproducendo i toni telefonici, permette di fare telefonate a scrocco. Jobs convince l'amico a mettersi in affari e a venderne un po' a 100 dollari. Non vanno avanti per molto tempo, ma in questa storia c'è già tutto: l'incredibile abilità tecnica di Wozniak e la straordinaria capacità di Jobs nel monetizzare qualsiasi cosa, oltre a un tocco di controcultura e a un pizzico di incoscienza e di spirito goliardico. Perché i due non si fanno sfuggire l'occasione per fare un po' di scherzi telefonici intercontinentali, inclusa una chiamata durante cui, fingendosi Henry Kissinger, Woz cerca di parlare con il Papa, andandoci molto vicino.

Per la verità, c'è un altro episodio che potrebbe rischiare di rovinare tutto se Wozniak non fosse l'uomo mite che è. Jobs era stato incaricato da Atari di sviluppare un videogame per le sale giochi, *Breakout*, e l'aveva condiviso con Woz. Nell'accordo con Atari era previsto un bonus nel caso fossero riusciti a risparmiare qualche circuito, ovvero la specialità di casa Wozniak. Solo che, a quanto pare, Jobs tenne l'informazione, e i conseguenti soldi extra, per sé: «È stato pagato molto di più di quanto mi ha detto: mi ha dato la metà di una cifra più piccola» racconta Woz. «E non avrebbe dovuto; io l'avrei fatto anche per 25 centesimi. Era quello il punto. Ero felice per il solo fatto di farlo. Progettare un videogame per Atari, che li metteva nelle sale giochi di tutto il mondo, era una cosa da ricordare per il resto della vita. Perciò l'avrei fatto anche per 25 centesimi»*. Woz lo scoprirà solo 12 anni più tardi, ma perdonerà subito l'amico, il quale, sia detto per completezza, negherà

* Jessica Livingston, *Founders at Work: Stories of Startups' Early Days*, Apress 2007.

sempre che le cose siano andate così, sostenendo di aver corrisposto a Woz la metà dell'intera cifra, bonus incluso. Woz, in ogni caso, prima lo giustifica dicendo che forse aveva bisogno di soldi, mentre lui già lavorava in Hp, poi, pur di difenderlo, si spinge al punto di dire che probabilmente ricorda male l'episodio.

Arriva il 1975 e inizia tutta l'epopea dell'Homebrew Computer Club e dell'Apple I, seguita dalla creazione dell'Apple II. Le vicende di quel periodo forniscono un ritratto preciso di Wozniak, uomo leale fino all'autolesionismo e totalmente disinteressato a qualsiasi genere di autoaffermazione. Tanto per cominciare, non appena si prospetta l'ipotesi di mettere in commercio l'Apple I, Wozniak si rivolge subito ai suoi superiori in Hp, nonostante l'abbia realizzato fuori dall'orario di lavoro: «La prima cosa che ho pensato è stata: "Credo di aver firmato un documento per cui tutto ciò che progetto appartiene alla Hewlett-Packard." Anche se lo facevo nel tempo libero, pensavo che spettasse a loro per primi. E ci tenevo che fosse Hewlett-Packard a costruirlo. Amavo il mio reparto. Volevo lavorarci per tutta la vita. Era il reparto calcolatori; era quello giusto per puntare su questo tipo di computer. Sono andato dai dirigenti, c'erano tre livelli di capi sopra di me nella stessa stanza, oltre a un paio di altri ingegneri: ho presentato le mie idee e ho detto loro ciò che potevamo fare, a che prezzo e come avrebbe funzionato. Erano affascinati, ma non riuscivano a considerarlo un prodotto da Hewlett-Packard per diverse buone ragioni»*.

Il bello è che anche quando le cose iniziano a farsi serie, con l'arrivo in Apple di Mike Markkula e del suo finanziamento da

* Jessica Livingston, *Founders at Work: Stories of Startups' Early Days*, Apress 2007.

250.000 dollari, Woz non sembra intenzionato a mollare Hp: «Markkula mi disse: "Devi lasciare Hewlett-Packard." E io gli ho risposto: "Perché? Ho progettato due computer, delle periferiche a cassette, dei software per stampanti, ho scritto una versione di Basic e un sacco di programmi e demo, tutto di notte e tutto in appena un anno». A quel punto, per cercare di convincerlo, ci si mettono tutti: prima i genitori, poi gli amici, finché uno di loro non trova la chiave giusta: «Il mio amico Allen Baum mi ha chiamato un pomeriggio e mi ha detto: "Senti, l'alternativa è fondare la Apple, fare il manager e diventare ricco, oppure fondare la Apple, restare un ingegnere e diventare ricco lo stesso." Appena mi ha detto che andava bene se facevo semplicemente l'ingegnere, è stata una vera una liberazione. Il mio blocco psicologico consisteva nel fatto che non volevo fondare un'azienda. Perché avevo paura. Non ci tenevo a essere particolarmente attivo né negli affari né in politica. Non avrei mai detto a qualcun altro come fare qualcosa. E non mi sarei mai messo in vita mia nella posizione di gestire qualcosa. Ero una persona apolitica e decisamente poco aggressiva»*. A quel punto Wozniak firma un contratto con Markkula per avere in Apple lo stesso stipendio che riceveva in Hp – 24.000 dollari l'anno – e termina il suo capolavoro: l'Apple II. Il resto è storia, ma ci sono almeno altri due episodi importanti per inquadrare Woz e il suo rapporto con Jobs.

Il primo è quel che accadde al momento della quotazione in Borsa, nel 1980. Secondo Wozniak, Jobs non era stato corretto nell'assegnare le stock-option che di lì a poco, come i biglietti vincenti della lotteria, avrebbero trasformato i loro proprietari in milionari: «Ero un po' seccato che 5 persone che erano con

---

* Jessica Livingston, *Founders at Work: Stories of Startups' Early Days*, Apress 2007.

noi, nella nostra piccola azienda, fin dall'inizio, e che erano state così importanti – Randy Wigginton, Chris Espinosa, due giovanotti e un paio di ragazzi un po' più vecchi – non avessero ricevuto alcun compenso in azioni. Sentivo che anche loro facevano parte di questo grande movimento di energia, eccitazione e passione per il futuro dei computer e per quello che stavamo facendo. Se qualcuno sta lì seduto a lavorare con te fino alle due di notte, aiutandoti a scrivere un piccolo codice e dicendoti: "Wow, questo si che è fico", sono parole che significano molto e chi le ha pronunciate merita qualcosa. Così ho dato a ciascuno di loro una bella somma in azioni, probabilmente un milione di dollari dell'epoca. E quelli erano anni in cui un milione di dollari era difficile da vedere». Come se non bastasse, decise di vendere altre delle sue azioni, a un prezzo di favore, ad altri 40 dipendenti Apple, in quello che sarebbe passato alla storia come il «WozPlan»: «Il nostro ufficio legale era molto preoccupato perché sarebbero dovute andare a investitori sofisticati. Alla fine mi hanno dato il benestare. Ho chiuso l'accordo e gliele ho vendute, la maggior parte di loro ci si è comprata la casa»*.

Il secondo episodio riguarda l'uscita da Apple. All'epoca c'erano stati crescenti malumori in azienda, prima a causa dell'Apple III, che aveva portato via tutte le risorse pubblicitarie all'Apple II – che invece teneva in piedi i conti della società con le sue vendite record – e aveva comunque perso nettamente la sua battaglia contro il Pc della IBM. Poi era toccato al Macintosh, e Woz aveva fatto notare come gli ingegneri che lavoravano al continuo sviluppo dell'Apple II fossero ancora una volta sfavoriti, in termini di investimenti, salari e considerazione. Il

* Jessica Livingston, *Founders at Work: Stories of Startups' Early Days*, Apress 2007.

punto è che questo avvenne in coincidenza con una nuova iniziativa di Woz, che voleva produrre un proprio telecomando multifunzione, e i giornali ne approfittarono per sollevare un polverone: «Hanno scritto cose in base alle quali sembrava che io stessi lasciando Apple perché mi ero scocciato per come erano andati i fatti, e mi hanno messo in bocca un sacco di falsità. È stato il "Wall Street Journal". Avevo detto al giornalista: "Me ne vado solo per aprire una nuova azienda e costruire un telecomando. È la cosa che desidero di più." Sono andato a una lavagna e ho mostrato ai dirigenti Apple che cosa volevo fare, in modo che nessuno potesse accusarmi di andarmene per fondare una società concorrente. Infatti mi hanno tenuto sul libro paga. Mi hanno tenuto come dipendente della Apple. Mi hanno fatto gli auguri e hanno pure messo per iscritto che non eravamo in concorrenza»*.

Ancora una volta, l'episodio mostra il misto di ingenuità e lealtà che muove Wozniak. E, ancora una volta, mostra il carattere ossessivo e irriconoscente di Jobs, che nega all'amico la possibilità di far lavorare sul proprio telecomando lo stesso designer di Apple: Helmut Esslinger, dello studio Frogdesign. Inutile dire che Woz non porta rancore a Jobs neppure per questo...

A questo punto della storia le cose si fanno un po' confuse, perché dell'uscita di Wozniak da Apple si parla in diverse occasioni, ma non c'è mai niente di ufficiale. La questione, per esempio, torna d'attualità nel 1981, quando Woz rimane coinvolto in un incidente aereo con il suo nuovo monomotore, in cui rischia la vita e perde momentaneamente la memoria. Appena si riprende, decide di finire l'Università, visto che si era

---

* Jessica Livingston, *Founders at Work: Stories of Startups' Early Days*, Apress 2007.

fermato al terzo anno a causa degli eventi che l'avevano travolto, portandolo da un lavoretto in Hp per pagarsi gli studi a tutta l'avventura Apple. Possiede ancora il 4% delle azioni, per un valore intorno ai 70 milioni di dollari, e il suo nome rimane ancora tra quelli dei dipendenti Apple. È vero però che non ci lavora più molto. Dopo l'avventura, non particolarmente fortunata, del telecomando, decide di sponsorizzare alcuni raduni rock, con esiti ancora poco felici, e agli inizi del 1985 le notizie parlano di una nuova uscita di Wozniak da Apple, sempre in sordina. Eppure, ancora nel 2000, a chi gli chiede se sia un dipendente Apple, risponde così: «Sì, lo sono, ma solo per la mia fedeltà. Mi è sempre piaciuto essere un dipendente Apple, ricevere uno stipendio minimo e avere un badge. Sapete, Steve Jobs è davvero carino con me. Mi permette di essere un dipendente Apple e questo è uno degli onori più grandi della mia vita. Molti non lo farebbero. Ha fama di essere crudele, ma penso che lo sia solo sul lavoro. Con me non lo è mai stato. Non mi ha mai attaccato come sento dire che faccia con gli altri»*. Non per nulla, Woz viene rispolverato in diverse occasioni ufficiali, tra cui quella dell'annuncio pubblico del ritorno in Apple di Jobs, a gennaio del 1997, quando i due amici ricompaiono affiancati sul palco. Ufficialmente, nel frattempo, si occupa di tante altre cose futili, come un gps per cani e altre imprese tecnologiche che non hanno mai sfondato, ma questo non fa che confermare quanto raccontato sul personaggio. Il quale – regolarmente invitato – non manca mai una presentazione Apple e, ogni volta che esce una novità col marchio della mela, si mette in fila davanti ai negozi fin dalle prime ore per avere il privilegio di scartarla e provarla prima di tutti gli altri. Farsele dare in anteprima? Non se ne parla neanche...

---

* Jason Zasky, *Steve Wozniak Interview*, failuremag.com, 17 luglio 2000.

Bill Gates

In genere si tende a pensare che Steve Jobs e Bill Gates siano stati grandi nemici, confondendo la rivalità tra Apple e Microsoft, e in particolare lo scontro provocato dalla contestata nascita di Windows e tutte le dispute che ne sono seguite, con qualcosa di personale. Naturalmente, non sono mancati attriti tra i coetanei Jobs e Gates – entrambi del 1955 – e nemmeno opinioni negative espresse dall'uno sull'altro e viceversa, ma si può dire che il rapporto tra i due uomini che, più di tutti, hanno segnato la rivoluzione dei personal computer, sia sempre stato fondato su un solido rispetto reciproco, trasformatosi con il tempo in affetto. Certo, l'impressione è che Jobs abbia sempre considerato Gates un uomo capace ma privo di stile e di fantasia, mentre Gates l'abbia ricambiato ritenendolo meno intelligente e meno preparato tecnicamente di lui, o almeno così lasciano pensare le più celebri battute pubbliche dei due. Jobs ha infatti detto di Gates: «Potrebbe essere più aperto se si fosse calato un po' d'acido almeno una volta o se fosse andato in un *ashram* quando era più giovane»*; mentre la migliore di Gates su Jobs recita: «Non ha mai capito molto di tecnologia, ma ha uno straordinario istinto per ciò che funziona»**. Però fermarsi alle frasi a effetto rilasciate durante le interviste è forse un po' riduttivo...

Jobs e Gates si incontrano la prima volta perché diversi sviluppatori chiedono ad Apple di adottare un linguaggio di programmazione Basic diverso da quello creato da Wozniak, e gli unici a poter fornire un prodotto all'altezza sono proprio Bill Gates e Paul Allen, fondatori di una piccola società chiamata Microsoft. In cambio di 31.000 dollari, ricorda Gates, «sono

---

* Steve Lohr, *Creating Jobs*, «The New York Times», 12 gennaio 1997.
** Walter Isaacson, *Steve Jobs*, Mondadori, Milano 2011.

volato alla Apple e ci sono rimasto due giorni per preparare la cassetta. All'epoca il metodo più diffuso per archiviare i software erano le cassette, ricordi? Mi sono divertito, anche se credo che il divertimento più grande sia arrivato più avanti, quando abbiamo lavorato insieme»*.

È uno dei primi lavori importanti di Microsoft, società nata dall'amicizia tra Gates e Allen, iniziata nel 1972 comprando insieme un microprocessore, l'Intel 8008, e cresciuta professionalmente durante il periodo trascorso a lavorare come programmatori alla Honeywell. La svolta, come per molti altri loro coetanei, arriva con l'articolo pubblicato da «Popular Electronics» nel 1975 sull'Altair 8800, il primo kit per assemblare un computer. È infatti il Basic creato dai due amici per quella macchina a farli conoscere in giro e, in definitiva, a far decollare i loro affari, mettendoli in contatto prima con Apple e, in seguito, permettendo loro di fornire il software indispensabile al debutto di IBM con il Personal Computer, nel 1981.

Proprio al 1981 e all'IBM Pc risale il primo episodio in cui Jobs e i suoi si prendono gioco di Gates e del suo scarso senso estetico. Jobs chiede ai suoi ingegneri di smontare un esemplare di Pc per vedere come è fatto. Presi come sono dal lavoro su quel balzo in avanti nel futuro che all'epoca il Macintosh rappresenta, giudicano il computer di IBM vecchio e privo di stile sia nei componenti elettronici sia nel software, per non parlare dei giochi. Racconta Andy Hertzfeld, da sempre uno dei fedelissimi di Jobs: «Quello più imbarazzante era un gioco di guida a bassa risoluzione grafica chiamato *Donkey*. Il giocatore gui-

* Intervista con Steve Jobs condotta da Kara Swisher e Walt Mossberg alla conferenza «D8 All Things Digital» a giugno 2010, visibile integralmente all'indirizzo http://allthingsd.com/20100607/steve-jobs-at-d8-the-full-uncut-interview/?refcat=d8.

dava un'auto lungo una "strada" che scorreva molto lentamente ed era disegnata in modo pessimo, e pigiava la barra spaziatrice per controllare un'animazione che procedeva a scatti. Ogni tanto, una massa marrone, che avrebbe dovuto rappresentare un asino in mezzo alla strada, riempiva lo schermo. Se non schiacciavi la barra spaziatrice in tempo, ti schiantavi contro l'asino e perdevi la partita. Abbiamo pensato che l'idea del gioco fosse tanto brutta quanto la rudimentale grafica utilizzata. Siccome il gioco era realizzato in Basic, potevi estrarre la lista dei comandi e vedere come era stato scritto. Siamo rimasti sorpresi nel vedere che le note all'inizio del gioco annunciavano orgogliosamente gli autori: Bill Gates e Neil Konzen. Eravamo sbalorditi nello scoprire che un gioco così brutto fosse stato prodotto con la complicità del co-fondatore di Microsoft e che lui ci tenesse tanto ad attribuirsene la paternità»*.

Sempre al periodo dello sviluppo del Macintosh risale anche l'inizio della rivalità tra Apple e Microsoft. Già all'inizio della loro collaborazione, dato l'indispensabile fittissimo scambio tra le due società, Jobs cerca di evitare che Microsoft possa trasformarsi da fornitore in concorrente. Racconta ancora Hertzfeld: «Come condizione per iniziare subito a lavorare sul Macintosh, Steve ha fatto promettere a Microsoft che non avrebbe distribuito alcun software che prevedesse l'uso di un mouse per almeno un anno dal debutto del Macintosh nei negozi». Proprio Hertzfled, lavorando a stretto contatto con il responsabile dello sviluppo dei programmi Microsoft per Apple, è il primo a capire che qualcosa non va: «Ho detto a Steve che sospettavo che Microsoft stesse per clonare il Mac, ma lui non era tanto preoccupato perché pensava che non fossero in grado di farne una versione decente, an-

---

* Andy Hertzfeld, *Revolution in The Valley: The Insanely Great Story of How the Mac Was Made*, O'Reilly Media, 2004.

che avendo un Mac come esempio. A novembre del 1983 abbiamo sentito il comunicato a sorpresa di Microsoft al Comdex, la fiera di settore più importante, che si tiene due volte l'anno a Las Vegas. Microsoft ha annunciato una nuova interfaccia grafica basata sul mouse, chiamata Windows, in diretta concorrenza con un sistema presentato in precedenza dalla Personal Software, il Vision. Hanno annunciato anche una versione di Microsoft Word basata sul mouse. Quando Steve Jobs è venuto a sapere di Windows, è andato su tutte le furie». È il momento di massima crisi tra Jobs e Gates. I due si ritrovano faccia a faccia e, quando Jobs gli urla: «Ci stai fregando! Io mi fidavo di te e tu ora vieni a derubarci!», Gates, in tutta serenità, gli risponde: «Be', Steve, penso che ci siano diversi modi di vederla. Io credo che sia più giusto dire che entrambi avevamo questo vicino ricco che si chiamava Xerox e che, quando mi sono infilato nel suo appartamento per rubargli la tv, ho scoperto che l'avevi già fatto tu»*.

Purtroppo per Jobs, non si tratta solo di una questione di battute riuscite. Infatti, il contratto tra le due società, stipulato quando Apple pensava che il Macintosh sarebbe uscito nel 1982, fissava settembre 1983 come data in cui il vincolo di Microsoft sarebbe decaduto. E nessuno si era premurato di aggiornarlo... Jobs è costretto a ingoiare il rospo, anche perché i software sviluppati da Microsoft per il Mac sono troppo importanti. In ogni caso, Windows uscirà solo nel 1985 in una versione così rudimentale da non avere grandi possibilità di successo. Lo capirà immediatamente anche Gates, che infatti riazzera il progetto e, già con Windows 3.0, arrivato nel 1990, conquista il mercato nel giro di un anno, vendendone 4 milioni di copie in 24 Paesi.

---

* Andy Hertzfeld, *Revolution in The Valley: The Insanely Great Story of How the Mac Was Made*, O'Reilly Media, 2004.

Eppure, come se nulla fosse accaduto, non molto tempo dopo, nel 1987, uno Steve Jobs tutto preso dalla sua nuova avventura in NeXT sta di nuovo cercando di convincere Gates a sviluppare software per il suo computer. I ruoli sono invertiti: Microsoft è un gigante da 345 milioni di dollari e oltre 1.800 dipendenti, mentre NeXT, pur vantando un investimento iniziale importante, non è altro che una startup ancora lontana dal lanciare il proprio prodotto. Per questo, l'appoggio di Microsoft sarebbe importantissimo. Invece non arriva: Gates proclama in tutte le forme, privatamente e pubblicamente, che non svilupperà software per la NeXT.

Per fortuna, dieci anni dopo, la sua risposta a Jobs sarà di tutt'altro tenore. Il 1997, infatti, è l'anno che cementa definitivamente il rapporto tra i due. Jobs chiama in prima persona Gates per chiedergli un coinvolgimento importante e visibile di Microsoft nel rilancio di Apple, e Gates non si tira indietro, acquistando 150 milioni di dollari di azioni Apple senza diritto di voto. Una mossa che puntella in un attimo la crisi che di lì a poco avrebbe portato Apple al fallimento e che Jobs riconosce pubblicamente con una frase che farà il giro del mondo sulle copertine dei periodici: «Bill, grazie per il sostegno che stai offrendo a questa azienda. Penso che il mondo sarà migliore grazie a questo»*.

L'annuncio della collaborazione tra i due marchi avviene durante il MacWorld organizzato a Boston nell'agosto del 1997. Dal palco, Steve Jobs dapprima presenta l'accordo e poi annuncia un ospite speciale. A quel punto, sullo schermo alle sue spalle, appare Bill Gates in collegamento via satellite. Gates inizia a parlare convinto e spedito, ignaro del mormorio di stupore che lo accoglie, misto a trattenuta disapprovazione e a qualche fischio esplicito che la dicono lunga su come fossero

* Walter Isaacson, *Steve Jobs*, Mondadori, Milano 2011.

percepite Microsoft e Bill Gates dagli adepti della Apple. Eppure, più che per questo fatto, l'episodio passa agli annali perché Jobs riconobbe in quella messinscena uno dei pochi errori comunicativi che avesse mai commesso. Visto sullo schermo alle sue spalle, Gates appariva infatti enorme: «Era un disastro, perché mi faceva sembrare piccolo, faceva sembrare la Apple piccola, alla mercé di Bill Gates»*.

Da lì in poi, i rapporti tra Microsoft e Apple proseguono con reciproca soddisfazione, e quelli tra i loro fondatori pure, senza interrompersi neanche quando Microsoft, a fine 2006, annuncia lo Zune, il lettore mp3 ispirato all'iPod che dovrebbe conquistare il mercato musicale. E forse, se fosse davvero andata così, oggi racconteremmo un finale meno idilliaco...

John Lasseter

Lasseter è, senza mezze misure, il principale responsabile dei successi della Pixar. È un dato di fatto talmente evidente che la Disney, che l'aveva assunto e poi se l'era lasciato sfuggire giovanissimo, l'ha rivoluto a capo di tutto il proprio dipartimento creativo. Anzi, si potrebbe dire che l'intera storia della Pixar sia segnata dal desiderio della Disney di riavere Lasseter – da molti considerato il più grande genio dell'animazione dopo lo stesso Walt Disney – e dall'amore ricambiato di Lasseter per quella che, in fondo, ha sempre considerato casa sua, come dirà una volta compiuta la fusione tra Disney e Pixar: «È un po' come tornare a casa. Nelle mie vene scorre sangue Disney. Insomma, quando ero al college guidavo la barca della Jungle Cruise a Di-

---

* Walter Isaacson, *Steve Jobs*, Mondadori, Milano 2011.

sneyland». I due eventi cruciali della storia di Pixar – il finanziamento di *Toy Story* nel 1991 e l'acquisizione da parte di Disney nel 2006 – nascono da questo amore ricambiato vissuto a distanza.

Quanto al rapporto tra Lasseter e Jobs, possiamo definirlo idilliaco fin dal primo momento. Jobs ha sempre amato le persone creative, un po' meno le personalità ingombranti che spesso si portano dietro, ma Lasseter ha un carattere conciliante e, soprattutto, nessuna aspirazione a essere una primadonna. Ha un'aria giocosa, un'allegria contagiosa, una voce nasale che nelle riunioni riempie la sala, accompagnata immancabilmente da un ricco gesticolare: quando parla dei suoi film, mima i personaggi e fa versi. Però, al di là delle apparenze, è pignolissimo.

Certo, non si può dire che Jobs e Lasseter abbiano lavorato a stretto contatto, ma anche per questo la loro collaborazione si è fondata su un presupposto semplice quanto profondo: Jobs è la persona che ha permesso a Lasseter, con il proprio sostegno personale ed economico, di realizzare i suoi sogni; Lasseter è il talento creativo che ha fatto fruttare gli investimenti di Jobs quando il fallimento sembrava vicino, e che ha rilanciato l'immagine di Jobs come visionario e come vincente. Di Jobs, parlando di Pixar, Lasseter dice: «Negli anni ci ha investito qualcosa come 50 o 60 milioni di dollari. Nessun altro avrebbe continuato a sostenerci per così tanto tempo»*, ma soprattutto, a Jobs, riconosce un merito inestimabile: «L'unica cosa che Steve Jobs mi abbia mai chiesto in tutti gli anni che abbiamo passato insieme e siamo stati soci, l'unica cosa che mi abbia mai chiesto è: fallo straordinario»**. Il segreto è tutto qui: Steve

---

* Mattew Garrahan, *Lunch with FT: John Lasseter*, «The Financial Times», 19 gennaio 2009.

** Tom Jundo, *Father of the Year*, «Esquire», 31 maggio 2011.

Jobs, l'uomo che vuole controllare ogni singolo dettaglio dei propri prodotti, ogni decisone che viene presa nelle sue società, ogni succo di frutta che entra nei frigoriferi aziendali, delega interamente a Lasseter la creazione dei film marchiati Pixar: «Alla Pixar il mio lavoro è contribuire a formare gli studios, assumere personale e creare un ambiente dove tutti abbiano l'opportunità di fare il più bel lavoro della loro vita. In qualche modo, alla Apple faccio lo stesso. Però alla Pixar non dirigo i film, mentre alla Apple, se dovessi azzardare un parallelo cinematografico, sono un po' il regista. Quindi è un lavoro diverso e me ne rendo conto. Alla Pixar aiuto a gestire tutte le attività. Ma non dico: "Ok, penso che quel personaggio dovrebbe fare questo." Faccio le mie osservazioni, come chiunque altro. C'è stata solo un'occasione, tre mesi fa, in cui per la prima volta ho fatto un'osservazione giudicata la migliore. Il che non è niente male, visto che c'era radunata parecchia gente in gamba. Ma difficilmente si ripeterà»*.

Lasseter, figlio di un venditore di autoricambi e di un'insegnante d'arte, cresce con la passione per i cartoni animati e con il mito di Walt Disney. Riesce a realizzare il suo sogno frequentando il primo corso d'animazione tenuto al CalArts (il Californian Institute of the Arts): quattro anni di studio seguiti dall'assunzione in Disney, nel 1979. Peccato che le cose non vadano esattamente come Lasseter le aveva sognate: «Quando ci sono arrivato, ho scoperto che era guidata da persone che si sentivano minacciate dai giovani talenti. Io continuavo a lanciare proposte e ricordo che qualcuno mi ha detto: "Senti, non ci interessano le tue idee, fai semplicemente quello che ti è stato detto. Ci sono un sacco di ragazzi che sarebbero felici di prendere il tuo posto". Con due frasi, un tizio qualunque è riu-

* Michael Krantz, *Steve Jobs at 44*, «Time», 10 ottobre 1999.

scito a far sì che non me ne fregasse più niente degli studios e dei progetti a cui stavo lavorando»*.

Per fortuna, ci sono anche momenti felici, come quando Lasseter vede i primi montaggi del film *Tron*: «Non potevo credere ai miei occhi. Walt Disney, per tutta la carriera, per tutta la vita, ha lottato per aggiungere più dimensioni alle sue animazioni... e io ero lì, e potevo vederlo finalmente accadere. Era quello che Walt Disney stava aspettando»**. È una vera illuminazione, che lo porta a realizzare un piccolo filmato-test di 30 secondi in cui disegni a mano e immagini realizzate al computer si fondono: «Era emozionante, ma all'epoca la Disney era interessata a usare i computer solo se potevano fare le cose più velocemente o a un prezzo più basso. Io dicevo: "Guardate che salto in avanti dal punto di vista artistico. Guardate quant'è bello". Ma a loro proprio non interessava»***. È una nuova delusione, seguita a ruota dalla fine del rapporto con Disney.

È il 1983 e Lasseter è comprensibilmente disperato, quando il destino bussa alla sua porta. Va a un incontro sulla computer-grafica a Long Beach, dove parla con Ed Catmull, che aveva visto alcune delle sue cose in passato e non ci pensa un istante ad assumerlo alla Lucasfilm col fantasioso ruolo di «Progettista d'interfaccia», visto che di animazione digitale, all'epoca, non si parlava affatto.

Come con quelli di Jobs, Lasseter non fatica a riconoscere i meriti di Catmull: «Dopo la mia esperienza agli studios Disney, dove ero stato regolarmente soffocato, Ed aveva radunato le

---

* Aubrey Day, *Interview: John Lasseter*, «Total Film», 3 giugno 2009.

** David A.Price, *The Pixar Touch: The Making of a Company*, Knopf 2008.

*** Mike Lyons, *Toon Story: John Lasseter's Animated Life*, «Animation World Magazine», novembre 1998.

migliori giovani promesse del mondo dell'animazione digitale. Gli ho domandato: "Come hai trovato tanta gente straordinaria?" e lui mi ha risposto: "Oh, è facile, cerco di assumere solo persone che sono più intelligenti di me"»*. Il successo di Pixar nasce dalla cooperazione tra giovani maghi del computer e giovani maghi dell'animazione, che lavorano spalla a spalla, costruendo da zero i software e gli strumenti che diverranno la base dell'animazione digitale.

Già nel 1984, quando Lasseter realizza *The Adventures of Wally and Andre B.*, il primo vero corto d'animazione digitale in 3D, qualcuno alla Disney si accorge di non essere stato abbastanza lungimirante. Idea che viene confermata nel momento in cui, al Siggraph di Boston del 1989, viene proiettato *Luxo Jr.*, il celebre corto in cui una lampada adulta gioca a palla insieme a una lampada, per così dire, bambina. Lasseter stesso riconosce che quello è stato il momento in cui ha capito di essere sulla strada giusta, e lo racconta così: «La risposta a *Luxo Jr.* è stata fenomenale; la gente non aveva mai visto niente di simile prima e gli ha riservato una meravigliosa ovazione. Quello che volevo fare con *Luxo Jr.* era far sì che la cosa più importante fossero i personaggi e la storia, non il fatto che fosse stato creato interamente con un computer. Al festival Siggraph, molte volte si vedono solo film animati al computer per nerd appassionati di animazione al computer. Ci sono persone che si esaltano per il semplice fatto che il film è stato creato da un computer. Dopo la proiezione, Jim Blinn, uno dei pionieri in questo campo, è venuto da me di corsa e mi ha detto: "John, devo chiederti una cosa." E io ho pensato: "Oh mio Dio, non so niente di algoritmi; lo so che mi chiederà qualcosa sugli algoritmi che abbiamo usato per le ombre o roba del genere." E

* Aubrey Day, *Interview: John Lasseter*, «Total Film», 3 giugno 2009.

lui mi ha chiesto: "John, la lampada adulta era la mamma o il papà?". Ecco, uno dei migliori cervelli della computer grafica era più interessato a sapere se la lampada adulta fosse la mamma o il papà»*. Era la conferma che aveva colpito nel segno.

Luxo Jr. vince più di un premio e viene candidato all'Oscar 1986 per il miglior corto d'animazione, notizia accolta con entusiasmo da Jobs, che partecipa personalmente alla cerimonia. Il premio sfuggirà – ma arriverà due anni dopo con *Tin Toy*, primo film d'animazione digitale 3D a riuscirci – però Jobs, se ce ne fosse stato bisogno, si convince una volta di più a dar fiducia a Lasseter: «Credevo in quello che John stava facendo. Era arte. Lui ci teneva e io ci tenevo. Gli ho sempre detto sì»**.

Quella che segue è una storia di successi che arrivano uno dietro l'altro: Lasseter dirige *Toy Story*, per il quale vince il premio Oscar, *A Bug's Life*, *Toy Story 2*, *Cars* e *Cars 2*, oltre a supervisionare tutti gli altri film di casa Pixar, che fruttano agli studios altri cinque Oscar artistici, oltre a quelli tecnici. Nel 2009 arriva anche il Leone d'Oro alla carriera.

Nel frattempo, nel 1997, Steve Jobs ha ripreso in mano anche la Apple, senza lasciare il suo posto alla Pixar, ma prima di farlo ha chiesto il permesso a Lasseter: un segno d'amicizia che vale più di qualsiasi stima professionale.

Insieme, andranno alla conquista della Disney, dove Lasseter rientrerà con il ruolo, specificamente ideato per lui, di Chief Creative Officer. «Per la riunione con gli azionisti Disney mia moglie mi ha detto: "Devi vestirti elegante, John". Perciò ho indossato le scarpe da tennis nere»***, racconta oggi. Per capire

---

* Harry McCracken, *Luxo Sr.: An Interview with John Lasseter*, «Animato», inverno 1990.

** Walter Isaacson, *Steve Jobs*, Mondadori, Milano 2011.

*** David A.Price, *The Pixar Touch: The Making of a Company*, Knopf 2008.

la battuta, bisogna sapere che Lasseter veste sempre camicie coloratissime e piene di disegni: «Probabilmente è stato intorno al 1987 che ho messo la prima camicia hawaiana che mi piacesse davvero, al punto che si è distrutta e ho dovuto comprarne un'altra. Poi ho scoperto un paio di produttori che avevano un'intera linea di camicie hawaiane che mi piacevano molto. Ma all'inizio non indossavo soltanto camicie hawaiane. Ho iniziato a farlo per le interviste e mia moglie, sia benedetta, mi ha detto: "Dovresti abbinare il disegno delle camicie a quel che farai nella giornata! Se ci riesci". Da allora, nella nostra casa nuova, abbiamo un grande armadio dentro cui le camicie sono divise per argomento»*.

La lezione che riporta con sé in Disney è quella di una maniacale attenzione al prodotto, che Lasseter ha sempre coltivato, ma che ha affinato lavorando con Jobs: «Sai, il nome Walt Disney non compare solo sugli studios, ma su ogni film che esce e io sento un'enorme responsabilità per questo. Volevo semplicemente che a guidare gli studios fosse chi i film li fa. Prima a guidarli erano i manager, che spingevano film basati sul marketing, sui giocattoli e su tutto quel genere di cose. E i registi si preoccupavano di come accogliere i suggerimenti dei manager invece di pensare al pubblico. Ora ci siamo sbarazzati di tutto questo. A ben vedere, il primo segnale di cambiamento è arrivato con *Bolt*, dove c'è stata qualche decisione più intelligente sui personaggi e sulla trama. E qui sta il bello del nostro metodo. Noi facciamo gli storyboard e poi gli story reel, i bozzetti sincronizzati con la colonna sonora, che ci permettono di lavorare, rilavorare e rilavorare ancora sul film. Non lascerò mai andare in produzione nulla che non sia perfettamente in linea con lo sviluppo della storia. Perché non c'è animazione, per quanto

* Aubrey Day, *Interview: John Lasseter*, «Total Film», 3 giugno 2009.

splendida, che possa salvare una brutta storia. Si tratta di fare un film straordinario, a tutti i costi. Questo è quello che abbiamo sempre fatto alla Pixar ed è quello che facciamo qui»*.

Jonathan Ive

Quello tra Jonathan Ive e Steve Jobs è probabilmente uno dei sodalizi creativi più fortunati di tutti i tempi, che dà forma non solo ad alcuni tra i prodotti di maggior successo di sempre, ma anche a un preciso modo di lavorare, fatto di un uso intensivo dei prototipi e di un profondo studio dei materiali e della loro lavorazione.

Ive arriva in Apple nel 1992, a 25 anni, da fan convinto, dopo esserne stato un collaboratore esterno, ma gli inizi, forse proprio a causa delle sue alte aspettative, sono un po' deludenti: «Quando sono entrato in Apple, la società era in declino. Sembrava aver perso quello che un tempo era un senso di identità e di obiettivi molto chiaro. Apple stava lottando in uno scenario imposto da un'industria che non aveva mai condiviso i suoi obiettivi. Come designer ero senz'altro più vicino ai ruoli decisionali, ma ero poco più efficace e influente di quanto lo fossi prima da consulente. Tutto è cambiato solo quando è ritornato Steve Jobs. Ha ri-stabilito i valori base che aveva stabilito al momento di fondarla, e Apple ha ripreso a seguire una direzione chiara e diversa da quella di qualsiasi altra società. E il design e l'innovazione erano elementi fondamentali di questa nuova direzione»**. Il riconoscimento è chiaro: è l'arrivo di

---

* Aubrey Day, *Interview: John Lasseter*, «Total Film», 3 giugno 2009.

** Intervista a Jonathan Ive rintracciabile all'indirizzo designmuseum.org/design/jonathan-ive.

Jobs a convincere il designer a restare, anche perché fin da subito lo stesso Jobs lo ricambia con parole di grande ammirazione: «Lavoro con persone super-talentuose. Prendete Jony Ive. Le ultime settimane abbiamo lavorato su questo nuovo prodotto che uscirà tra un anno. Abbiamo solo studiato l'idea di come dovrà essere. Di come lo costruiremo, di come lo presenteremo, di quale aspetto avrà. Abbiamo fatto una serie incredibile di passi avanti in una semplice chiacchierata di quattro o cinque ore. Passi in avanti incredibili. I nostri designer sono anni luce avanti rispetto ai loro colleghi»*.

Più che nelle parole, è nel lavoro il segno dell'unione di questi due uomini già caratterialmente così simili – entrambi attenti alla privacy, entrambi poco mondani, entrambi vestiti sempre con scarpe da ginnastica e t-shirt o dolcevita – ma diversi in un tratto fondamentale: Ive, come tutti coloro che sono riusciti a lavorare a lungo con Jobs, è una persona affabile e, soprattutto, quasi totalmente priva di ego. Quella che costruiscono nel tempo – con un team di lavoro relativamente piccolo, altra ossessione di Jobs – è un'identità basata su un'idea forte e rigorosa: «Il design che perseguiamo non ha nulla a che fare con l'autoaffermazione. Non voglio vedere designer che mi sfarfallano intorno. Voglio vedere problemi risolti, e in maniera pertinente»**, dice Ive. È una dimensione che va di pari passo con la ricerca, quasi zen, della semplificazione, come spiega illustrando il G5, un computer della linea «pro»: «Volevamo liberarci di tutto ciò che non fosse essenziale, ma senza far percepire lo sforzo. Abbiamo continuato a tornare indietro. Abbiamo davvero bisogno di quel pezzo? Possiamo fargli assolvere le funzioni di quegli altri quattro pezzi? È diventato un eser-

* Michael Krantz, *Steve Jobs at 44*, «Time», 10 ottobre 1999.

** Nick Carson, *Jonathan Ive*, «Ten4 Magazine», 2006.

cizio di riduzione continua, ma rende il computer più facile da produrre e più facile da utilizzare»*.

L'altro piano importante è il processo di progettazione. Assecondando sia la scarsa propensione al disegno di Ive sia l'amore per gli oggetti di Jobs, il lavoro procede attraverso la valutazione di infiniti prototipi costruiti ad hoc. Ogni giorno Jobs entra nell'ala delle meraviglie diretta da Ive e ogni giorno, insieme, i due valutano le qualità, i passi avanti e i possibili miglioramenti di ogni singolo oggetto in fase di progettazione: «Non riesco a immaginare il design senza la modellazione. Mi piace realizzare prototipi. Passiamo direttamente dall'idea ai prototipi», racconta Ive, prima di esporre un altro principio che sembra uscito dalla bocca di Jobs, ma è completamente suo: «Non facciamo focus group. Servono solo a essere certi di non urtare nessuno e di produrre oggetti insipidi e innocui»**.

Il cuore della ricerca è lo studio dei materiali: «Facciamo esperimenti con i materiali e li esploriamo, trasformandoli, imparando a conoscere le loro proprietà intrinseche e il processo per farli diventare, da materiale grezzo, un prodotto finito; per esempio, cercando di capire fino in fondo quali effetti otteniamo lavorandolo con le macchine o molandolo. Questa comprensione, questa cura dei materiali e dei processi, è davvero essenziale per il modo in cui lavoriamo. Il design più riuscito nasce dal riconoscere in modo esplicito che non puoi slegare la forma dal materiale – il materiale informa la forma»***.

Ancora una volta, sono tutti segni di un'attenzione maniacale al prodotto, ma anche amorevole, e così intensa da essere

---

* Leander Kahney, *Design According to Ive*, wired.com, 25 giugno 2003

** Simon Jary, *Jonathan Ive reveals Apple design secrets*, macworld.co.uk, 30 giugno 2009

*** http://www.core77.com/blog/object_culture/core77_speaks_with_jonathan_ive_on_the_design_of_the_iphone_4_material_matters_16817.asp

capace di unire le persone in modo indissolubile, come testimonia il discorso di Ive dopo la scomparsa di Jobs: «Era il mio amico più stretto e fedele. Abbiamo lavorato insieme per quasi 15 anni – e ancora riusciva a ridere per il modo in cui dicevo "alluminio". Mi piaceva il suo modo di ascoltare, con così tanta concentrazione. Mi piacevano il suo intuito, la sua straordinaria sensibilità e le sue opinioni chirurgiche. Nonostante tutti i suoi successi, tutte le sue conquiste, non presumeva, non dava per scontato che ce l'avrebbe fatta ancora. E quando le idee non venivano, quando i prototipi non riuscivano, era con grande spirito, con fede, che decideva di credere che alla fine avremmo fatto qualcosa di grandioso. E quanta gioia nell'arrivarci. Amavo il suo entusiasmo. I suoi piaceri semplici. Spesso, credo, legati a qualche piccolo sollievo. Sì, ci siamo arrivati, alla fine ci siamo arrivati ed era bello. Potete vedere il suo sorriso, vero? Era per aver fatto qualcosa di buono per tutti. Per il piacere di aver sconfitto il cinismo. Per il rifiuto della ragione. Per la nausea di sentirsi ripetere cento volte "Puoi farcela". Per questo penso che la sua fosse una vittoria per la bellezza, per la purezza. O, come avrebbe detto lui, "per fregarcene di qualcosa".»*.

---

* Dal discorso di Jonathan Ive per la commemorazione di Steve Jobs del 19 ottobre 2011, che si può vedere su YouTube all'indirizzo http://www.youtube.com/watch?v=GnGI76__sSA

6. GLI AVVERSARI

John Sculley

Sculley è il primo grande avversario di Jobs, benché tutti i giornali dipingano la prima fase del loro rapporto come un vero e proprio idillio amoroso. Volendo, si potrebbe persino sostenere che anche il finale, fatto di rancori reciproci e frasi cariche di risentimento, sia tipico dei grandi amori, ma a guardar bene si ha più la sensazione di una storia che entrambi desiderano così fortemente che funzioni da non accorgersi che, invece, non ha speranza.

Sculley arriva ufficialmente in Apple nell'aprile del 1983 sulla scorta di un ragionamento semplice e condiviso, già fatto in passato quando era stato scelto Mike Scott: Jobs è giovane e non ha l'esperienza sufficiente per tenere da solo le redini di un'azienda che nel frattempo è diventata enorme. Dopo aver valutato un po' di possibili nomi tra i dirigenti delle aziende hi-tech, è David Rockefeller, uno degli azionisti Apple, a suggerire di allargare il campo ad altri settori e di rivolgersi al più grande cacciatore di teste americano: Gerry Roche. È così che si arriva a individuare John Sculley, allora presidente della Pepsi Cola: «A posteriori, è stato un grosso errore assumermi come amministratore delegato. Non ero io la prima scelta: Steve voleva essere l'amministratore delegato. Era lui la prima scelta, ma il consiglio d'amministrazione non era pronto a dargli l'incarico quando aveva 25, 26 anni. Sarebbe stato molto più onesto se il cda avesse detto: "Troviamo un modo per fargli fare l'amministratore delegato. Tu potresti focalizzarti sul tuo contributo specifico e lui sul suo"». È il presupposto, al di là di tutto, a essere sbagliato: Jobs si occupa della parte tecnica, Sculley di quella commerciale, concentrandosi soprattutto sul marketing, ma la contraddizione è evidente: «Era il presidente del consiglio d'amministrazione, l'azionista di maggioranza e dirigeva la divisione Macintosh, perciò era sia sopra che sotto di me»*. Peccato che, appunto, tutte queste considerazioni siano soltanto retrospettive.

A favorire il mito della storia d'amore ci si mette anche il fatto che, tra la scelta di Sculley e il suo arrivo in Apple, passa un periodo di qualche mese, facilmente paragonabile a un corteggiamento vecchio stile. Il primo appuntamento è una visita di Sculley alla Apple: «Dicembre 1982. Una bandiera pirata sventolava sopra Bandley II, il palazzo di Cupertino dove stava il team Macintosh di Steve Jobs. Preparando la mia visita, Steve aveva detto ai suoi che ero il presidente della Pepsi e che dovevano imbastire una presentazione davvero "figa", perché potevo diventare un cliente importante. Il Mac era solo una piccola scheda madre con qualche filo collegato a un alimentatore improvvisato, più un'altra matassa di cavi colorati che portava a un tubo a raggi catodici da 10 pollici, in equilibrio sopra a un tavolo. Per impressionarmi, Andy Hertzfeld, uno dei programmatori più brillanti di Steve, aveva creato una piccola animazione con alcune lattine di Pepsi che danzavano sullo schermo. Ma io non ne capivo abbastanza, all'epoca, per apprezzare quanto fosse rivoluzionaria quella animazione al computer»**. Seguono altri incontri, ma il momento clou arriva a marzo, a New York. I due passeggiano in mezzo a un Central Park coperto di neve. Poi, su

* Leander Kahney, *John Sculley On Steve Jobs, The Full Interview Transcript*, cultofmac.com, 14 ottobre 2010.

** John Sculley, *John Sculley On Steve Jobs*, «BusinessWeek», 6 ottobre 2011.

iniziativa di Sculley, che voleva valutare la propensione di Jobs ad apprendere cose nuove, visitano il Metropolitan Museum. Infine, raggiunto il San Remo – il grattacielo a due torri dove Jobs in seguito comprerà un appartamento – da una terrazza che guarda Central Park, Jobs fa la sua proposta, pronunciando una delle sue frasi più universalmente note e citate: «Vuoi continuare a vendere acqua zuccherata per il resto della vita, oppure preferisci cambiare il mondo?». La risposta di Sculley è nei fatti.

Non appena iniziano a lavorare insieme, l'intesa tra i due sembra totale. I colleghi riferiscono che l'uno finisce le frasi iniziate dall'altro; Sculley dice di Jobs: «Steve è un grande visionario», l'altro lo ricambia con: «Sculley è una persona da cui posso imparare molto»*. Uno dei punti in comune è la passione per il design. Ricorda Sculley: «Fin dal momento in cui l'ho conosciuto, Steve ha sempre amato i prodotti belli, specialmente le finiture. Era venuto a casa mia ed era rimasto affascinato dai cardini e dalle serrature speciali, disegnati su misura per le mie porte. Io avevo studiato da industrial designer ed era questo a unirci. Non i computer. Steve aveva una visione che partiva sempre dall'esperienza d'uso; e pensava che l'industrial design giocasse un ruolo cruciale nel formare l'esperienza d'uso. Mi ha assunto in Apple perché credeva che alla fine il computer sarebbe diventato un prodotto di consumo. Era un'idea bizzarra all'inizio degli anni Ottanta perché la gente pensava che i personal computer fossero solo una versione più piccola dei grandi calcolatori. Perlomeno, così la vedeva IBM»**.

---

* Barbara Rudolph, Robert Buderi e Karen Horton, *Shaken to the Very Core*, «Time», 30 settembre 1985.

** Leander Kahney, *John Sculley On Steve Jobs, The Full Interview Transcript*, cultofmac.com, 14 ottobre 2010.

Anche sulle strategie l'accordo è totale, ma non potrebbe essere altrimenti: Sculley è stato scelto proprio perché era stato capace di aumentare drasticamente le quote di mercato della Pepsi Cola, cambiandone l'immagine. Un'indagine aveva mostrato che la Pepsi, a differenza della Coca-Cola, non veniva esibita con orgoglio da chi la beveva, quindi la nuova campagna pubblicitaria aveva puntato, anziché sul prodotto, sul proporre uno stile di vita accattivante, che la gente potesse riconoscere e rivendicare come proprio. Adesso, secondo Apple, erano i computer ad avere bisogno di una nuova immagine, per entrare nelle case di tutti: «Steve mi ha assunto perché credeva che il Mac fosse una risorsa straordinaria per la vita di tutti e che Apple dovesse prepararsi a venderne a milioni. Nessun altro nella Silicon Valley sapeva qualcosa di pubblicità o si preoccupava di farla. Ma a Steve Jobs interessava molto. Credeva che il Mac meritasse la miglior campagna pubblicitaria di lifestyle di sempre. Pensava a Pepsi Generation e a Pepsi Challenge ed era convinto che un prodotto che avrebbe cambiato il mondo meritasse una campagna pubblicitaria di marchio ai massimi livelli»*.

L'attrazione reciproca, basata su conoscenze specifiche individuali così profonde e così diverse, si squaglia però alle prime difficoltà. Succede quando, dopo un avvio incoraggiante, le vendite del Macintosh, il computer che doveva segnare il rilancio della società dopo i flop dell'Apple III e del Lisa, si afflosciano. A fine 1984, in pieno fermento natalizio, si vendono solo 20.000 Macintosh al mese contro i 75.000 previsti. A quel punto, nella gara interna a trovare il colpevole, Jobs è in minoranza e Sculley non lo difende. Ad aggravare la situazione, il

* John Sculley, *John Sculley On Steve Jobs*, «BusinessWeek», 6 ottobre 2011.

fatto che Jobs aveva sempre pensato a un computer da vendere alle persone, mentre il resto del gruppo, Sculley incluso – nonostante abbia sempre sostenuto il contrario – a una macchina per le grandi aziende. Ma per le persone comuni il prezzo era troppo alto; per le aziende, il computer non era abbastanza potente. Jobs la riassumerà bene così: «Una delle grandi discussioni che ho avuto con Sculley è stata sul fatto che il Mac era stato pensato per essere venduto a 1000 dollari. Certo, abbiamo sforato un po' e i costi di produzione erano troppo alti per commercializzarlo a quella cifra, ma anche così io pensavo che potessimo venderlo a un prezzo tra i 1500 e i 1799 dollari. John ha preferito alzarlo a 2499 dollari. La sua idea era di spingersi oltre e produrre Mac da vendere a 5000 o 10.000 dollari. È esattamente quello che è successo dopo che me ne sono andato. E in qualche modo ha pure funzionato. Quello che non avevano capito era che avevano buttato via una delle più grandi occasioni che avessero mai avuto per dominare il mercato. Hanno scelto di guadagnare un miliardo di dollari in più nei primi quattro o cinque anni, quando quello che avrebbero davvero dovuto fare era dire che ci avrebbero guadagnato il giusto e puntare alla quota di mercato più alta possibile»*.

La resa dei conti si consuma a maggio del 1985, con una guerra sotterranea tra Jobs e Sculley per accaparrarsi l'appoggio dei consiglieri d'amministrazione di Apple. Jobs programma addirittura un blitz da consumarsi in occasione di un'assenza di Sculley, atteso in Cina per firmare uno storico accordo che avrebbe permesso alla Apple di esportare i propri computer. Le carte vengono scoperte e – con sua grande sorpresa – Jobs si rende conto di non avere dalla sua parte nemmeno i soci di vecchia data. E questo lo porta ad andarsene, fondando una società con-

* *Apple's One-Dollar-a-Year Man*, «Fortune», 24 gennaio 2000.

corrente, la NeXT. Sculley gli scriverà una e-mail che, a seconda delle interpretazioni, può essere considerata un capolavoro di doppiezza o un estremo lampo di addolorata sincerità: «Steve, ti devo moltissimo. La tua passione ha fatto sì che l'universo fosse leggermente diverso. Ci sei riuscito creando prodotti ricchi di gusto e design, privi di compromessi e capaci di indurre una piacevole dipendenza, che rendono tutti noi più felici. – John» *.

La separazione da Jobs provoca reazioni confuse. Ricorda Larry Tesler, ingegnere assunto in Apple nel 1980 per lavorare prima sul Lisa e poi sul Macintosh: «Le persone in azienda provavano sentimenti contrastanti. Tutti prima o poi erano stati terrorizzati da Steve Jobs e quindi c'era un certo sollievo nel sapere che il "terrorista" se n'era andato, ma dall'altra parte penso che le stesse persone provassero per lui un incredibile rispetto e tutti eravamo molto preoccupati – che cosa sarebbe successo a questa azienda senza il visionario, senza il fondatore, senza il suo carisma?»**. Non molto diverse sono le sensazioni del mercato: ci sono dubbi su quale sarà il futuro della società, ma la tendenza è considerare l'allontanamento di Jobs un fatto positivo. L'illusione che sia davvero così la danno i risultati del 1986: il Macintosh, potenziato, comincia a vendere bene e a diventare il computer usato in tutte le redazioni giornalistiche, insieme a programmi sviluppati ad hoc e a una stampante, la LaserWriter, sempre marchiata Apple.

Ma è un fuoco di paglia. Il punto è che Apple, come riconoscerà in seguito anche Sculley, sta perdendo la sua capacità

---

* John Sculley, *John Sculley On Steve Jobs*, «BusinessWeek», 6 ottobre 2011

** Dichiarazione tratta da *Triumph of the Nerds*, un documentario realizzato nel 1996 dal network tv americano Pbs. Dal sito http://www.pbs.org/nerds si accede alla trascrizione completa del documentario.

di innovare. La nuova politica è quella di aumentare a dismisura le linee di prodotto e la cosa provoca confusione e disperde gli investimenti. Ci si mettono anche i fallimenti del Macintosh Portable, il primo, potentissimo portatile di Apple, lanciato nel 1989 ma troppo pesante – sette chili e duecento grammi! – e troppo costoso; e del Newton, un palmare che fa il suo debutto nel 1993. Per la verità, il Newton ottiene consensi di critica e, volendo, anche di pubblico, ma non abbastanza da convincere Apple a sostenerlo con la dovuta convinzione. Tra le innovazioni che proponeva c'erano un sistema per riconoscere la scrittura tracciata a mano con un pennino e una gestione dei dati più efficiente: per la prima volta, per esempio, un numero di telefono poteva essere condiviso tra un appunto e un contatto della rubrica.

Proprio il 1993 è l'anno in cui anche Sculley è costretto ad andarsene: «Una delle ragioni per cui sono stato licenziato è che c'erano due correnti su che cosa avrebbe dovuto fare la società. Una voleva che Apple fosse orientata soprattutto al business dei computer. Pensava di aprire l'architettura delle macchine e offrire licenze agli altri produttori. L'altra, di cui facevo parte io, voleva seguire lo stile Apple – l'esperienza d'uso e cose del genere – e sviluppare la generazione successiva di prodotti, come il Newton»*. Leggermente diversa l'idea di Jobs: «È stato Sculley a rovinare Apple e l'ha fatto promuovendo valori corrotti, che hanno corrotto alcuni dei dirigenti dell'epoca, fatto fuggire alcuni di quelli che non potevano essere corrotti e fatto arrivare sempre più persone corrotte, che tutte insieme si sono accaparrate decine di milioni di dollari, interessandosi più alla propria gloria e al proprio benessere che non a ciò che ave-

* Leander Kahney, *John Sculley On Steve Jobs, The Full Interview Transcript*, cultofmac.com, 14 ottobre 2010.

va portato Apple al top – ovvero fare grandi computer per la gente comune»*.

Nonostante i contrasti, Sculley ha sempre dichiarato di conservare un'idea positiva di Jobs: «Anche se non mi parla più, e probabilmente non lo farà mai, provo un'ammirazione enorme per lui». Non solo, ma si è detto dispiaciuto di non aver capito che solo Jobs avrebbe potuto salvare la Apple già fin dal 1993, prima di essere lui stesso costretto a lasciare: «Vorrei essere stato capace di fare un passo indietro, contattare Jobs e dirgli: "Hey, voglio tornare a casa. Questa è ancora la tua società. Vediamo di trovare un modo per farti tornare". Perché non ci ho pensato, non lo so»**.

Tutta l'opposto l'opinione che Jobs ha conservato di Sculley: «Cosa posso dire? Ho assunto la persona sbagliata. Ha distrutto tutto quello per cui ho lavorato per dieci anni. Cominciando da me, ma non è questa la parte più triste. Io avrei lasciato volentieri Apple se Apple fosse riuscita a diventare ciò che io avevo sempre sognato»***.

Michael Eisner

Non si può certo dire che i rapporti tra l'amministratore delegato della Disney e Steve Jobs, forzosamente inaugurati dall'accordo per produrre *Toy Story* siglato nel 1991, siano mai

---

* Smithsonian Institution – Oral and video histories – Intervista condotta da Daniel Morrow il 20 aprile 1995.

** Thomas E. Weber, *Regrets From the Man Who Fired Steve Jobs*, thedailybeast.com, 6 giugno 2010

*** Dichiarazione tratta da *Triumph of the Nerds*, un documentario realizzato nel 1996 dal network tv americano Pbs. Dal sito http://www.pbs.org/nerds si accede alla trascrizione completa del documentario.

stati buoni, ma almeno fino alla brusca fuoriuscita di Jeffrey Katzenberg da Disney, nel 1994, i due si incrociano poco. Michael Eisner era arrivato in Disney a settembre del 1984 sull'onda dei successi ottenuti prima al network televisivo ABC (tra i quali *Happy Days* e *Starsky e Hutch*) e poi alla Paramount (*I predatori dell'arca perduta* e *Grease*, tra gli altri). Il gruppo, in quel momento, si trovava in una situazione di sostanziale immobilità e, grazie a Eisner, riprese slancio riconquistando la sua posizione di leadership, lanciando prima nuovi film d'animazione di successo, come *La bella e la bestia* e *Il re leone*, e poi acquisendo con il tempo canali tv (ABC e ESPN) e studios (Miramax).

È qui che iniziano i guai. Galvanizzato dai successi, Eisner dà sfogo ai suoi peggiori istinti: «I suoi fallimenti a livello manageriale includono l'incapacità di delegare, la scarsa fiducia nei collaboratori, i giudizi impulsivi e immotivati, il fatto di mettere i dirigenti l'uno contro l'altro, lo sprezzo per gerarchie e autorità che non siano la sua, l'incoraggiamento di una cultura di sospetti e delazioni, la frequente mancanza di riconoscimento dei meriti altrui e, soprattutto, l'incapacità di individuare e far crescere un successore», sintetizza brillantemente James Stewart nel suo libro sull'epopea Disney*. Gran parte di questa descrizione potrebbe essere felicemente usata per tracciare il profilo di Jobs, perciò è facile capire come i due fossero destinati a scontrarsi. I primi segnali espliciti si percepiscono al momento del lancio di *Toy Story*, film che Eisner non amava e dal quale non si aspettava granché: Eisner e Jobs organizzano due *première* separate, in due giorni successivi, e naturalmente nessuno dei due pensa per un solo istante di presenziare a quella dell'altro. Ma sono solo schermaglie tra due

* James B.Stewart, *DisneyWar*, Simon & Schuster 2006.

ego troppo ingombranti per occupare contemporaneamente la stessa stanza. Siamo ancora a novembre del 1995 e il momento che certificherà l'inizio delle ostilità in grande stile tra i due arriverà poco più di un anno dopo, a febbraio del 1997, quando sull'onda del successo di *Toy Story* e sicuro delle carte che può giocarsi, Jobs ricontratta con Eisner le condizioni dell'accordo tra Pixar e Disney, spuntando una partnership al 50% tra le due società: un risultato su cui nessuno, nel mondo del cinema, avrebbe mai scommesso. E infatti Eisner non è felice di aver dovuto fare tante concessioni a Jobs, sia per motivi puramente commerciali, sia perché lo considera un pivello in un mondo di cui lui si sente l'imperatore.

A riprova dei comportamenti da sovrano assoluto di Eisner, bastino due clamorosi licenziamenti. Il primo arriva nel 1994, poco dopo l'improvvisa scomparsa, in un incidente d'elicottero, dell'allora presidente di Disney, Frank Wells. Jeffrey Katzenberg pensa di poter aspirare alla posizione, ma Eisner, che fino ad allora l'aveva trattato come il proprio delfino, si mette di traverso, fino a provocare la rottura: il licenziamento di Katzenberg costerà alla Disney 280 milioni di dollari – dopo che Eisner avrà rifiutato un accordo stragiudiziale per 90 milioni – e la nascita di una casa d'animazioni che diventerà un pericoloso concorrente: Dreamworks, fondata da Katzenberg insieme a Steven Spielberg e David Geffen. Il secondo licenziamento è del 1997 e, non a caso, colpisce un altro degli uomini fino ad allora protetti da Eisner: Michael Ovitz, da lui stesso messo alla presidenza del gruppo appena 14 mesi prima. Altra causa persa e altri 38 milioni di dollari pagati.

Quanto alla battaglia con Jobs, Eisner trova subito l'opportunità per mettere in difficoltà l'avversario, forzando gli accordi: appena festeggiato il trionfo di *Toy Story*, mette subito in produzione *Toy Story 2*, come sequel da un'ora destinato al mercato dell'home video. È una prassi abituale in Disney, ma quando Lasseter, deluso e spaventato da quel che ne sta uscendo, decide di prendere in mano il film in corsa e di trasformarlo in un prodotto per la sale cinematografiche, la divisione dei proventi rimane quella stabilita dal primo accordo tra Pixar e Disney, largamente sfavorevole alla prima. Per capirci, ecco che cosa pensava Lasseter dei sequel firmati Disney: «Parliamo delle persone che avevano prodotto *Cenerentola 2*. Noi crediamo che un sequel si debba fare solo se c'è una grande storia da raccontare, punto. Mica per fare più in fretta»*. Non contento, Eisner incalza subito Lasseter per realizzare il terzo episodio, riuscendo a convincerlo (o a terrorizzarlo, ma il risultato è lo stesso). Peccato che pretenderebbe che anche il nuovo film venisse regolato dal primo accordo. Per Jobs, naturalmente, la cosa non è neanche in discussione, ma fa tutto parte di una guerra di nervi e di potere per stabilire chi sia più forte.

Ad alzare il livello dello scontro, spostandolo sul piano personale, è ancora Eisner, nel 2002. Parlando a una commissione del Senato, demonizza l'industria dei computer sostenendo che ha tratto grandi vantaggi dal diffondersi della pirateria e lo fa portando a esempio la campagna pubblicitaria di iTunes, che diceva: «Rip. Mix. Burn». Il significato corretto della campagna era «Converti, mixa, incidi» – in pratica invitava a copiare canzoni dai propri cd, creare una compilation personale e quindi registrarla su un nuovo cd, ovvero nulla di illegale – ma molte compagnie discografiche avevano confuso «Rip», un'espressione gergale giovanile, con «Rip off», ovvero «ruba». Eisner dunque, maliziosamente o meno, aveva riproposto davanti al Senato questa interpretazione. È un attacco particolarmente scorretto e infatti la reazione di Jobs è immediata e du-

* Brent Schlender, *Pixar's magic man*, «Fortune», 17 maggio 2006.

rissima: chiama Roy Edward Disney, nipote del grande Walt e consigliere d'amministrazione della società, e lo informa che Pixar non siglerà un nuovo accordo con Disney finché ci sarà Eisner.

Nel 2003, il terreno è pronto per lo scontro finale: le azioni Disney sono crollate del 41% nel primo trimestre, gli utili sono sempre più risicati e il dispotismo di Eisner è già da tempo mal sopportato dal consiglio d'amministrazione. Con queste premesse, stavolta è Jobs a sferrare il suo attacco, presentandosi all'incontro per rinnovare l'accordo decennale tra Pixar e Disney con una serie di condizioni inaccettabili: in pratica, stando alla sua proposta, tutto il potere passerebbe a Pixar mentre a Disney rimarrebbe soltanto un modesto 7,5% come diritti di distribuzione sui film, oltre alla facoltà di sfruttare i personaggi Pixar all'interno dei propri parchi tematici. Eisner incassa il colpo e prende tempo prima di dare una risposta, che non può che essere un rifiuto. La sua idea è di attendere il debutto in sala di *Alla ricerca di Nemo*, il 30 maggio, perché, come ha confidato ad alcuni consiglieri d'amministrazione, ritiene che Pixar sia destinata a quello che definisce un «bagno d'umiltà»: il film, a suo parere, non vale i precedenti e fallirà clamorosamente al botteghino. La cosa, naturalmente, avrebbe conseguenze negative immediate per le casse della Disney, ma permetterebbe a Eisner di ribaltare i rapporti di forza nella trattativa con Jobs. Peccato che a fallire sarà la previsione di Eisner: *Alla ricerca di Nemo* spazzerà via ogni precedente record per un film d'animazione, incassando 867 milioni di dollari in tutto il mondo.

È l'inizio della fine: le lotte interne al consiglio d'amministrazione portano alle dimissioni di Stanley Gold e Roy Edward Disney, che le annuncia il 30 novembre 2003 in una lettera particolarmente polemica, in cui si rivolge direttamente a Eisner accusandolo di aver «creato disaccordo tra me e le persone con cui lavoro, fino al punto di chiedere ad alcuni dei miei colleghi di riferirti le mie conversazioni e i miei comportamenti» e gli contesta una serie di decisioni sbagliate che partono dal 1994, tra le quali vale la pena sottolineare le seguenti: «La percezione da parte di tutte le persone che hanno a che fare con noi – consumatori, investitori, dipendenti e fornitori – che la Compagnia sia rapace, priva d'anima e che punti sempre ai "soldi facili" più che a valori duraturi, cosa che ci sta portando a una perdita di fiducia generale. L'emorragia di cervelli creativi degli ultimi anni, concreta e continua, che danneggia la Compagnia, che perde tutti i dipendenti di talento... La tua incapacità di stabilire rapporti costruttivi con i partner creativi, specialmente Pixar, Miramax e le tv via cavo che distribuiscono i nostri prodotti»*.

Jobs, intanto, continua a spingere sul pedale del mancato rinnovo dell'accordo, sapendo bene che è uno dei temi che mettono in maggior agitazione il consiglio d'amministrazione della Disney. Ma non tralascia il lavoro di fioretto: a una riunione degli azionisti Pixar di inizio 2004, per esempio, si diverte a rivelare il contenuto dell'e-mail che Eisner aveva mandato ai suoi prima dell'uscita di *Alla ricerca di Nemo*, in cui si sbilanciava dicendo che il nuovo film non era «nemmeno lontanamente vicino al livello dei precedenti», chiudendo con una battuta: «Come saprete, le cose si sono dimostrate leggermente diverse». Poi lancia una frecciata sul diritto di Disney di produrre sequel dei film Pixar: «Stiamo male all'idea di un sequel Disney perché, se guardate il livello di qualità dei loro sequel, come *Il re leone 2* o quelli di *Peter Pan* e altre cose del genere, è piuttosto imbarazzante»**.

---

* Dal testo della lettera di dimissioni di Roy Disney.
** Citazioni tratte dalla biografia realizzata dal sito allaboutstevejobs.com

Mentre la guerra vera e propria prosegue sottotraccia, i due continuano a scambiarsi battute sarcastiche. «Ha creato i computer, o perlomeno Windows, o quel cavolo che è, e ha fatto un buon lavoro»*, dice Eisner di Jobs, definendo poi i personaggi Pixar «abbastanza penosi» in confronto a quelli di *Rapunzel* (che, dopo lunga gestazione, arriverà nelle sale solo nel 2010). Jobs non si fa pregare e ribatte: «I nostri film non reggono il confronto con *Atlantis*, *Le follie dell'imperatore* o *Il pianeta del tesoro*»**. Per chi non cogliesse il sarcasmo, sono tutti flop commerciali della Disney... Ma nel frattempo è arrivato il momento delle armi pesanti: il 3 marzo del 2004, all'assemblea dei soci, con un colpo di scena clamoroso, il 43% degli azionisti, guidati dai fuoriusciti Roy Edmund Disney e Stanley Gold, vota contro la riconferma di Eisner, che resta in carica come amministratore delegato ma perde la presidenza e, soprattutto, l'autorevolezza. Così, l'anno seguente, il 13 marzo 2005, è costretto ad annunciare che il 30 settembre, un anno prima della naturale scadenza del suo mandato, si farà da parte. Al suo posto viene nominato l'allora presidente Bob Iger: Jobs può ben dire di aver vinto la sua personale guerra contro l'avversario.

Le grandi corporation

La lista dei nemici personali di Jobs non è particolarmente lunga per un semplice motivo: in tutta la sua carriera imprenditoriale, non sono molte le persone che si sono trovate in una po-

---

* Citazioni tratte dalla biografia realizzata dal sito allaboutstevejobs.com

** *When Steve Jobs put former Disney CEO Michael Eisner on blast*, edibleapple.com, 24 marzo 2011.

sizione tale da poterlo ostacolare davvero. È per questo che, con Sculley e Eisner, l'elenco può dirsi pressoché completo. È vero, ci sono altre persone, tra amici e compagni d'avventura, con cui Jobs non va d'accordo o addirittura entra in rotta di collisione, ma è lui stesso a non riconoscere loro il valore di avversari: sono pesci piccoli e può evitare di farli diventare un problema con una certa facilità. Bastino, come esempio, due nomi emblematici: Jef Raskin, iniziatore del progetto Macintosh e poi costretto ad abbandonarlo sia perché occupava l'unica posizione che in quel momento interessava a Jobs, sia perché le sue idee su come avrebbe dovuto essere il computer non coincidevano con quelle di Jobs; e Alvy Ray Smith, uno dei tre fondatori di Pixar, totalmente insensibile al carisma di Jobs e capace di sfidarlo costantemente, prendendosi gioco di lui persino di fronte agli altri nelle riunioni, allontanato nel 1991 e il cui nome Jobs non cita mai, espungendolo in pratica dalla storia della Pixar.

Gli unici nemici che Jobs riconosce come tali, nominandoli esplicitamente e ossessivamente ogni volta che ne individua uno adatto allo scopo, sono le grandi corporation: IBM, Microsoft e Google, a turno, su tutte. È una scelta deliberata che discende da diversi motivi: naturalmente, vale quello precedente, per cui solo chi è in grado di ostacolare Jobs può assurgere al ruolo di nemico; poi conta l'idea per cui è dal livello dei tuoi avversari che si può determinare il tuo; infine, e soprattutto, ci sono ragioni retoriche ben precise. Individuare un nemico più grande di te serve a spingere il tuo gruppo a livelli altissimi di competitività, e riconoscerlo in una grande corporation alimenta il mito dell'alternativa, figlio della controcultura in cui Jobs è cresciuto, oltre ad attirare le simpatie dell'opinione pubblica, naturalmente portata a tifare per qualsiasi Davide sfidi qualunque Golia. Che poi il sentimento di inimicizia provato da Jobs possa essere sincero è del tutto accessorio, mentre il fatto che Apple sia stata a più riprese, a tutti gli effetti, una grande corporation (oggi, per esempio, è la società con la capitalizzazione più alta al mondo) mostra quanto Jobs fosse sfacciato nel piegare la realtà a proprio piacimento.

Il primo grande avversario di Jobs, se si esclude quello fatto in casa, ovvero la Apple stessa, con tutta l'epopea dei pirati già raccontata, è IBM, che lancia il suo primo personal computer, chiamato proprio così, o brevemente «Pc», nell'agosto del 1981. Jobs accoglie l'evento acquistando una pagina del «Wall Street Journal» che si apre con uno slogan divenuto celebre: «Benvenuta, IBM. Davvero», seguito da un testo che si premura di attribuire ad Apple la creazione del primo personal computer e si sbilancia a prevedere cifre di mercato all'epoca inimmaginabili e, va riconosciuto, incredibilmente vicine a quelle reali. IBM è già un colosso dell'elettronica e produce *mainframe*, i computer grandi come stanze usati da enti governativi e società, mentre Apple è appena uscita da una trionfale quotazione in Borsa, nel 1980, e presidia il mercato dei personal computer con il suo Apple II. Ma già a fine 1982 l'IBM Pc e gli altri computer basati sulla sua architettura, i cosiddetti «cloni», portano a casa un pareggio di vendite con l'Apple II, mentre a fine 1983 la situazione appare addirittura drammatica: 1.300.000 IBM pc più cloni venduti contro 420.000 Apple II.

Arrivato il momento di lanciare il Macintosh, Steve Jobs decide perciò di mettere IBM al centro di un vero e proprio attacco mediatico, che inizia con il celebre spot in clima *1984*, in cui Apple appare come la paladina dei ribelli in un mondo dominato da un Grande Fratello che, per chi non l'avesse identificato, Jobs stesso chiarisce in più occasioni essere la IBM. Da lì in poi, nelle interviste, Jobs alza il livello dello scontro, ribadendo il concetto secondo cui una vittoria di IBM sarebbe esiziale, oppure buttandola sulla qualità e sulla passione nel realizzare prodotti. Eccone due esempi: «Se, per un qualsiasi motivo, facciamo un grosso errore e IBM vince, temo proprio che entreremo in una specie di "Epoca oscura" dei computer che durerà almeno vent'anni. Quando IBM prende il controllo di un settore di mercato, quasi sempre ferma l'innovazione» e «Come mai il gruppo Mac ha prodotto il Mac e la gente della IBM ha prodotto il PCjr? Noi pensiamo che il Mac venderà milioni e milioni di esemplari, ma non abbiamo fatto il Mac per gli altri. Lo abbiamo creato per noi stessi. Eravamo noi le persone che dovevano decidere se era grandioso o meno. Non avevamo intenzione di uscire e fare ricerche di mercato. Volevamo solo costruire la cosa migliore che fossimo capaci di fare»*.

Eppure, appena tre anni dopo, Jobs, già in sella alla NeXT e già in una situazione di difficoltà, inizia a flirtare con IBM, cercando di convincere i suoi dirigenti che il software NeXT è migliore di quello di Microsoft. Agli inizi del 1988 gli avvocati delle due società iniziano a trattare e ad aprile, negli uffici di Ross Perot, si raggiunge un accordo: IBM versa una cifra che si dice essere di 60 milioni di dollari in cambio di un'opzione per utilizzare il sistema operativo NeXSTEP sulle proprie macchine. Alla presentazione del Cube, nel 1989, quando è il momento di commentare l'accordo, Jobs si giustifica così: «Vogliamo creare grandi computer con il miglior software del mondo, e il rapporto con IBM ci permetterà di farlo».** L'opzione scadrà e tutto si chiuderà con un nulla di fatto, ma l'inversione a U resta, e non sarà neppure l'ultima, a dimostrazione del fatto che Jobs possedeva una discreta faccia di bronzo.

Nel frattempo, si è imposto un nuovo nemico, come fa capire il tentato accordo con IBM: Microsoft, cresciuta proprio grazie alla fornitura di sistemi operativi a IBM che, non prevedendo l'e-

---

* David Sheff, *Playboy Interview: Steven Jobs*, «Playboy», febbraio 1985.
** Wes Smith, *The Cult Of Steve*, «Chicago Tribune», 23 ottobre 1988.

sclusiva, gli ha aperto le porte del mercato. A fine 1983, poco prima del lancio del Macintosh, la società fondata da Bill Gates dichiarava utili per poco più di 50 milioni di dollari, che a fine 1988 erano già diventati 590. In mezzo, nel 1995, c'era stato il lancio di Windows. La guerra mediatica con Windows non è troppo diversa da quella condotta contro IBM, anzi è lo stesso Jobs ad accomunare le due società in una dichiarazione del 1996: «L'industria dei computer da tavolo è morta. L'innovazione si è praticamente fermata. Microsoft domina portando innovazioni minime. È finita. Apple ha perso. Il mercato dei personal computer è entrato in un'epoca oscura e ci rimarrà per i prossimi dieci anni, o come minimo fino alla fine di questo decennio. È la stessa cosa che è successa quando IBM ha tenuto gran parte dell'innovazione alla larga dall'industria dei computer, prima dell'avvento dei microprocessori». Non contento, nella stessa occasione, Jobs dipinge un futuro cupo per Internet nel caso di un eventuale controllo da parte di Microsoft. Prima afferma: «La cosa più importante per il Web è che stia lontano da Microsoft» e poi ribadisce: «Oggi c'è una finestra che a un certo punto si chiuderà. Se non raggiungiamo il traguardo nei prossimi due anni, Microsoft diventerà padrona del Web. E sarà la fine»*.

La novità, nel caso di Microsoft, sono le frasi denigratorie. Jobs si diverte a più riprese a sottolineare la scarsa eleganza di Windows. Intervistato per il documentario *Triumph of the nerds*, trasmesso in tv nel 1996, per esempio, dirà: «L'unico problema di Microsoft è che semplicemente non hanno gusto, sono totalmente privi di gusto. Perciò non credo di essere triste per il loro successo – non ho nessun problema con il successo di Microsoft, per la gran parte se lo sono meritato. Ho

---

* Gary Wolf, *Steve Jobs: The Next Insanely Great Thing*, «Wired», febbraio 1996.

qualche problema solo con il fatto che creano prodotti di terz'ordine»*. Per la verità, Jobs chiederà scusa a Bill Gates per questa frase, a quanto pare sfuggitagli con troppa disinvoltura, ma la sostanza non cambia.

L'altro nuovo elemento dialettico è quello del furto: Jobs fece una sfuriata a Gates nel 1983, quando scoprì che Microsoft si stava preparando a lanciare il primo Windows, e in seguito Apple fece addirittura causa a Microsoft, trovando alla fine un accordo stragiudiziale, ma l'intera vicenda si riferisce a un periodo in cui Jobs era già andato via. Dal canto suo, Jobs continuerà a ripetere il concetto del furto con varie sfumature e in diverse occasioni, tra cui l'ormai famoso discorso di Stanford, quando strapperà una grassa risata generale con la battuta: «Se non avessi mai lasciato quel corso, il Mac non avrebbe avuto tanti caratteri tipografici differenti. E, visto che Windows si è limitato a copiare il Mac, è probabile che nessun computer li avrebbe avuti».

Pure per Microsoft la condizione di nemico non è definitiva: il passaggio finale nella schiera degli amici avviene nel 1997, quando Jobs, appena rientrato in Apple, riesce a salvarla anche grazie a un'iniezione di 150 milioni di dollari da parte di Microsoft la quale, oltre a comprare azioni prive di diritto di voto, assicura che svilupperà nuovi software per il Mac. Ancora una volta, Jobs spiega il suo cambiamento di idea come se fosse la cosa più normale del mondo: «C'era troppa gente alla Apple e nel mondo Apple che giocava al gioco "perché Apple vinca, Microsoft deve perdere". Era chiaro che non bisognava giocare a quel gioco perché Apple non avrebbe sconfitto Microsoft. Apple non aveva bisogno di battere Microsoft. Apple doveva solo

---

* *Triumph of the Nerds* è un documentario realizzato nel 1996 dal network tv americano Pbs. Dal sito http://www.pbs.org/nerds si accede alla trascrizione completa del documentario.

ricordarsi che cos'era, perché se lo era dimenticato. Quindi, per me, era abbastanza essenziale rompere quel paradigma. Ed era anche importante che Microsoft fosse il più grande sviluppatore di software per il Mac, esclusa Apple. Quindi quello che stava succedendo all'epoca non aveva senso».*

Il tema del furto è alla base anche dell'ultimo rapporto teso tra Jobs e un'altra società. Questa volta, nel mirino c'è Google, accusata di aver copiato, con Android, il sistema operativo dell'iPhone. I fatti dicono che nel 2005 Google acquista una piccola società chiamata Android, ma che il sistema omonimo per telefonini viene presentato solo a novembre del 2007, nove mesi dopo quello di Apple. Sono date che permettono di dare ragione a entrambe le parti, a seconda di come si vogliono leggere le cose. Per rivendicare le proprie ragioni, il 2 marzo del 2010 Apple fa causa a Htc, e indirettamente a Google, per violazione di 20 brevetti legati all'uso dei telefoni touch. Lo annuncia in un comunicato stampa, che riporta le seguenti parole di Jobs: «Possiamo restare seduti a guardare i nostri concorrenti che rubano le nostre tecnologie brevettate, oppure possiamo reagire. Pensiamo che la competizione sia una cosa salutare, ma i concorrenti dovrebbero creare una propria tecnologia originale, non rubare la nostra»**. Il 15 luglio del 2011 un giudice della US International Trade Commission riconosce che sono stati violati due brevetti, ma non è questa la parte più importante di una vicenda che coinvolge ormai altri produttori e che ha provocato nel tempo un vorticoso giro di cause in

* Intervista con Steve Jobs condotta da Kara Swisher e Walt Mossberg alla conferenza «D8 All Things Digital» a giugno 2010, visibile integralmente all'indirizzo http://allthingsd.com/20100607/steve-jobs-at-d8-the-full-uncut-interview/?refcat=d8.

** Comunicato stampa Apple del 2 marzo 2010.

diversi Paesi. Jobs si sente tradito da Eric Schmidt, amministratore delegato di Google dal 2001 e consigliere d'amministrazione di Apple dal 2006 al 2009 e, in privato, si sfoga così: «La nostra denuncia dice: "Google, ci hai derubati dell'iPhone, ci hai depredato". Furto con scasso. Dovesse costarmi l'ultimo respiro e l'ultimo centesimo dei 40 miliardi di dollari che la Apple ha in banca, raddrizzerò questo torto. Voglio distruggere Android perché è il risultato di un furto. Sono disposto a un conflitto termonucleare. Loro sono spaventati a morte, perché sanno di essere colpevoli. A parte il motore di ricerca, tutti i prodotti Google – Android, Google Docs – sono merda».

In pubblico, invece, in una intervista organizzata da «All Things Digital», la testata tecnologica del «Wall Street Journal», tende a eludere la questione e, solo perché messo alle strette, minimizza: «È indubbio che siamo concorrenti. Ho visto che la loro ultima offerta permetterà ai loro clienti di portare la musica che hanno su iTunes su un cellulare Android, il che mi sta bene. Magari ci aiuteranno a vendere più musica. E noi abbiamo alcune proprietà di Google sul nostro telefono. Non è che dobbiamo per forza scannarci solo perché siamo in competizione»*.

Ma la verità è che il giudizio su Google è terribilmente negativo, come del resto quello su tutti i suoi avversari storici. Ce lo ricorda bene un'uscita che li raggruppa tutti insieme: «L'IBM era sostanzialmente la Microsoft al suo peggio. Non era una forza innovativa, bensì una forza del male. Era come l'AT&T o la Microsoft o Google»**. Punto.

---

* Intervista con Steve Jobs condotta da Kara Swisher e Walt Mossberg alla conferenza «D8 All Things Digital» a giugno 2010, visibile integralmente all'indirizzo http://allthingsd.com/20100607/steve-jobs-at-d8-the-full-uncut-interview/?refcat=d8.

** Walter Isaacson, *Steve Jobs*, Mondadori, Milano 2011.

7. LE IDEE

Mouse e schermo grafico

Su una cosa il partito di chi vorrebbe Jobs santo subito e quello dei suoi fieri oppositori vanno completamente d'accordo: a fare di Jobs un'icona dei nostri tempi sono state le idee, le ossessioni, l'ambizione di rendere intuitivo, gioioso, spontaneo il rapporto con le macchine. Peccato che gli oppositori ci aggiungano la considerazione secondo cui nessuna di quelle idee sia effettivamente venuta da lui: Jobs si sarebbe insomma appuntato sul petto medaglie non sue, come dimostrerebbero, tra l'altro, le infinite testimonianze di coloro che hanno lavorato con lui, che ricordano quanto fosse – consciamente o inconsciamente – portato ad appropriarsi delle buone proposte altrui, facendole passare come proprie. È una posizione piuttosto estrema, come quella di chi vorrebbe fingere che le iniziative di Jobs non nascano con il decisivo contributo di molte persone e in un contesto ben preciso, come invece riconobbe lui stesso con una celebre battuta ripresa da Picasso: «I bravi artisti copiano, i grandi artisti rubano». Naturalmente, la realtà è più complessa e sfaccettata e la storia di come il mouse e lo schermo grafico siano diventati parte integrante del Macintosh, e in seguito di tutti i computer, sembra fatta apposta per esemplificarlo.

All'origine di tutto c'è Jef Raskin, l'uomo che ha dato vita al progetto Macintosh prima che Jobs ci salisse in corsa per farne la base della propria rivincita all'interno della Apple. Raskin sogna per il Macintosh un universo che non potrebbe esistere senza uno schermo grafico: vuole comporre musica scrivendo le note a video, e vuole gestire immagini e fotografie: «Quando si pensava di avere più pixel in verticale che in orizzontale, cosa all'epoca comune, perché non ha controindicazioni con le lettere dell'alfabeto, io ho insistito perché i pixel fossero quadrati. Mi hanno detto: "Perché avremmo bisogno di pixel quadrati?" e io ho risposto: "Mettiamo che prendiate una fotografia e la facciate ruotare di novanta gradi: vi piacerebbe che cambiasse improvvisamente aspetto?", e quelli: "Fotografia? Novanta gradi?"»*

Per capire bene il discorso di Raskin bisogna ricordare – o, per chi non c'era, fare lo sforzo di immaginare – che all'epoca il display del computer era capace di visualizzare unicamente caratteri alfabetici o numerici, tipicamente verdi su fondo nero, di un unico tipo e in un unico stile. Lo schermo grafico, invece, è un insieme di puntini quadrati molto piccoli, che accendendosi possono dar vita a qualsiasi tipo di sagoma e figura: non solo caratteri in diversi stili tipografici, ma anche, appunto, linee, disegni, immagini complesse. In più, qualsiasi operazione doveva essere compiuta digitando sulla tastiera il corrispondente comando di testo, da conoscere a memoria.

L'idea di Raskin era invece quella di riprendere e sviluppare il sistema visto ai laboratori dello Xerox Parc, organizzato per icone, menu, documenti e cartelle, cose che oggi diamo per scontate ma che all'epoca venivano usate, embrionalmente, solo lì. In questo modello la tastiera si rivela chiaramente inadeguata e Raskin sta lavorando su sistemi sperimentali per spo-

* Dalla registrazione di un'intervista rilasciata da Raskin ad Alex Pang il 13 aprile 2000 e conservata negli archivi della Stanford University. Il testo della trascrizione si può leggere all'indirizzo www-sul.stanford.edu/mac/primary/interviews/raskin/trans.html

stare il cursore sullo schermo e selezionare menu, come trackball e tablet, strumenti che avranno successo molto più avanti. Jobs, invece, plana sul progetto già avviato e insiste per avere un mouse, come avveniva sullo Xerox Alto del Parc. L'intento, in ogni caso, è lo stesso: trovare un sistema che permetta di usare un computer a chiunque non sia esperto di informatica e non conosca una sfilza di comandi a memoria.

La storia di come Susan Kare, una giovane grafica senza esperienza specifica, inizia a lavorare sulle icone e a pensare come rappresentare le varie metafore – il cestino per i documenti da cancellare, lo strumento «lazo» per selezionare i disegni in MacPaint – mostra quanto quello che stava facendo l'intero gruppo di lavoro sul Mac fosse pionieristico, ma quella di come il mouse sia stato completamente reinventato dal team di Jobs fa capire molte più cose. È Jobs, infatti, a tenere le fila del progetto e ad avere chiaro fin dall'inizio ciò che vuole, mentre diversi gruppi, che non sono in contatto tra di loro, si concentrano su dettagli specifici. È per questo che Raskin può contemporaneamente sostenere di essere il padre del mouse a un solo tasto e di non aver mai parlato con chi l'ha costruito senza cadere in contraddizione. Raskin si occupa in effetti di tutto ciò che comporta l'uso del mouse con un tasto: «Al Parc avevo notato che il mouse a tre pulsanti provocava confusione, sia a me sia agli altri. Mi sono chiesto: "Come si potrebbe costruire per evitare qualsiasi dubbio su quale pulsante schiacciare?" Se c'è un solo pulsante, non puoi sbagliare. Così ho detto: "Facciamo un mouse con un solo pulsante". Ma il primo problema era: come riuscire a fare tutte le cose? Per poter fare tutto, sul computer del Parc dovevi usare più pulsanti. Allora ho progettato il modo per usare il mouse con un solo pulsante, inventando molti procedimenti usati ancora oggi, come quello di cliccare e trascinare per selezionare un'area o per spostare oggetti sullo schermo. Ora salta fuori – ma l'ho saputo solo anni dopo – che il primo è stato un altro, che nel Gipsy per selezionare i testi si sfruttava già l'idea di trascinare, ma allora io non lo conoscevo, perciò ho avuto l'idea indipendentemente. E queste funzioni, selezionare oggetti e trascinare le icone attraverso lo schermo, nel computer del Parc non c'erano»*.

Oltre a questo, però, c'è tutto il lavoro di progettazione dell'oggetto vero e proprio, che Jobs affida a due designer esterni: Dean Hovey e David Kelley. Il primo dei due ricorda i fatti così: «Jobs era andato allo Xerox Parc un mercoledì o un giovedì e io l'ho incontrato il venerdì pomeriggio. Avevo qualche idea che volevo buttargli lì, ma ho pronunciato a malapena due parole che lui mi aveva già detto: "No, no, no, devi fare un mouse." Io ero del tipo: "Un mouse? Che cos'è un mouse?" Non ne avevo la minima idea. Allora lui me lo spiega e dice: "Sai, quello dello Xerox è un mouse che a farlo costa trecento dollari e si rompe dopo due settimane. Ecco invece le specifiche del tuo progetto: il nostro mouse deve avere un costo di produzione inferiore ai quindici dollari; deve durare almeno un paio d'anni; e io voglio poterlo usare sia su un piano di formica sia sui miei jeans". Dopo quell'incontro, sono andato da Walgreens, che è ancora lì, a Mountain View, all'angolo tra Grant e El Camino, mi sono fatto una passeggiata e ho comprato tutti i deodoranti per ascelle che ho trovato, perché avevano dentro la palla. E da lì è nato il mouse»**.

Per capire quanto all'epoca l'idea del mouse fosse sconvolgente, basta vedere che cosa risponde lo stesso Jobs a chi gli fa

---

* Dalla registrazione di un'intervista rilasciata da Raskin ad Alex Pang il 13 aprile 2000 e conservata negli archivi della Stanford University. Il testo della trascrizione si può leggere all'indirizzo www-sul.stanford.edu/mac/primary/interviews/raskin/trans.html

** Malcolm Gladwell, *Creation Myth*, «The New Yorker», 16 maggio 2011.

notare, un anno dopo il lancio del Macintosh, che il mouse non ha raccolto molte simpatie perché non è facile da usare: «Se voglio dirti che hai una macchia sulla camicia, non lo faccio a parole: "C'è una macchia sulla tua camicia 14 centimetri sotto il colletto, tre centimetri a sinistra del bottone". Se hai una macchia la indico. Puntare il dito è una metafora che tutti conosciamo. Abbiamo fatto un sacco di studi e di test su questa cosa, e con il mouse qualsiasi tipo di operazione, come tagliare e incollare, è molto più veloce, quindi non solo è più facile ma è anche più efficiente da usare»*. Come sappiamo, aveva ragione Jobs, e da lì a qualche anno tutti i computer avrebbero avuto un mouse.

Touch Screen

Sempre in tema di facilità d'uso, c'è un altro sistema di controllo che colpisce la fantasia di Steve Jobs più o meno nello stesso periodo del mouse, ma che impiega molto più tempo a trovare la sua forma definitiva: il touch screen. Già nel 1985, Jobs sognava infatti di usare uno schermo piatto e uno schermo sensibile al tocco per realizzare la sua idea originaria di Macintosh: un computer delle dimensioni di un elenco telefonico. All'epoca, gli schermi a cristalli liquidi erano ancora molto spessi e quelli di grandi dimensioni complicati da realizzare, perciò il massimo che si potesse ottenere era un computer spostabile, più che portatile, e non si può certo dire che Jobs pensasse a qualcosa come un iPad, ma il touch screen era senza dubbio, insieme a poche altre cose, in cima ai suoi pensieri. Certo – dicono i suoi detrattori – ne aveva visto uno allo Xerox Parc!

In effetti, tra le tante tecnologie pensate e in parte realiz-

* David Sheff, *Playboy Interview: Steven Jobs*, «Playboy», febbraio 1985.

zate allo Xerox Parc c'erano trackpad e tavolette nate per controllare il computer – le stesse che sperimentava Raskin per il Macintosh – c'era un palmare rudimentale, il Note-Taker, e c'era pure l'antenato del tablet. Si chiamava Dynabook ed era un oggetto immaginato nel 1968 da Alan Kay, uno dei migliori scienziati del Parc. Cosciente che, per l'epoca, era impossibile da realizzare, Kay ne descrisse le caratteristiche in una relazione del 1972: uno schermo con un livello di contrasto simile a quello di un libro; una tastiera priva di parti mobili, meglio ancora se visualizzata direttamente sullo schermo, che a quel punto avrebbe coperto l'intera superficie dell'oggetto; una connessione senza fili che permettesse di trasferire documenti istantaneamente e un collegamento diretto a biblioteche e archivi simili. Il prezzo? Auspicabilmente, intorno ai 500 dollari. Sono idee che, nel 1972, sfiorano la fantascienza, e in molti ci trovano analogie impressionanti con l'iPad. Ma forse a colpire sono soprattutto il prezzo e il concetto di connettività, pensato 22 anni prima della nascita di Internet: entrambe cose che Jobs non ha certo copiato dal Dynabook. Basta poi spingersi poco più in là per scoprire che il vero cuore del Dynabook era permettere a chiunque di programmare software facilmente, mentre l'iPad, all'opposto, è tutto puntato sull'utilizzo di piccoli software specializzati già pronti.

Ma torniamo a Jobs e alla sua embrionale idea di touch screen: «A volte, durante una riunione, lo vedevo alzare una mano davanti al viso e ruotarla lentamente: sembrava intento a riflettere su cosa la mano umana è capace di fare. Per dieci o quindici secondi sembrava completamente immerso in quell'esercizio», racconta Jay Elliot, che nei primi anni di Apple era responsabile delle risorse umane. E prosegue: «Riflettendo sulle idee nate dalle visite al Parc, tornava spesso a meditare sulla mano e diceva cose del tipo: "La mano è la parte del corpo che più di ogni altra risponde ai comandi del cervello." Oppure: "Se potessimo replicare la mano, avremmo un prodotto da urlo."»*. Anche da quelle osservazioni nasce, nel 1983, un prototipo di tablet, chiamato Bashful e disegnato da Frogdesign, che prevede ancora la presenza di una tastiera. Ma Jobs ha anche ingaggiato un piccolo studio specializzato in touch screen per verificare quali tipi d'interazione siano possibili. Per capire a che punto fosse effettivamente la ricerca in quei giorni, vale la pena affidarsi a Nicholas Negroponte, allora direttore del laboratorio di interazione con i computer del Mit di Boston che, alla Ted Conference di Monterey del 1984, mostra funzioni e comandi di un sistema di controllo touch e ripete un paio di concetti sui quali anche Jobs in seguito batterà: «Contrariamente a quanto si pensa, le dita sono strumenti di inserimento dei dati ad altissima risoluzione. E, tra gli altri vantaggi, hanno quello che, be', che non devi prenderle su per usarle, e le persone non immaginano quanto sia importante questo fatto, di non dover prendere le tue dita prima di usarle. Se pensate per un secondo al mouse del Macintosh – e non intendo parlar male del mouse – quando state scrivendo e volete inserire qualcosa, prima di tutto dovete trovare il mouse, dovete in genere fermarvi, anche se magari non si tratta di un brusco stop, dovete per così dire trovare il mouse, scuoterlo per vedere dov'è il cursore sullo schermo e poi, a quel punto, muoverlo dove vi serve e – voilà – cliccare o fare quello che vi pare... Sono quattro passaggi separati invece di scrivere e toccare, scrivere... facendo tutto praticamente in un unico gesto, o in uno e mezzo a seconda di come vogliate considerarlo. Un altro vantaggio di usare le dita è che ne avete dieci, e anche se tecnicamente non siamo ancora riusciti a farne usare dieci, ci sono diverse cose affa-

* Jay Elliot, *Steve Jobs. L'uomo che ha inventato il futuro*, Hoepli, Milano 2011.

scinanti che, com'è ovvio, potete fare usando più di un dito»*.

Proprio nel 1984, Alan Kay entra nell'orbita Apple e prova a spingere la sua idea di tablet, dalla quale nascerà più avanti, con la collaborazione di altri ex scienziati del Parc, il Newton, il palmare capace di riconoscere testi scritti a mano con uno stilo, lanciato da Sculley nel 1993, quando Jobs era alla NeXT: «Il Newton era un progetto straordinario ed è un peccato che il marketing della Apple ne abbia fatto incasinare il design» dirà in seguito. Sullo stilo punteranno anche i Tablet Pc, una serie di macchine rilasciate a partire dal 2002 su specifiche Microsoft dettate da un altro dei mostri sacri dello Xerox Parc, Chuck Thacker. Kay ha un'opinione cruda anche su questo: «È stato rovinato da Bill Gates, che ha preteso che funzionasse con Windows come software»**. Un'idea a quanto pare condivisa anche da Jobs, che trova la quadratura del cerchio solo qualche anno dopo: «A proposito del tablet, mi ricordo di averti detto che la scrittura a mano era probabilmente il metodo di inserimento dati più lento mai inventato, e che era destinato al fallimento. Ebbene, noi abbiamo cercato di reinventare il tablet. In altre parole, Microsoft ci ha fatto un lavoro interessante sotto molti punti di vista. Noi non ci siamo messi in competizione con quello che hanno fatto loro. L'abbiamo re-immaginato, e quello che stiamo facendo è completamente diverso da quello che hanno fatto loro. Loro si basano completamente sul pennino. Nel momento in cui ti sbarazzi del pennino, non puoi più avere quella precisione. Hai la precisione di un dito, che è molto più grossolana. Quindi hai bisogno di un software completamente diverso, e non puoi usare un si-

---

* Questa parte dell'intervento di Negroponte può essere vista all'indirizzo http://www.youtube.com/watch?v=OaUvGYogbTY.

** Wolfgang Gruener, *Did Steve Jobs Steal The iPad? Genius Inventor Alan Kay Reveals All*, tomshardware.com, 17 aprile 2010.

stema operativo per pc. Devi rimboccarti le maniche e dire "lo creeremo dal nulla, perché le applicazioni non funzioneranno senza essere riscritte, quindi tanto vale creare qualcosa da zero"»*. Il resto è storia: Jobs chiede ai suoi ingegneri di pensare a uno schermo sensibile al tocco nel 2000 e, quando vede il sistema di controllo ideato dai suoi, decide di applicarlo subito al telefonino in progettazione. Nel 2007 esce l'iPhone e, nel 2010, l'iPad porta definitivamente a compimento l'idea del touch screen, rendendone l'uso più naturale e disinvolto.

Il prodotto completo

Mouse e touch screen non sono altro che una parte, ben visibile ma in qualche modo minore, di una ricerca di semplificazione che è stata la vera ossessione di Jobs. Creare prodotti da estrarre dall'imballaggio e usare immediatamente, senza bisogno di un manuale d'istruzioni, oltre che utili e belli, è sempre stato il suo sogno. Un ideale raggiunto solo con gli ultimi prodotti, l'iPhone e l'iPad, e solo grazie a un lungo percorso di miglioramenti successivi.

Il primo passo è stato quello di impedire a chiunque di toccare le componenti interne delle sue creature. Jobs ci aveva provato già ai tempi dell'Apple II, ma aveva perso la sua battaglia con Wozniak, che aveva lasciato nel computer otto slot d'espansione a disposizione di chi volesse personalizzarlo. Poi, finalmente, ci riesce con il Macintosh dove, per la prima volta, a chiudere il computer compaiono viti speciali, per le quali non

* Intervista con Steve Jobs condotta da Kara Swisher e Walt Mossberg alla conferenza «D8 All Things Digital» a giugno 2010, visibile integralmente all'indirizzo http://allthingsd.com/20100607/steve-jobs-at-d8-the-full-uncut-interview/?refcat=d8..

esistono cacciaviti in commercio: un'abitudine che si ripeterà fino ai giorni nostri, con le viti cosiddette «pentalobo», che serrano per esempio i MacBook Pro. Purtroppo, l'impossibilità di espandere il primo Macintosh, correggendone il difetto principale, ovvero la scarsa potenza, sarà uno dei motivi che inizialmente ne freneranno la diffusione. Ma quel che per il primo Macintosh, nel 1984, è prematuro, non lo sarà nel 1998 per il suo erede, l'iMac, e per tutti i computer successivi.

Il secondo passo è stato saldare indissolubilmente il prodotto e il suo software. Anche questa è un'ossessione dei primi giorni, ripresa forse da Alan Kay, che predicava che «chi vuole fare sul serio col software dovrebbe costruirsi il proprio hardware»*. Anche questa idea ha causato qualche problema prima di dimostrarsi vincente. Da una parte, infatti, ci sono stati momenti in cui l'offerta di software per Mac era scarsissima, perché creare programmi ad hoc per il Mac comportava per gli sviluppatori uno sforzo non adeguatamente ricompensato dalle vendite, penalizzate dalle scarse quote di mercato di Apple. Dall'altra parte, non voler cedere il proprio software per far «girare» altre macchine, ha facilitato l'imporsi di Windows e, in un circolo vizioso, fatto diventare Apple marginale sul mercato. Ma anche per l'idea di un prodotto in cui hardware e software fossero intimamente legati arriva il momento del successo, con l'uscita dell'iPod nel 2001.

Ed è sempre l'iPod, a partire dal 2003, a introdurre una terza novità: incorporare il momento dell'acquisto tra le funzioni del prodotto, rendendolo coerente con tutto il resto. «Steve ha messo in piedi qualcosa di geniale. Ha offerto un sistema completo: l'iTunes Store, il software per la gestione dei file musicali, l'iPod. Tutto perfettamente fluido. Quell'uomo è una bom-

* Andy Hertzfeld, *Revolution in The Valley: The Insanely Great Story of How the Mac Was Made*, O'Reilly Media, 2004.

ba»*, riconoscerà Doug Morris, numero uno di Universal Music Group. L'iPod è il punto più alto di quel sistema «chiuso» che con il Mac e il NeXT Cube non aveva sfondato. Tanto che neanche Microsoft riesce a scalfirlo, nonostante le previsioni di Bill Gates, pronunciate prima di lanciare, nel 2006, lo Zune, il suo lettore musicale concorrente: «Non credo che il successo dell'iPod sia sostenibile nel lungo periodo. Si può fare un parallelo con i computer: Apple prima era molto forte in questo settore, con il Macintosh e la sua interfaccia grafica – esattamente come accade oggi con l'iPod – ma poi ha perso la sua posizione»**. Non andrà così, ma già l'iPhone e l'iPad mostrano che il sistema «chiuso» non è inattaccabile, perdendo il confronto con Android, il sistema concorrente creato da Google, «aperto» a qualunque produttore lo voglia adottare e accreditato del 46% del mercato contro il 30% di Apple.

Nel frattempo, nel 2001, Jobs inaugura anche una catena di negozi «fisici» marchiati Apple, in modo da poter garantire la soddisfazione dei clienti, senza intermediari, sia nella fase dell'acquisto che in quella dell'assistenza. Per essere certo che rispondano ai suoi criteri, estetici e non solo, Jobs segue una strada piuttosto inconsueta, suggeritagli da Mickey Drexler, l'uomo chiave del successo della catena di abbigliamento casual Gap, assunto in Apple nel 1999: «Uno dei migliori consigli che Mickey ci abbia mai dato è stato di affittare un magazzino e costruire un prototipo di negozio invece che, per dire, progettarlo, costruirne 20 e poi scoprire che non andavano bene»***. Il

* Walter Isaacson, *Steve Jobs*, Mondadori, Milano 2011.

** Dichiarazione ripresa dall'agenzia Reuters, che a sua volta riprende un'intervista rilasciata da Gates alla «Frankfurter Allgemeine Zeitung» il 12 maggio 2005.

*** Jerry Useem, *Apple: America's best retailer*, «Fortune», 8 marzo 2007.

bello è che, proprio facendo così, Jobs e Ron Johnson, che lavorava con lui sul progetto, si accorgono che i computer, disposti com'erano per caratteristiche, nella prima versione del loro prototipo, non avevano senso. Correggono il tiro e, quando il primo negozio apre, è organizzato per interessi. «Ci è costato, non so, sei, nove mesi. Ma era di gran lunga, di anni luce la decisione più giusta»*, conclude Jobs.

Con la nascita dei negozi, il modello che Jobs ha in testa può dirsi completo e il controllo della catena del prodotto pressoché totale, dal momento del lancio fino a quello dell'utilizzo finale. Perché Jobs riesce a coprire, lungo tutta la sua carriera, un altro paio di passaggi cruciali. Diventa, per esempio, un tale maestro della comunicazione da far salire l'attesa dei *media* in corrispondenza delle sue presentazioni, durante le quali, grazie alla sua chiarezza di pensiero e alla sua capacità di sintesi, finisce per fornire direttamente il materiale già pronto ai giornali. Durante il lancio dell'iPhone proclama che «Apple reinventa il telefono»? «Pc World» e molte altre testate usano le stesse parole, testuali, come titolo dell'articolo che ne parla; dichiara che il MacBook Air è «il laptop più sottile del mondo»? Lo slogan viene ripreso a nove colonne da un sacco di prime pagine del giorno dopo. Ma gli esempi sono moltissimi.

E non basta, perché Jobs si è incredibilmente insinuato anche nel breve momento in cui, arrivato a casa, il suo cliente inizia a scoprire il proprio acquisto: lo spacchettamento. Già per il primo Macintosh, nel 1984, Jobs aveva preteso che il mouse fosse la prima cosa che si vedeva aprendo l'imballaggio, per facilitare il processo di affiatamento con un oggetto allora così inusuale. Col tempo, però, arriva a creare veri e propri capolavori, spesso coperti da brevetto, con la complicità del solito

---

* Jerry Useem, *Apple: America's best retailer*, «Fortune», 8 marzo 2007.

Ive: «Steve e io dedichiamo molto tempo al packaging. Adoro il processo di spacchettamento. Progettiamo un rito di spacchettamento inteso a far percepire il prodotto come qualcosa di speciale. Il packaging può diventare teatro, può creare una storia»*. È una lezione, questa, che arriva da molto lontano: dalla filosofia del marketing tracciata da Mike Markkula, il primo finanziatore di Apple, addirittura nel 1977. Il terzo principio del documento scritto allora, intitolato «Attribuzione», recitava infatti così: «Le persone giudicano *davvero* un libro dalla copertina. Possiamo avere il prodotto migliore, la qualità più alta, il software più utile ecc.; se lo presentiamo in una maniera sciatta, sarà percepito come sciatto; se lo presentiamo in un modo creativo e professionale, gli *attribuiremo* le qualità che desideriamo»**.

Ideazione, progetto, design, utilizzi consentiti o proibiti, lancio, titoli sui giornali, acquisto, spacchettamento, uso vero e proprio: non c'è un momento in cui Jobs non metta il suo zampino. C'è chi dice per mania di controllo, chi per non lasciare nulla al caso: «È per questo che i clienti ci pagano, per sputare sangue su tutti questi dettagli in modo che per loro sia facile e piacevole usare i nostri computer. Ci si aspetta che lo facciamo molto bene»***.

---

* Walter Isaacson, *Steve Jobs*, Mondadori, Milano 2011.

** I tre principi che secondo Markkula devono regolare la filosofia del marketing Apple si possono leggere all'indirizzo http://enterprisingfashion.files.wordpress.com/2011/11/applemarketingphilosophy.jpg.

*** *Apple's One-Dollar-a-Year Man*, «Fortune», 24 gennaio 2000.

Apple III e Lisa

Il 17 aprile 1977, Steve Jobs e Steve Wozniak presentano al mondo – o meglio, al pubblico accorso a visitare una piccola fiera specializzata californiana – l'Apple II. Hanno rispettivamente 22 anni e quasi 27 e la loro azienda conta 7 dipendenti. Due anni dopo, a fine 1979, proprio grazie a quel computer, Apple fattura 47 milioni di dollari e il numero dei dipendenti ha superato i 250. Il brusco passaggio da una realtà artigianale a una industriale implica una serie di novità, tra cui l'apertura di due nuovi progetti: l'Apple III, nel 1978, e il Lisa, nel 1979. Entrambi, al momento di raggiungere i negozi, si riveleranno dei fallimenti, dimostrando che né Jobs né la società che aveva fondato erano stati capaci di compiere il salto verso l'età adulta: la storia dell'Apple III e del Lisa è costellata di decisioni ingenue o arroganti, di errori tecnici e manageriali.

L'Apple III nasce come versione potenziata dell'Apple II, rivolta più esplicitamente al mercato aziendale: «L'Apple III completa l'Apple II, ma l'Apple II rimane migliore per alcune cose. Credo che terrà bene nei mercati della scolastica e del professionale basso»*, spiega Jobs. A progettarlo, altra grande

---

* Intervista a «Byte Magazine» del maggio 1980, riportata dal sito vectronicsappleworld.com

novità, non è più il solo Wozniak, che anzi non viene coinvolto, ma un intero staff di ingegneri elettronici. Viene annunciato alla National Computer Conference di Anaheim, la più importante manifestazione nazionale del settore, il 19 maggio del 1980 e, per fare le cose in grande, subito dopo, 7mila persone vengono trasportate a spese di Apple nella vicina Disneyworld, interamente riservata per cinque ore al prezzo di 42.000 dollari. Nonostante l'uscita fosse stata prevista per luglio, a causa di diversi problemi di progettazione l'Apple III raggiunge gli scaffali solo in autunno e il battesimo del fuoco è quanto di peggio si possa immaginare: in breve Apple è costretta a richiamare i primi 14.000 esemplari a causa di una scheda madre difettosa. Lo scherzetto costa alla società qualcosa come 60 milioni di dollari e, soprattutto, il vantaggio temporale su IBM, che il 12 agosto del 1981 lancia il suo Pc. Più tardi, lo ammetterà lo stesso Jobs: «Credo che se il III avesse avuto più successo, IBM avrebbe fatto molta più fatica a entrare sul mercato. Ma è la vita. Penso che da quell'esperienza siamo usciti più forti»*.

L'Apple III rivisto torna in commercio nell'aprile del 1981, ma la stessa Apple non appare convintissima del proprio prodotto, tanto che Mike Markkula, allora amministratore delegato, dichiara al «Wall Street Journal»: «Non sarei onesto se mi sedessi davanti a voi e vi dicessi che è perfetto»**. Infatti, i problemi sono tutt'altro che risolti: più o meno il 20 per cento degli Apple III consegnati non si accende nemmeno, perché i chip escono dalle loro sedi a causa degli scossoni del trasporto, e quelli che funzionano mostrano subito una preoccupante tendenza a surriscaldarsi. E quanto a questo, praticamente chiun-

---

* David Sheff, *Playboy Interview: Steven Jobs*, «Playboy», febbraio 1985.

** Owen W. Linzmayer, *Apple Confidential 2.0: The Definitive History of the World's Most Colorful Company*, No Starch Press 2004.

que abbia lavorato al progetto non ha dubbi a indicare in Jobs il responsabile del problema per aver preteso che le componenti interne occupassero poco spazio, al fine di adattarsi al design del computer, e soprattutto per aver insistito sul fatto che non ci fossero ventole, che riteneva troppo rumorose. Le ventole ossessioneranno Jobs per tutta la vita: praticamente ogni nuovo computer presentato, da lì in poi, sarà con suo orgoglio privo di ventole, che però verranno regolarmente reintrodotte dagli ingegneri al primo aggiornamento. Il primo Macintosh, tra parentesi, si guadagnerà il nomignolo di «tostapane beige».

Nonostante il problema del surriscaldamento dell'Apple III fosse noto, in molti avevano sperato che la scocca in alluminio del prodotto finito avrebbe disperso il calore. Naturalmente non accadde, ma la cosa più grave era che, scaldandosi, i chip si espandevano e uscivano dai contatti. In molti casi, per farli rientrare al loro posto, bastava alzare il retro del computer di 15 centimetri e lasciarlo ricadere pesantemente: una soluzione trovata per caso da un dipendente – esasperato e pronto a distruggere il computer – e incredibilmente consigliata da Apple ai propri clienti.

A questo si aggiunga che i software disponibili erano pochi e che, nonostante teoricamente l'Apple III potesse far girare quelli dell'Apple II, la cosa riusciva soltanto a singhiozzo. Qualche spiritoso fece persino notare che il nome del sistema operativo SOS (che stava per Sophisticated Operative System) era perfetto per un computer tanto bisognoso di assistenza. Infine, fatto praticamente isolato nella storia di Apple, persino la scocca del computer era piuttosto brutta. Colpa di una nuova regolamentazione in fatto di schermature elettromagnetiche che stava per essere emanata: per non aspettarla, i progettisti decisero di mettere, sotto quella esterna in plastica, una scocca in alluminio a prova di qualsiasi emissione, che influenzò pesantemente il design.

Non fossero bastati tanti difetti, nati dall'infausto incrocio di pretese assurde e fretta di uscire sul mercato, a dare il colpo di grazia all'Apple III arriva l'IBM Pc, lanciato al prezzo di 1565 dollari contro i già ribassati 3495 dollari dell'Apple III. Perciò, quando nel 1983 verrà finalmente proposto un modello perfettamente funzionante, l'Apple III+, a un prezzo di 2995 dollari, praticamente nessuno sarà più disposto a comprarlo. Ma nel frattempo Jobs l'avrà già abbandonato, per saltare in corsa sul Lisa e scaricare ogni responsabilità. Come riassume bene Randy Wigginston, uno dei primi dipendenti di Apple, non fu il solo: «L'Apple III era come un bambino concepito durante un'orgia. Tutti provavano fastidio per questo bimbo bastardo e ripetevano: "Non è mio"».*

Approvato ufficialmente il 30 luglio del 1979, il progetto Lisa viene completamente rivisto dopo le celebri visite di Jobs e del suo gruppo allo Xerox Parc, cosa che ne fa posticipare la data d'uscita prima al novembre del 1980 e poi al marzo 1981. Ma, tra un rinvio e l'altro, il computer vedrà infine la luce solo a giugno del 1983. Anche in questo caso i difetti non saranno pochi e Jobs li commenterà così, scaricando una volta di più le proprie responsabilità: «Prima di tutto, era troppo caro – intorno ai 10.000 dollari. Abbiamo preso l'elenco delle 500 aziende più grandi d'America secondo "Fortune" e abbiamo cercato di venderlo a loro, quando le nostre radici consistevano nel vendere alla gente. Ci sono stati altri problemi: l'abbiamo consegnato in ritardo e il software alla fine non era buono quanto sperassimo, così abbiamo perso un po' di slancio. IBM stava venendo su alla grande, il che, sommato al nostro ritardo di sei mesi, al prezzo troppo alto e a un altro errore strategico che abbiamo fatto – vendere il Lisa unica-

* Steven Levy, *Insanely Great: The Life and Times of Macintosh, the Computer that Changed Everything*, Penguin Usa, New York 2000.

mente in una rete di 150 distributori è stato decisamente stupido da parte nostra – lo ha trasformato in un errore molto costoso. Abbiamo deciso di assumere persone che pensavamo fossero esperte di marketing e management. Non era una cattiva idea in sé, ma sfortunatamente si trattava di un settore talmente nuovo che quello che i cosiddetti professionisti sapevano era quasi un ostacolo per avere successo in questo nuovo modo di intendere il business»*.

Nonostante tutto il Lisa aveva dalla sua lo schermo grafico e il mouse, che solo il più costoso Xerox Star all'epoca poteva vantare, e alcune soluzioni tecniche particolarmente innovative. A scavargli la fossa, oltre al fatto di essere probabilmente troppo avanti con i tempi, ci pensò Jobs stesso, allontanato dal progetto già dal gennaio del 1981 e tutto proiettato a favorire il successo del Macintosh. È così che, il 24 gennaio del 1984, mentre dal palco del Flint Center di Cupertino il Macintosh faceva udire i suoi primi vagiti, pronunciando un commovente discorsetto con la sua voce sintetizzata, il Lisa cedeva il passo all'altrettanto sfortunato Lisa 2. All'Apple III, invece, di cui in quattro anni sono stati venduti appena 65.000 esemplari, verrà staccata la spina il 24 aprile.

NeXT Cube

Dell'avventura NeXT, durata quasi dodici anni, e di come sia nata e finita, abbiamo già parlato. Ma resta importante mettere a fuoco i motivi del fallimento del Cube, un computer per certi versi straordinario. Jobs lo progetta e lo costruisce fondando

* David Sheff, *Playboy Interview: Steven Jobs*, «Playboy», febbraio 1985.

una società che si comporta da subito come una grande: «Siamo costretti ad avere successo su larga scala. Il nostro competitor più piccolo vale a tutt'oggi un miliardo e 750.000 dollari. Il mondo non ha bisogno di un'altra società di computer da 100 milioni di dollari. Dobbiamo raggiungere una certa scala se vogliamo giocarcela e se vogliamo raggiungere i risultati che ci siamo proposti. Stiamo mettendo in piedi la prossima società da un miliardo di dollari, e lo facciamo partendo dalle fondamenta»*. Può permetterselo, perché ci investe i soldi guadagnati dalla vendita delle azioni Apple e trova facilmente diversi finanziatori, ma proprio questa partenza grandiosa sarà una delle ragioni della rovina.

Jobs ha le idee chiare: vuole creare attesa attorno al suo prodotto e inizia a farlo commissionando un logo e costruendo una fabbrica robotizzata che sembra più un capolavoro di *interior design* che un sito produttivo. Ed è talmente preso dall'idea di creare una cultura aziendale basata sulla bellezza e sulla precisione da perdere di vista il vero obiettivo finale: il computer. Nessuna tecnologia sembra mai all'altezza della sua creatura e, a forza di perdersi dietro alle novità più promettenti, i tempi si allungano all'infinito e i costi salgono alle stelle. Ancora una volta, per inseguire la sua idea di design, costringe i tecnici a una serie di difficili equilibrismi sia per far stare tutte le componenti dentro la piccola scocca cubica, sia per fabbricare la scocca stessa, in magnesio, e ottenere il giusto tono di nero. Sempre senza badare a spese, decide poi di puntare su un dispositivo di memoria appena inventato da Canon: un disco magneto-ottico che, oltre a non essere ancora stato collaudato, ha un costo stratosferico.

---

* Bo Burlingham e George Gendron, *The Enterpreneur of the Decade*, «Inc.», 1 aprile 1989.

Tutto questo sforzo qualcosa di buono lo produce, perché non si può dire che il Cube sia un computer privo di virtù: è più veloce di macchine che costano il triplo, ha qualità straordinarie nella gestione del suono e, soprattutto, ha un software che farà scuola ancora per molti anni a venire. Oltre, naturalmente, a essere esteticamente strabiliante. Tecnicamente, i difetti stanno nel monitor, in bianco e nero e non a colori, e nella scommessa, persa, del disco magneto-ottico per la memoria. Entrambi verranno corretti col tempo ma, come spesso accade con gli aggiustamenti in corsa, non riusciranno a cambiare l'inerzia degli eventi. E il NeXT Cube ha un debutto davvero pessimo, penalizzato com'è dai ritardi, che hanno permesso agli avversari di allinearsi alle sue caratteristiche, e dai 6500 dollari di prezzo base, cui vanno aggiunti 2000 dollari per la stampante e altri 3000 per un hard disk che faccia le veci del lentissimo disco magneto-ottico. Inoltre, nonostante il sistema operativo sia quanto di meglio si possa immaginare, i programmi disponibili sono pochissimi, anche perché Microsoft si rifiuta di sviluppare la sua *suite* di lavoro per la nuova macchina. Quanto alla super fabbrica di Jobs, che avrebbe permesso grandi risparmi se avesse funzionato a pieno regime, resta invece pressoché ferma, bruciando altro denaro: costruita per sfornare 150.000 computer all'anno, dovrà limitarsi a un totale di appena 50.000 in tutta la sua esistenza.

Dopo una lunga serie di risultati negativi, inizialmente coperti dall'immagine straordinariamente positiva costruita da Jobs attorno alla sua società e dalla necessità, per gli investitori, di recuperare pesanti passivi, le cose cominciano a precipitare: nel 1990, IBM cancella la sua opzione sul software NeXTSTEP e, nel 1991, pure il miliardario Ross Perot abbandona il campo, sbottando: «Uno degli errori più grandi che io abbia mai commesso è stato dare tutto quel denaro a quei ragazzotti»*. Resta Canon che, spaventata dall'enorme quantità di denaro già investita, butta nel pozzo senza fondo di NeXT altri soldi, finendo per accontentarsi, nel 1993, di rilevare la fabbrica dei sogni di Jobs, ormai abbandonata a se stessa.

Jobs, a quel punto, si è infatti rassegnato all'idea di realizzare unicamente software, identificando le ragioni del proprio fallimento in un errore di valutazione del mercato, quando invece era la sua macchina a essere sbagliata, come dimostrerà il successo dell'iMac solo qualche anno dopo: «Il nostro errore è stato cercare di seguire la stessa formula di quando eravamo alla Apple: realizzare l'intero prodotto. Ma il mercato stava cambiando. L'industria stava cambiando. Le dimensioni stavano cambiando. In fondo lo sapevamo che saremmo stati l'ultima società a farcela o la prima a non farcela. Viaggiavamo esattamente su quel confine. Pensavamo che saremmo stati gli ultimi a farcela, ma ci sbagliavamo. Eravamo i primi a non farcela. E saremo gli ultimi a provarci. Abbiamo certamente fatto la nostra onesta quantità di errori, ma diversamente credo che ci avremmo impiegato solo un po' di più a capire che il mondo stava cambiando e a decidere di occuparci al più presto unicamente di software»**.

Apple G4 Cube

La leggenda vuole che Steve Jobs abbia commesso molti erro-

---

* Colin Barker, *NeXT Computer: when cool wasn't enough*, v3.co.uk, 17 ottobre 2000

** Smithsonian Institution – Oral and video histories – Intervista condotta da Daniel Morrow il 20 aprile 1995.

ri in gioventù, prima alla Apple e poi alla NeXT, ma che poi, una volta tornato in Apple, abbia saputo farne tesoro e abbia iniziato una cavalcata che, prodotto dopo prodotto, è diventata sempre più trionfale. Non è così e il Power Mac G4 Cube è lì a ricordarlo. Chissà, forse è l'ossessione del cubo a portargli sfortuna – in tal caso, il cubo di vetro dell'Apple Store sulla 5th Avenue di New York sarebbe solo una felice eccezione – o forse la storia del Cube non è altro che l'ennesimo monito per ricordargli di non spingere le sue ambizioni troppo in là. Fatto sta che il Cube, lanciato con tutti gli onori e con un notevole successo di critica il 19 luglio del 2000, viene tolto dal commercio dopo neanche un anno di vita e 150.000 esemplari venduti.

«Con il Power Mac G4 Cube, abbiamo creato un nucleo tecnologico sospeso all'interno di un unico pezzo di plastica. Non capita spesso di riuscire a tirar fuori qualcosa da un unico pezzo di plastica. Si è trattato di semplificare – eliminando la confusione, non dalla vista ma dall'udito. Ecco perché il nucleo è sospeso a mezz'aria. L'aria entra dal basso e senza l'ausilio di una ventola (quindi in grande silenzio) attraversa il dissipatore interno di calore. I movimenti all'interno del cubo sono tutti verticali – l'aria, i circuiti stampati e persino il cd, che viene espulso in verticale. Il nucleo può essere facilmente rimosso per accedere all'interno»*, lo descrive orgogliosamente Jonathan Ive, mentre Jobs, con la moderazione che da sempre lo contraddistingue, dichiara: «Il G4 Cube è semplicemente il computer più figo di sempre. È una categoria di computer completamente nuova, che unisce le prestazioni devastanti del Power Mac G4, e la miniaturizzazione, la silenziosità e il design elegante dell'iMac. È una straor-

* Dal sito designmuseum.org/design/jonathan-ive.

dinaria opera d'ingegneria e una prodezza di design, e siamo entusiasti di mostrarlo finalmente ai nostri clienti»*.

Ora, non si può dire che l'entusiasmo dei suoi genitori sia mal riposto: il Cube è un cubo color platino di neanche 20 centimetri di lato che sembra fluttuare, come sospeso in aria, dentro un cubo leggermente più grande di policarbonato trasparente, con un monitor a parte. Un design strabiliante ed elegantissimo. I giornali, già gasati dal trionfale ritorno di Jobs, con i coloratissimi e bizzarri iMac e iBook, gridano al miracolo: «L'azienda che ha sempre difeso stile e innovazione in un mare di computer industriali tutti uguali, ora ha presentato una potente macchina d'alta gamma che è semplicemente il personal computer più favoloso che io abbia mai visto o usato. E ne ho visti la maggior parte»**, si infervora Walter Mossberg sul «Wall Street Journal» e Peter Lewis gli fa eco dalle colonne del «New York Times»: «Immagino che alcune cose mi spingerebbero a scegliere Windows se, diciamo, l'alternativa fosse mangiare topi. Sono entrambi sapori acquisiti. Ma il nuovo Macintosh G4 Cube, come il Partenone di Atene, è di una bellezza classica»***. Ma l'elenco delle recensioni entusiastiche e dei titoli fantasmagorici è lunghissimo.

Ma allora, perché il Cube ha fallito? Perché era un prodotto bellissimo, ma senza nessun'altra vera qualità: un contenitore meraviglioso senza un vero contenuto e senza un vero perché. Era troppo costoso per i privati e troppo poco espandibile per le aziende, che peraltro avevano a disposizione un'intera gamma di

---

* Comunicato stampa Apple del 19 luglio 2000.

** Walter S. Mossberg, *Apple Unveils a Sleek PC in the new Power Mac G4*, «The Wall Street Journal», 28 settembre 2000.

*** Peter H. Lewis, *Classic Beauty, Cubed*, tv.nytimes.com, 31 agosto 2000.

macchine Apple che offrivano la stessa potenza a un prezzo più basso, oppure una potenza molto maggiore.

Certo, non sono mancati alcuni problemi «tecnici». Tanto per cominciare, la plastica del contenitore esterno si rompeva facilmente. Apple si difese sostenendo che le righe che in alcuni casi venavano la superficie esterna del Cube erano da attribuirsi al processo di modellazione e non a rotture successive, ma in molti si sentirono presi in giro da questa risposta, argomentando che è facile distinguere una crepa da un'imperfezione del processo di modellazione e persino da un graffio. Alcuni misero addirittura il formarsi di crepe in relazione con le difficoltà del Cube a dissipare il calore. Perché sì, naturalmente anche il Cube si scaldava facilmente e i motivi per cui lo faceva erano l'estrema vicinanza delle componenti e l'assenza di ventole interne.

Oltre a questo, il Cube tendeva a vibrare – specie quando il dvd era in funzione – e ogni tanto, senza alcun motivo apparente, si spegneva e riaccendeva da solo. Eppure, anche Apple identificò nel prezzo il punto più debole del Cube e provò ad abbassarlo, aggiungendo contestualmente un po' di software di serie e rendendo più potente la scheda grafica. Ma niente poteva distoglierlo dal suo destino: oggi l'Apple Cube, in compagnia delle sue piccole casse acustiche trasparenti, riposa felicemente al Museum of Modern Art di New York, sezione design industriale.

Apple Tv

Proprio nello stesso giorno in cui presenta al mondo l'iPhone, ennesima stella della sua personale «Walk of fame», Jobs annuncia anche un piccolo apparecchio da mettere sotto il televisore: Apple Tv. Il primo prodotto ripara alla magra figura del

Motorola Rokr, facendolo immediatamente dimenticare, il secondo finirà per riproporla, per modalità, in un nuovo mercato, nel quale da sempre Apple è attesa come un possibile messia, quello televisivo: «Apple Tv è una specie di lettore dvd del ventunesimo secolo – lo colleghi ai tuoi sistemi d'intrattenimento proprio come un dvd, ma riproduce contenuti digitali che trovi su Internet invece dei dvd che trovi nei negozi. Apple Tv mostra i contenuti di iTunes, gli stessi che già vedi sul computer e sull'iPod, perciò adesso puoi guardare l'inizio di un film in soggiorno e finire di godertelo più tardi sull'iPod»*.

Che cosa manca ad Apple Tv per sfondare come i suoi fratelli più fortunati? Tutto, verrebbe da rispondere: Apple non ha fatto alcun accordo con i network tv – e infatti non ha un sintonizzatore tv e non può quindi nemmeno fare da videoregistratore digitale – né con le major di Hollywood – nonostante Jobs sia ormai l'azionista di maggioranza di Disney – e non mostra neppure la tanto declamata facilità d'uso dei prodotti Apple. Insomma, l'apparecchietto in questione serve solo a mostrare in tv quello che hai, o che vedi, sul computer: foto, video, siti Internet, magari a loro volta di video, come YouTube. Un po' poco, per 299 dollari. Quanto ai contenuti di iTunes, la risoluzione dei pochi film e delle serie tv disponibili, perfetta per gli iPod, è troppo bassa per le tv e su quelle ad alta definizione produce addirittura filmati inguardabili, tanto sono sfuocati. Non manca chi sottolinea maliziosamente che, non essendo compatibile con i formati Divx e Xvid, ovvero quelli tipici dei film scaricati illegalmente da Internet, Apple Tv si sia preclusa da sola l'unico pubblico che avrebbe potuto garantirle il successo.

Anche in questo caso qualche tentativo d'aggiustamento

---

* Comunicato stampa Apple del 9 gennaio 2007.

viene fatto, per la verità piuttosto blando: «Ecco come la vedo io. Ci hanno provato tutti a fare un buon prodotto per il soggiorno. Ci ha provato Microsoft, ci abbiamo provato noi – tutti ci hanno provato. E tutti hanno fallito. Allo stato attuale, noi abbiamo fallito. Quindi ci sono un bel po' di persone che ci hanno provato e ognuno di loro ha fallito, noi compresi. E questo è il motivo per cui lo definisco un hobby. Non è ancora un business, è un passatempo. Abbiamo fatto un secondo tentativo – "Apple Tv, Scena seconda" lo chiamiamo tra di noi. Ci siamo resi conto che il primo prodotto che abbiamo fatto ti aiutava a vedere quel che avevi su iTunes, sul tuo Mac o sul tuo pc, e a spedirlo senza fili al tuo schermo tv. Be', salta fuori che non è esattamente quello che la gente vuole. Sì, è carino vedere le tue foto a grande schermo. Ma è la ciliegina sulla torta, non la torta. Quello che tutti volevano davvero, si è scoperto, erano i film. Così abbiamo cominciato a prendere contatti con gli studios di Hollywood e siamo riusciti a convincere tutte le major a mettere a disposizione i loro film a noleggio. Finora abbiamo caricato solo 600 film su iTunes, ma diventeranno migliaia nel corso di quest'anno. Abbiamo abbassato il prezzo a 229 dollari. E vedremo come andrà. Sarà accolta bene e diventerà un oggetto senza il quale non riuscirai a vivere? Lo vedremo. Penso che qualche possibilità ce l'abbia»*.

Oggi, dopo altri aggiornamenti, negli Stati Uniti Apple Tv costa 99 dollari e non è cambiata molto: l'arrivo di iCloud ha facilitato la sincronizzazione di programmi, foto e video tra più apparecchi, ma resta un oggetto che non ha mai sfondato davvero. Prova ne è il fatto che, ogni volta che si avvicina una nuova presentazione di Apple, tutti si aspettano l'annuncio di un nuovo, strabiliante apparecchio tv.

---

* Betsy March, *Steve Jobs Speaks Out*, «Fortune», 7 marzo 2008.

I genitori

«Sono stati uno spermatozoo e un ovulo, tutto qui. Non è una visione cinica, ma la realtà: non sono stati altro che una banca del seme»*. Steve Jobs non ha mai amato parlare della propria vita privata, e men che meno dei suoi genitori biologici, ma quando l'ha fatto non c'è andato troppo per il sottile. Eppure, a un certo punto si attivò per scoprire chi fossero: «Penso che sia una curiosità abbastanza naturale, per chi è stato adottato, cercare di capire da dove vengano alcuni tratti. Sono dell'idea che conti soprattutto l'ambiente. Penso che la tua educazione, i tuoi valori e gran parte del tuo modo di vedere dipendano dalle esperienze che hai avuto crescendo. Però restano alcune cose che non possono essere spiegate in questo modo»**.

Steve nasce il 24 febbraio del 1955 dalla relazione tra Abdulfattah Jandali, nato in Siria nel 1931 e trasferitosi negli Stati Uniti intorno ai vent'anni, dove prende il nome di John, e Joanne Schieble, figlia di un immigrato tedesco, nata nel Wisconsin nel 1932. I due si conoscono all'università e, quando lei rimane incinta, John le propone di sposarlo: «Ero molto innamorato di Joanne. Purtroppo suo padre era un despota e le

---

* Walter Isaacson, *Steve Jobs*, Mondadori, Milano 2011.

** David Sheff, *Playboy Interview: Steven Jobs*, «Playboy», febbraio 1985.

proibì di sposarmi, perché ero siriano. Perciò mi disse che voleva dare il bambino in adozione»*.

Presa la sua decisione, Joanne va a San Francisco per partorire senza dare scandalo. Quello che succede da lì in poi lo racconta lo stesso Jobs nel più celebre dei suoi discorsi, quello tenuto ai laureandi di Stanford nel giugno del 2005: «La mia madre biologica era una giovane studentessa universitaria non sposata, e decise di darmi in adozione. Credeva fortemente che dovessi essere adottato da persone laureate, perciò tutto era pronto perché alla nascita mi adottassero un avvocato e sua moglie. Peccato che all'ultimo, quando spuntai io, decisero che volevano una femmina. Così i miei genitori, che erano in lista d'attesa, ricevettero una telefonata nel bel mezzo della notte: "C'è qui un bambino non previsto; lo volete?" E loro: "Ma certo." Più tardi la mia madre biologica scoprì che mia mamma non aveva mai fatto il college e che mio padre non aveva nemmeno finito le superiori. Si rifiutò di firmare le carte per l'adozione. Cedette solo qualche mese dopo, quando i miei genitori promisero che un giorno sarei andato al college»**. A colpire, nel discorso di Jobs, è l'indulgenza nei confronti della madre e, insieme, la totale assenza del padre, ma con la prima all'epoca si era già riconciliato, mentre il secondo, del quale si era formato una pessima opinione, non vorrà mai incontrarlo.

Il destino vuole che, qualche mese dopo la nascita di Steve, il tirannico padre di Joanne muoia e lei e John finalmente possano sposarsi. Non potranno riavere indietro il loro primogenito, ma dal loro matrimonio, durato comunque pochi anni, nascerà nel 1957 un'altra bambina: Mona. Nel frattempo, Steve

---

* Georgina Dickinson, *Dad waits for Jobs to iPhone*, «New York Post», 27 agosto 2011.

** *«You've got to find what you love», Jobs says,* «Stanford Report», 14 giugno 2005.

cresce insieme ai suoi genitori adottivi e a Patricia, altra bambina adottata un paio d'anni dopo di lui, prima a San Francisco e poi a Mountain View. Della madre, Clara Hagopian, figlia di immigrati armeni, nata nel New Jersey nel 1924, di professione contabile, Jobs parla poco, mentre del padre, nato nel Wisconsin nel 1922, ricorda: «Mio padre, Paul, era un uomo notevole. Non ha mai finito il liceo. Si arruolò nella guardia costiera durante la seconda guerra mondiale e trasportò in tutto il mondo le truppe del generale Patton; penso che si sia messo spesso nei guai e per questo non ha mai superato il grado di marinaio. Faceva il meccanico, lavorava davvero duro ed era una specie di genio con le mani»*.

Quando Steve compie 17 anni, come promesso, Paul e Clara lo iscrivono al college. Anche di questa fase Jobs parla nel suo discorso di Stanford, insistendo, nella costruzione retorica di una storia tipica del sogno americano, sui sacrifici che avevano dovuto fare: «Ingenuamente, ho scelto un college che era costoso quasi quanto Stanford, e tutti i risparmi frutto del lavoro dei miei genitori se ne andavano nella mia retta universitaria. Dopo sei mesi, non riuscivo a trovarci un senso. Non avevo idea di quel che volevo fare nella vita né di come l'università potesse aiutarmi a capirlo. E intanto stavo spendendo tutto il denaro che i miei genitori avevano messo via nella loro intera esistenza. Perciò ho deciso di ritirarmi, confidando nel fatto che tutto sarebbe andato bene»**. Andò più che bene, come sappiamo.

La nuova svolta arriva nel 1986: Clara Jobs, accanita fumatrice, muore per un tumore ai polmoni e Steve, che fino ad al-

* Smithsonian Institution – Oral and video histories – Intervista condotta da Daniel Morrow il 20 aprile 1995.

** *«You've got to find what you love», Jobs says,* «Stanford Report», 14 giugno 2005.

lora aveva evitato di farlo per non ferire i genitori adottivi, ottiene la benedizione di Paul e si mette in contatto con Joanne, la madre naturale, individuata tempo prima attraverso una complicata serie di indagini particolarmente riservate. Per inciso, tanto per aggiungere dettagli da *feuilleton* a una storia già abbastanza incredibile, sul letto di morte Clara svelerà a Steve di aver avuto un altro marito, prima di Paul, morto al fronte durante la seconda guerra mondiale.

Jobs si reca all'incontro con Joanne, a Los Angeles, spinto dalle migliori intenzioni: «Volevo incontrare la mia madre naturale semplicemente per sapere se stava bene e per ringraziarla, perché sono contento di non essere stato abortito. Lei aveva ventitré anni e ha passato un sacco di guai per farmi nascere»*. Da quel momento in poi, i due continueranno a frequentarsi e, quando molto più avanti Joanne verrà colpita da una grave forma di demenza, Jobs la sosterrà economicamente per cercare di scoprire, invano, una possibile cura. Al momento della stesura di questo libro è ancora ricoverata in una clinica specializzata.

Quanto al padre, John Jandali, Steve si rifiuterà di incontrarlo anche quando la sorella Mona, con la quale aveva particolarmente legato, l'aveva rintracciato ed era andata a trovarlo. Per la verità, a quanto pare, un incontro tra i due avvenne, ma fu del tutto accidentale: Jandali gestiva un ristorante a San Jose, dove Steve mangiò una o due volte. Si strinsero persino la mano, ma nessuno dei due, in quel momento, era a conoscenza dell'identità dell'altro: Jandali non aveva mai saputo il nome delle persone che avevano adottato suo figlio, mentre Jobs non aveva ancora iniziato a indagare sulle proprie origini. Fu Mona a ricostruire l'episodio. In seguito, Jobs le chiese di non rivela-

---

* Walter Isaacson, *Steve Jobs*, Mondadori, Milano 2011.

re mai al padre la sua identità, ma arrivò il giorno in cui Jandali la scoprì in seguito al clamore suscitato dall'articolo di un blogger su Internet. Jandali afferma di non aver mai contattato il figlio perché «era Steve a doverlo fare: a causa del mio orgoglio siriano, non volevo che pensasse che fossi interessato al suo patrimonio». Ma poi, contraddicendosi, ammette di avergli scritto qualche e-mail in occasione del compleanno: «Non ricordo esattamente che cosa gli ho scritto. Ma so che erano davvero brevi e che andavano dritte al punto. Gli auguravo "buon compleanno" e di rimanere in salute. Non le firmavo "papà", ma usavo il mio nome»*. Oggi Jandali, che dopo la prima ha avuto altre due mogli ma nessun altro figlio, lavora per un casinò nel Nevada. Il padre adottivo di Jobs, Paul, è invece morto nel 1993.

Le sorelle

Di Patricia, nata nel 1957 e adottata poco dopo da Paul e Clara Jobs, si sa davvero poco. Non va particolarmente d'accordo con Steve e, appena lasciano la casa familiare, si perdono di vista. Patricia si sposa presto, nel 1975, e da allora sparisce volontariamente da qualsiasi cronaca, restando fuori pure dal can can che segue la morte di Jobs. Per la verità ci pensa Mona, la sorella naturale di Steve, a collocarla a fianco del letto di morte del fratello, nel discorso che pronuncia al funerale e che viene ripreso dal «New York Times»: «Prima di intraprendere il suo viaggio, ha guardato sua sorella Patty, poi a lungo i suoi figli, quindi la compagna della sua vi-

* Georgina Dickinson, *Dad waits for Jobs to iPhone*, «New York Post», 27 agosto 2011.

ta, Laurene, e infine poco sopra di loro, oltre loro»*. Ma questo è quanto.

Ben diversa è invece la storia di Mona, che ha scelto il cognome Simpson prendendolo da quello del secondo marito di sua madre Joanne, nonostante anche questo matrimonio fosse durato poco. I rapporti tra Steve e Mona sono idilliaci e noti, anche perché Mona, diventata una famosa scrittrice, non ha perso occasione per parlarne. Anzi, al fratello ha dedicato un intero romanzo, intitolato *A regular guy* («Un ragazzo qualunque»), dal quale in molti hanno pescato per ricostruire episodi della vita di Jobs, dimenticando – volutamente o meno – che la storia in questione era, appunto, romanzata. «Più o meno il 25 per cento mi corrisponde in pieno, fino alla più piccola mania. Ma non verrò certo a dirvi quale 25 per cento»**, commenterà Jobs a proposito del libro.

Sul primo incontro tra i due esiste una versione quasi ufficiale ma un po' contraddittoria. Nel suo discorso funebre, infatti, Mona afferma prima di aver conosciuto il fratello quando aveva 25 anni – fatto che collocherebbe l'evento nel 1982, massimo 1983 – e poco più avanti specifica che la cosa avvenne nel 1985, quando lei stava «cercando di scrivere» il suo primo romanzo. A complicare le cose si aggiunge la versione raccontata da Jobs al suo stesso biografo, in cui sostiene che, sebbene fosse già a conoscenza dell'esistenza della sorella, a presentargliela sarebbe stata la madre comune Joanne. Quindi, Jobs dovrebbe aver conosciuto Mona non prima del novembre del 1986, data della morte della madre adottiva Clara, rispetto alla quale l'incontro con Joanne è successivo.

---

* Mona Simpson, *A Sister's Eulogy for Steve Jobs*, «The New York Times», 30 ottobre 2011.

** Steve Lohr, *Creating Jobs*, «The New York Times», 12 febbraio 1997.

Ma non basta: *Anywhere But Here* («Ovunque ma non qui»), il primo romanzo di Mona, esce nel dicembre 1986: difficile credere che stesse «cercando di scriverlo» solo il mese prima. Tra l'altro, sempre nel suo discorso funebre, Mona rivela che i tempi, tra il momento in cui seppe di avere un fratello e quello in cui lo incontrò, non furono brevi, e che a rivelarle il fatto non fu sua madre, come invece sostiene Jobs: «Lavoravo in una rivista letteraria molto in voga, ma ero precipitata nel bel mezzo di un romanzo di Dickens e questo a me e ai miei colleghi piaceva molto di più. L'avvocato si rifiutò di dirmi il nome di mio fratello e questo scatenò le scommesse tra i miei colleghi. Candidato più probabile: John Travolta. Segretamente, io speravo che fosse un discendente letterario di Henry James – qualcuno con più talento di me, una persona brillante senza nemmeno bisogno di provare a esserlo»*. È chiaro che uno dei due ricorda male, a meno che Jobs non menta di proposito e la sua sbandierata sensibilità nei confronti della madre adottiva sia soltanto una posa.

Sia come sia, appena si incontrano, i due fratelli si riconoscono l'uno nell'altra e si piacciono subito: Mona trova Steve bello, brillante e rimane colpita dal fatto che, come lei, ami parlare facendo lunghe passeggiate; Steve è gasato all'idea che la sorella condivida con lui un temperamento creativo. L'occasione per la loro prima uscita pubblica è il party newyorchese per la pubblicazione di *Anywhere but Here* organizzato da George Plimpton, proprietario della «paris Review», la rivista per cui Mona lavorava mentre lo scriveva. Ricorda Amanda Urban, agente della Simpson: «Conoscevo Mona da un po' di tempo. Mi aveva detto di avere un fratello che lavorava nei computer.

---

* Mona Simpson, *A Sister's Eulogy for Steve Jobs*, «The New York Times», 30 ottobre 2011.

Ma quella festa è stato il momento in cui ho saputo che suo fratello era Steve Jobs».

Da allora, i due si frequentano regolarmente: «Siamo una famiglia. E lei è una delle mie migliori amiche al mondo. La chiamo per chiacchierare con lei un giorno sì e uno no»*, dice Jobs. Quanto a Mona, dopo aver tratteggiato in *Anywhere but Here* la propria adolescenza con la madre e in *The Lost Father* («Il padre perduto», del 1992) la ricerca del padre, nel 1996 si dedica al fratello con *A Regular Guy*. Il romanzo contribuisce non poco a edificare la sua mitologia, lavoro che Mona porta a compimento con l'elogio funebre in cui dipinge gli ultimi momenti di Jobs regalandogli lo spessore di un uomo sempre pronto a percorrere con coraggio qualsiasi passo, dovunque possa portarlo. Le ultime parole di Jobs, secondo Mona, sarebbero: «Oh Wow. Oh Wow. Oh Wow», un entusiasmo persino eccessivo per qualcuno che poco dopo essere scampato alla prima diagnosi di morte certa per tumore, aveva serenamente dichiarato: «Ora posso dirlo con un po' di certezza in più di quando la morte era per me un concetto utile ma puramente astratto: nessuno vuole morire. Anche le persone che vogliono andare in Paradiso non vogliono morire per arrivarci»**.

La moglie

Parlare di colpo di fulmine, a proposito dell'incontro tra Laurene Powell e Steve Jobs, è il minimo. Nell'ottobre del 1989, Jobs viene invitato a tenere un discorso a un master della

---

* Steve Lohr, *Creating Jobs*, «The New York Times», 12 febbraio 1997.

** *«You've got to find what you love», Jobs says,* «Stanford Report», 14 giugno 2005.

Stanford Business School e, prima di essere chiamato a parlare, si ritrova seduto in prima fila accanto a una ragazza appena iscritta al master. È bella e risponde brillantemente alle battute di Jobs, che ha chiaramente iniziato a flirtare con lei, probabilmente per il puro gusto di riempire l'attesa con un po' di leggerezza. Poi però succede qualcosa di inconsueto: Jobs parla, ma perde il filo, divaga, sembra distratto. E il motivo è semplicemente quella ragazza bionda in prima fila: Laurene. Finita la conferenza, Jobs è atteso a una cena di lavoro, ma ecco il colpo di scena: «Ero nel parcheggio, con le chiavi già dentro l'automobile, e mi sono detto, se questa fosse la mia ultima notte sulla Terra, la passerei a un meeting di lavoro oppure insieme a questa donna? Sono corso dall'altra parte del parcheggio e le ho chiesto se voleva uscire a cena con me. Mi ha risposto di sì, siamo andati a piedi in città e da allora siamo sempre rimasti insieme»*. Il giorno stesso – ma forse è il giorno dopo – Jobs chiama la sorella Mona e le dice: «Ho incontrato questa donna bellissima, è davvero intelligente, ha un cane e io la sposerò»**. In effetti, poco più di un anno dopo, i due si sposano all'Ahwahnee Lodge, all'interno dello Yosemite National Park: è il 18 marzo del 1991, Jobs ha 36 anni, Laurene 27, e a unirli in una cerimonia molto semplice e austera, tra incensi e suoni di gong, è Kobun Chino Otogawa, maestro zen e amico di Jobs. Gli invitati sono appena 50. Poco più avanti, il 22 settembre 1991, nasce il loro primo figlio: Reed Paul Jobs.

Eppure le cose non sono così semplici: chi ha una mente abbastanza matematica o abbastanza maliziosa avrà già notato che, al momento di sposarsi, Laurene era al quarto mese di gra-

---

* Steve Lohr, *Creating Jobs*, «The New York Times», 12 febbraio 1997.

** Mona Simpson, *A Sister's Eulogy for Steve Jobs*, «The New York Times», 30 ottobre 2011.

vidanza. Il matrimonio, però, è tutt'altro che riparatore, anzi: la gravidanza è uno dei motivi che ha rischiato di farlo saltare, risvegliando in Jobs qualche sopito timore legato all'idea della paternità. La storia, in breve, è questa: dando seguito alla battuta fatta poco tempo prima via telefono alla sorella, Jobs chiede a Laurene di diventare sua moglie già il 1° gennaio del 1990. Lei accetta, ma i due non fissano alcuna data. Seguono diversi tira e molla: fughe, anelli di fidanzamento, separazioni forzate e nuove promesse. Poi, quando Laurene gli comunica di essere incinta, Jobs conduce addirittura – a quanto pare – una specie di sondaggio tra parenti e amici per capire se fosse meglio sposare lei o la precedente e non ancora dimenticata fidanzata, Christina Redse, che Jobs ha frequentato per oltre quattro anni prima di conoscere Laurene. L'episodio è raccontato, spinto come di consueto all'iperbole, in *A Regular Guy*, ma a quanto pare risponde al vero.

Anche se le premesse non sembrano delle migliori, quello tra Steve e Laurene sarà un matrimonio felice, dal quale nasceranno altri due figli. Laurene si dimostra una donna capace di sopportare gli sbalzi emotivi del marito, accoglie volentieri in casa la prima figlia di Jobs, Lisa, e rinuncia in gran parte alla propria carriera in nome della famiglia: «I meriti sono tutti di mia moglie, che mi ha sostenuto. Mi ha appoggiato e ha tenuto insieme la famiglia con un marito *in absentia*»*, le riconoscerà Jobs. Convinta vegetariana, Laurene asseconda Jobs persino nelle sue ossessioni. Fin da ragazzo, Jobs ha avuto un rapporto tutto personale con il cibo e l'alimentazione: tra le altre cose, per lunghi periodi, passava intere settimane nutrendosi di un solo alimento, frutta o verdura che fosse. Così, spesso, in tavola arrivano come unica portata delle carote crude, completa-

---

* Brent Schlender, *The Three Faces Of Steve*, «Fortune», 9 novembre 1998.

mente scondite: il piatto preferito di Jobs. Ecco come un giornalista ricorda una cena dai Jobs: «Abbiamo mangiato come fanno di solito i Jobs: entrambi sono vegetariani convinti, non mangiano carne. Il menu: pasta con pomodori crudi, mais crudo fresco d'orto, cavolfiore al vapore e un'insalata di carote crude grattugiate. Mentre i grandi mangiano, il figlio di sei anni raccoglie nell'orto verbena odorosa e altre erbe per la tisana del dopocena»*.

Proprio seguendo la sua vocazione vegetariana, poco dopo il matrimonio Laurene fonda Terravera, azienda che produce e distribuisce prodotti «bio» in California, della quale sarà amministratore delegato finché la famiglia non si allargherà. Oggi si dedica soprattutto a diverse fondazioni filantropiche, come College Track, da lei fondata nel 1997 per aiutare gli studenti bisognosi a studiare per andare al college, o Emerson Collective, che raccoglie finanziamenti per programmi di crescita sociale, con particolare attenzione allo studio. Evidentemente, l'ossessione per la scuola e per le opportunità che offre a tutti è un'altra delle idee che Laurene condivide con il marito.

I figli

A precisa domanda su che cosa volesse trasmettere ai propri figli, Jobs risponde: «Solo cercare di essere un buon padre quanto il mio lo è stato per me. Ci penso ogni giorno della mia vita»**. Una promessa che forse ha mantenuto con i figli avuti dalla moglie Laurene, ma in gran parte ha disatteso con la primogenita Lisa, inizialmente non riconosciuta.

---

* Battuta riportata dal sito allaboutstevejobs.com senza citare la fonte.
** Steve Lohr, *Creating Jobs*, «The New York Times», 12 febbraio 1997.

Dei figli nati dal suo matrimonio c'è davvero poco da dire: sono tutti talmente giovani che proteggerne la riservatezza sembra il minimo. Sono Reed Paul, nato nel 1991, Erin Siena, nata nel 1995, ed Eve, del 1998. Vale solo la pena riprendere due annotazioni dal già citato discorso funebre della Simpson, per quanto fin troppo apologetiche: «Quando è nato Reed, Steve ha cominciato a fare moine e non ha più smesso. Era un padre molto fisico, con tutti i suoi figli. Si preoccupava per i fidanzati di Lisa, per i viaggi e le gonne troppo corte di Erin e per la sicurezza di Eve quando stava con i cavalli, che adora. Nessuno di quelli che erano alla festa per il diploma di Reed dimenticherà mai la scena di Reed e Steve che danzano insieme lentamente» e, riferendosi alla malattia: «Ho capito durante quel periodo terribile che Steve non stava sopportando il dolore per se stesso. Si era dato degli obiettivi: il diploma di fine liceo di Reed, il viaggio a Kyoto di Erin...»

Tanta amorevole cura è ampiamente controbilanciata dalle sofferenze inflitte a Lisa, nata il 17 maggio del 1978. L'inizio è davvero dei peggiori: quando Chrisann Brennan gli comunica di essere incinta, Jobs nega subito di poterne essere il padre, affermando, su chissà quale presupposto, di essere sterile. Ora, è giusto riconoscere qualche attenuante a Jobs: aveva solo 23 anni – per pura coincidenza, la stessa età di suo padre quando lo diede in adozione – e non si sentiva sentimentalmente legato a Chrisann, con la quale era stato fidanzato in passato, ma della quale condivideva ormai solo saltuariamente il letto. Ma questo non gli dava certo il diritto di dichiarare pubblicamente, parlando di Lisa: «Il 28 per cento della popolazione maschile degli Stati Uniti potrebbe esserne il padre»*. Jobs accetterà in seguito di sottoporsi a uno

---

* Jeffrey S.Young e William L.Simon, *iCon Steve Jobs: The Greatest Second Act in the History of Business*, Wiley 2005.

dei primi test del Dna della storia, che confermerà che al 94,97% il padre è lui, ma continuerà ad attaccarsi a quel restante 5% o poco più. Alla fine, dopo una prima parziale ingiunzione di un tribunale, accetterà un accordo di mantenimento: «Ho firmato perché stavamo per quotarci in Borsa e la cosa mi stava togliendo tonnellate di energie. Sono stato costretto a risolvere la situazione»*. Naturalmente, i maligni affermano che Jobs fece in modo di chiudere l'accordo prima della quotazione in Borsa del 1980 per poter riconoscere meno soldi a Chrisann e Lisa.

Per un lungo periodo, Jobs sarà un padre assente. Ricorda Lisa: «In California, mia madre mi ha tirato su per la gran parte da sola. Ci mancavano molte cose, ma lei è affettuosa ed eravamo felici. Abbiamo traslocato un sacco. Siamo state in affitto. Mio padre era ricco e famoso e più tardi, quando l'ho incontrato, sono andata in vacanza con lui e sono stata a vivere con lui per qualche anno, e ho conosciuto un mondo diverso, più affascinante. Erano due piani che non si mischiavano, e quando ne avevo uno mi mancava l'altro». È intorno al 1986 che Jobs inizia a vedere Lisa, 8 anni, e a trascorrere un po' di tempo con lei. Continua Lisa: «Non vivevo da lui, ma di tanto in tanto si fermava da noi, una divinità in mezzo a noi per pochi vibranti momenti o al massimo poche ore. Una volta ha sputato un cucchiaio di minestra dopo aver saputo che conteneva del burro. Con lui si mangiavano tante varietà di insalata. Però una volta mi ha portato con sé in un viaggio d'affari a Tokyo e siamo andati al sushi bar al piano sotterraneo dell'hotel Okura, con i suoi soffitti alti e i divani bassi, come sul set di un film di Hitchcock. Lui ha ordinato grandi vassoi di *unagi sushi*, anguilla cotta con riso. Su un vassoio i pezzi di anguilla erano guarniti con sale fi-

* Jeffrey S.Young e William L.Simon, *iCon Steve Jobs: The Greatest Second Act in the History of Business*, Wiley 2005.

ne come zucchero a velo, ma umido, e sull'altro vassoio erano ricoperti con una salsa dolce e leggera. Erano entrambi tiepidi e si scioglievano in bocca. Ne ordinò molti, sapendo bene che non saremmo riusciti a finirli, ma non volevamo avere la sensazione che potessero finire. È stata la prima volta che mi sono sentita felice e rilassata insieme a lui, accanto a quei vassoi di cibo; l'eccesso, la trasgressione per aver mangiato un animale e il tepore dopo quelle insalate fredde, significavano che uno spiraglio un tempo inaccessibile si era ormai aperto. Era meno rigido con se stesso, persino umano sotto quel magnifico soffitto, su quelle piccole sedie, con il cibo e con me»*.

Nell'anno in cui sta finendo l'equivalente delle nostre scuole medie, Lisa si trasferisce a vivere insieme al padre, a Laurene e al neonato fratellino Reed. Chrisann, sua madre, recriminerà molto su questo fatto, accusando Jobs di aver diffuso voci false per riuscire ad aver con sé la figlia, ma Lisa passerà tutto il periodo del liceo a casa Jobs, iniziando a usare il cognome Brennan-Jobs. La cosa non riuscirà comunque a cementare il rapporto della figlia con il padre, che proseguirà tra alti e bassi anche a causa del carattere indipendente di Lisa che, dopo aver studiato ad Harvard, il posto diametralmente più lontano da San Francisco, si trasferisce a Londra per trascorrere infine un lungo periodo in Europa, e in Italia in particolare. Scontri duri e brevi riconciliazioni tra i due non si contano, ma quando Jobs subisce il trapianto di fegato che lo salva dal tumore del 2009, Lisa, nonostante vivesse a New York e fosse nel pieno di un altro periodo di apparente freddezza, va a trovarlo. Ed è di nuovo presente, come tutto il resto della famiglia, il 5 ottobre 2011, quando Steve Jobs se ne va per sempre.

---

* Lisa Brennan-Jobs, *Confessions of a Lapsed Vegetarian*, «The Southwest Review», 2008.

10. LO ZEN

Le letture

Che Jobs durante la sua vita abbia frequentato lo zen non è in discussione, ma stabilire con quanta assiduità e convinzione l'abbia fatto è difficile, perché sia lui sia le persone che gli sono state vicine ne hanno sempre parlato poco – e quindi il materiale a disposizione è scarso. Ciononostante, alcuni punti fermi si possono fissare. Tanto per cominciare, all'epoca in cui Jobs è cresciuto – e in special modo nel luogo in cui è cresciuto, la California – interessarsi alle religioni orientali, come pure confondere e sovrapporre meditazione e «trip» psichedelici era abbastanza comune. A differenza di altri, però, passata la fase dell'infatuazione iniziale e concessosi pure la parentesi *freak* di un pellegrinaggio in India, Jobs comincia a leggere e studiare con interesse i testi più importanti dell'epoca, senza mai smettere di farlo per il resto della vita. Non per nulla, l'unico libro caricato sul suo iPad personale era *Autobiografia di uno Yogi*, di Paramahansa Yogananda, un vero pilastro della meditazione. Ma tra i titoli che hanno maggiormente influenzato il suo modo di pensare vanno inclusi, per sua stessa ammissione, anche *Mente Zen, mente di principiante*, di Shunryu Suzuki, fondatore dello Zen Center di San Francisco, e *Al di là del materialismo spirituale*, di Chögyam Trungpa, maestro che, trasferendosi negli Stati Uniti nel 1970, rompe con la tradizione rituale zen abbandonando gli abiti monastici. Capire, almeno superficialmente, qual è la loro lezione, aiuta a inquadrare meglio il rapporto tra Jobs e lo zen.

Paramahansa Yogananda è stato uno dei maestri yoga più importanti di sempre e, soprattutto, uno dei primi a esportare questa pratica in Occidente, e negli Stati Uniti in particolare. Si dedicava al *kriya yoga*, una disciplina attenta soprattutto alla ricerca della concentrazione interiore. Come dice il titolo stesso, *Autobiografia di uno Yogi*, pubblicato nel 1946, racconta in buona parte gli ostacoli, grandi e piccoli, che Yogananda stesso ha dovuto affrontare fin da bambino per completare il suo percorso spirituale e raggiungere la calma interiore cui aspirava. Alla sua storia personale si affiancano quelle di mistici, santi, scienziati, pensatori di tutto il mondo e di diverse confessioni religiose, che sono stati fonte di ispirazione per lui e possono diventarlo per gli altri. È un libro dalla scrittura semplice, che introduce ai principi della meditazione e che invita a trarre da ogni episodio della vita l'occasione per distinguere ciò che è effimero da ciò che è realmente importante. Per questo è particolarmente efficace come testo propedeutico alla spiritualità orientale, ruolo che ha svolto egregiamente per milioni di persone.

Più specifico è invece *Mente Zen, mente di principiante* di Shunryu Suzuki, che raccoglie una serie di lezioni tenute dal maestro a un piccolo gruppo di persone a Los Altos nel 1970, appena un anno prima di morire. Il concetto principale sviluppato in questo testo è quello dello *shoshin*, la mente principiante, che Jobs riprenderà in più occasioni, anche in occasioni pubbliche, come per esempio in un'intervista a «Wired» del 1996, dove lo richiamerà esplicitamente: «Il Web mi ricorda un po' gli inizi dell'industria dei pc. Nessuno ne sa davvero qualcosa. Non esistono esperti. Tutti gli esperti si sbagliavano. E c'è un'incredibile possibilità di buttarcisi dentro. Non ci sono confini o definizioni in un sacco di possibili direzioni. È meraviglioso. C'è una definizione, nel buddhismo: "Mente principiante". È meraviglioso avere una mente principiante»*. L'idea è che bisogna sempre conservare una mente aperta, priva di pregiudizi, praticando il dubbio, in modo da vedere le cose sempre come se fossero nuove. Coltivando la mente del principiante ci si avvicina alla propria natura originaria, e conoscerla significa essere illuminati. Studiare lo zen coincide quindi con lo studiare noi stessi.

Anche *Al di là del materialismo spirituale* di Chögyam Trungpa è importante, oltre che per la sua influenza, per ragioni che hanno a che fare con la biografia personale di Jobs. Infatti, se è stato Suzuki a invitare in America Kobun Chino Otogawa, ovvero l'uomo che sarebbe poi diventato il maestro di Jobs, Chögyam Trungpa è per Kobun un punto di riferimento importante, ed è insegnando al Naropa Institute da questi fondato che Kobun trascorre l'ultimo periodo della sua vita.

Il libro è il risultato della registrazione di due serie di lezioni tenute da Trungpa nel 1970 e nel 1971. Trungpa identifica in quello che chiama «materialismo spirituale» il pericolo più grande per chiunque affronti lo zen. In pratica, il rischio è quello di utilizzare in maniera distorta la crescita spirituale come strumento per accrescere il proprio ego e la propria considerazione di sé. Il risultato finale è esattamente l'opposto di quello che si dovrebbe ottenere, perché l'ego è, per natura, essenzialmente vuoto. Trungpa invita a meditare lasciando fluire liberamente il sé, evitando di ripiegarsi intellettualmente su se stessi. Meditazione, focalizzazione, approccio da «principiante», istintività: sono tutte lezioni che, anche attraverso l'insegnamento di Kobun Chino Otogawa, Jobs farà proprie, a tratti magari forzandole, ma senza mai dimenticarle.

---

* Gary Wolf, *The Next Insanely Great Thing*, «Wired», febbraio 1996.

Il maestro

Nato nel 1938 a Kamo, prefettura giapponese di Niigata, in una famiglia di monaci, Kobun Chino Otogawa viene ordinato monaco all'età di dodici anni e a quattordici si trasferisce nell'abbazia di Kotai-ji, non lontano da casa sua, dove segue gli insegnamenti del maestro Hozan Koei. Nel maggio del 1967 viene chiamato da Shunryu Suzuki, all'epoca e fin dal 1958 direttore dello Zen Center di San Francisco, per aiutarlo a fondare un monastero zen a Tassajara, nella Valle di Carmel, California. S'imbarca su una nave portando con sé un'enorme tamburo, una campana e un *mokugyo* (uno strumento a percussione di legno intagliato che viene suonato durante le cerimonie), ovvero i doni del monastero di Eihi-ji, dove risiedeva da qualche mese prima di partire. È ancora giovane e molto timido, ma contribuisce a istituire molti dei riti ripetuti tutt'oggi a Tassajara e allo Zen Center di San Francisco. Nel 1970 si trasferisce all'Haiku Zendo di Los Altos, facendolo crescere al punto da generare due diverse comunità: Kannon-do, in città a Mountain View, e Jiko-ji, in un'area più isolata sulle colline.

È all'Haiku Zendo che nel 1974 conosce Steve Jobs, di cui resterà amico fino alla morte, nel 2002. Nonostante persistano molti dubbi sull'applicazione e la continuità della pratica zen da parte di Jobs, una cosa è certa: la frequentazione con Kobun, fatta spesso di lunghe passeggiate notturne, è più o meno assidua ma costante.

Kobun era «la personificazione dell'essere illuminato: dolce, gentile e generoso»* secondo Les Kaye, suo allievo e poi a sua volta maestro a Kannon-do; era un esperto tiratore con l'arco e un

* Daniel Burke, *Steve Jobs spirituality now known to all*, «The Kansas City Star», 4 novembre 2011.

eccellente calligrafo, due arti strettamente intrecciate con lo zen (la seconda delle quali, tra l'altro, era una delle passioni di Steve Jobs); era noto per il suo modo di parlare lento e per la pratica irrituale, scarsamente legata alle tradizioni osservate nei monasteri.

Non è il caso di spingersi troppo a fondo nella spiegazione della disciplina meditativa propugnata da Kobun, però circoscrivere l'area dei suoi insegnamenti si rivela più prezioso di quanto ci si possa aspettare per capire alcune delle idee di Jobs. Vale la pena ricordare brevemente che lo zen è una dottrina giapponese, articolata in più scuole, che discende dal buddhismo indiano attraverso il buddhismo *chán* cinese. Entrambe queste filiazioni si differenziano dal buddhismo indiano per la minor attenzione dedicata ai *sutra*, le scritture sacre, e per la maggior focalizzazione sull'attività di meditazione. Scopo dello zen è vivere l'esperienza del *satori*, la comprensione della realtà, o del *kenshō*, la contemplazione della propria natura di Buddha o, in parole povere, conoscere – meglio ancora che intuire – qual è il cuore delle cose. Non si tratta di una conoscenza che deriva da una speculazione intellettuale, bensì dallo *zazen*, la meditazione fatta in un luogo tranquillo, durante la quale si annulla il pensiero consapevole e si lascia che il subconscio si manifesti.

Kobun, in particolare, seguiva la scuola *sōtō*, uno dei cui templi di riferimento è quello di Eihei-ji, dove Kobun ha risieduto per breve tempo e dove Jobs aveva persino pianificato di trascorrere un periodo prima di essere dissuaso dallo stesso maestro. A differenza dell'altra principale scuola zen, chiamata *rinzai*, il *sōtō* non attribuisce particolare importanza ai *kōan*, quelle specie di parabole o paradossi dalla cui soluzione deriva la comprensione di un principio importante, che rivela la natura profonda della realtà e che molti di noi associano istintivamente allo zen. Ciò significa spostare gran parte del peso sul momento della meditazione. A questi presupposti, Kobun aggiunge una pratica ancora più indipendente dai rituali religiosi e pone un accento particolare sulla scoperta di se stessi e della saggezza che ciascuno di noi possiede, persino un po' a scapito – secondo Les Kaye, che con lui ha studiato – dell'esercizio dell'empatia nei confronti degli altri. Un tipo d'insegnamento che Steve Jobs, con tutta probabilità, ha trovato in sintonia con la propria personalità.

Un altro cardine della pratica di Kobun è lo scarso attaccamento alle cose materiali. Reginald Rey, docente di Studi Buddhisti alla Naropa University, dove Kobun viene invitato a insegnare nel 2002, lo esemplifica bene in un suo ricordo: «In quel periodo Kobun e la sua famiglia vivevano in una roulotte di medie dimensioni. Era uno spazio davvero piccolo per una famiglia di cinque persone, inclusi tre bambini piccoli. Mi chiedevo come si potesse vivere con soddisfazione in condizioni del genere. Ma quando sono andato da lui per la prima volta mi sono trovato in un mezzo a una scena che non aveva nulla a che fare con quanto mi ero immaginato. Allora, e tutte le volte che sono tornato da lui, ogni 2-3 settimane, mi sentivo come di uscire dall'universo mondano e ristretto che stava fuori per entrare in un enorme regno di spazio interiore. Ogni volta sembrava che le pareti della roulotte si allontanassero e il soffitto, seppur basso, si estendesse in qualche modo verso l'alto. Era uno spazio dentro cui provavi il desiderio di restare. Improvvisamente ti sentivi più vivo e presente per il semplice fatto di essere là. E la mia mente riusciva finalmente ad aprirsi e rilassarsi completamente!»*. Chissà che le case, spesso spoglie, di Steve Jobs, non riflettessero in fondo un'aspirazione del genere…

Il ricordo di Reginald Rey si riferisce all'ultimo periodo della vita di Kobun, che si era trasferito allo Shambala Mountain

* Reginald Rey, *Kobun Chino's Trailer*, «Shambhala Sun magazine», novembre 2002.

Center, sulle montagne settentrionali del Colorado, per raggiungere più facilmente la vicina università, dove teneva le sue lezioni. Un lasso di tempo breve, purtroppo, perché Kobun scompare in circostanze drammatiche il 26 luglio 2002, mentre si trova in Svizzera. Durante una passeggiata, la figlia Maya, di cinque anni, cade da un pontile e finisce dentro un laghetto. Kobun si getta in acqua per salvarla, ma invano: né l'uno né l'altra sopravvivono all'incidente. La morte del maestro e amico, come ricorderanno alcuni dei suoi antichi compagni di pratica, scuote Jobs in maniera particolare, lasciandogli un vuoto enorme.

La pratica (e le contraddizioni)

Come detto, le perplessità sull'assiduità e la convinzione della pratica zen da parte di Jobs sono moltissime. In parte sono dovute al fatto che Jobs frequentò l'Haiku Zendo di Los Altos per poco più di un anno – senza però mai smettere di incontrare privatamente l'animatore della comunità, Kobun Chino Otogawa – e in parte al fatto che la sua vita e i suoi comportamenti non sembrerebbero in linea con gli insegnamenti dello zen. Il fatto che Jobs non abbia mai parlato esplicitamente della propria spiritualità ha inoltre scatenato nel tempo le più diverse illazioni, sia da parte di chi sosteneva che, appunto, non fosse una parte importante della sua vita, sia da parte di chi ha interpretato questo silenzio come indizio di un'adesione profonda e sincera e proprio per questo da evitare di condividere con la stampa.

Naturalmente la realtà è più complessa. La passione di Jobs per la calligrafia, il minimalismo nel vestire e persino nell'arredare casa, la filosofia imprenditoriale espressa in molte occasioni e il modo poco ostentato di vivere la ricchezza, oltre naturalmente al design semplice e lineare da lui voluto per i prodotti Apple, sono facilmente riconducibili al pensiero zen, o quantomeno a un suo superficiale influsso. Dall'altra parte, il fatto di produrre oggetti che creano un forte senso di possesso e dipendenza, terribilmente materiale, e, soprattutto, la nota ruvidezza dei comportamenti, hanno fornito più di un argomento a chi sostiene che Jobs vivesse in contraddizione con i principi dello zen. A questa obiezione, però, si potrebbe rispondere con l'osservazione di Les Kaye, fondatore nel 1979 della comunità di Kannon-do, a Mountain View, che fa notare come questo potrebbe indicare non tanto un disinteresse verso la pratica zen quanto invece un percorso non interamente compiuto. Proprio Les Kaye, nel 1999, venne invitato alla Apple per tenere uno dei suoi seminari sulla meditazione, richiestissimi dalle aziende della Silicon Valley. Jobs teneva molto a questa occasione perché pensava avrebbe potuto migliorare la creatività dei suoi ingegneri. Kaye ricorda che, in quel frangente, Jobs gli confessò di aver praticato lo zen solo saltuariamente negli ultimi anni.

Tra coloro che sostengono che il percorso di crescita buddhista di Jobs fosse solo parziale, ma non per questo meno sincero, c'è anche Surya Das, suo amico di gioventù, Lama e fondatore del Dzogchen Center di Austin, Texas. Dopo aver ricordato che, in un periodo da lui trascorso a casa di Jobs, nel 1978, «Steve sosteneva che sedersi a meditare lo aiutava a concentrarsi e a raggiungere una über-visione della sua mente profonda» e che in quel periodo Jobs «rifletteva su come potesse usare questa cosa nel suo lavoro»*, Surya azzarda un'ipotesi affascinante: «Forse l'aspetto virtuoso del Nobile Ottuplice Sentiero insegnato dal Buddha che Jobs incarnava meglio

* Lama Surya Das, *The Zen of Steve Jobs: Right Livelihood*, huffingtonpost.com, 17 novembre 2011.

era il Quinto: la Retta Condotta di Vita e Attitudine Vera, uno dei più interessanti, stimolanti e importanti aspetti del nostro viaggio nella vita. Come accordare la vita con il lavoro, la nostra esistenza personale con quella professionale, l'amore con la vita spirituale interiore? Jobs sembra essere riuscito a combinare efficacemente la sua occupazione con il suo talento creativo – a lavorare con tutto il cuore all'incrocio tra scienza e umanesimo, come disse una volta. Jobs diceva spesso che voleva fare oggetti belli oltre che nuovi, utili o di successo. Il livello più profondo della Retta Condotta di Vita è fare ciò che è necessario fare, una cosa cui tutti noi aspiriamo, spesso senza raggiungerla perché ci mancano la coscienza o l'abilità sufficienti per riuscirci».*

Zen, azienda e prodotti

Il lavoro è forse l'ambito in cui è più facile riconoscere l'influsso della disciplina zen sulle idee e sulle scelte di Steve Jobs. L'ingaggio di Les Kaye per tenere lezioni di meditazione ai propri ingegneri è tutto fuorché casuale, anzi, probabilmente dà corpo a quella che fino ad allora era stata una semplice idea, visto che Kobun Chino Otogawa era stato assunto alla NeXT come consulente spirituale ma non risulta che abbia mai svolto questo ruolo, se non come supporto allo stesso Jobs. Kaye è uno dei prodotti tipici della cultura della Silicon Valley: ingegnere della IBM, ha iniziato a interessarsi di buddhismo negli anni Sessanta ed è stato ordinato monaco nel 1971. La sua ricerca ha tentato subito di conciliare microchip e meditazione,

* Lama Surya Das, *The Zen of Steve Jobs: Right Livelihood*, huffingtonpost.com, 17 novembre 2011.

mondi apparentemente opposti ma accomunati da valori come la disciplina e l'attenzione al dettaglio, e si è concretizzata in un libro il cui titolo dice già tutto, *Zen at Work* (*Lo zen sul lavoro*), e in un ciclo di lezioni sullo stesso tema.

Ma né Les Kaye né Kobun Chino Otogawa possono vantarsi di aver portato per primi il buddhismo dentro la Apple, almeno a dar credito al divertente aneddoto riferito da Surya Das. Perché all'epoca dell'inaugurazione dell'impianto di Cupertino, nel 1978, Jobs «aveva pagato un amico, un residuato dell'era psichedelica, perché camminasse per la fabbrica mezza vuota avvolto in un morbido abito indiano di cotone fatto a mano e strimpellasse i suoi strumenti, cantando stucchevoli *kirtan*, gli inni e le invocazioni che avevamo imparato negli *ashram* in India. Ci disse che Jobs lo aveva ingaggiato "per elevare la coscienza del gruppo"»*.

Monaci e meditazione a parte, sono moltissime le occasioni – interviste e discorsi pubblici – in cui Jobs cita *kōan* o ripete concetti associabili al buddhismo in relazione all'organizzazione aziendale o alla creazione di prodotti. Ne basti uno su tutti, pronunciato al momento del suo ritorno in Apple: «È stato uno dei miei *mantra* – focus e semplicità. La semplicità può essere più difficile della complessità: devi lavorare duramente per raggiungere un pensiero limpido e realizzare la semplicità. Ma ne vale la pena perché alla fine, quando ci arrivi, puoi spostare le montagne»**.

Sul piano del design, è lo stesso Jobs ad ammettere quanto lo zen l'abbia influenzato: «Ho sempre trovato esteticamente

---

* Lama Surya Das, *The Zen of Steve Jobs: Right Livelihood*, huffingtonpost.com, 17 novembre 2011.

** Andy Reinhardt, *Steve Jobs on Apple's resurgence: «Not a one-man show»*, businessweek.com, 12 maggio 1998.

sublime il buddhismo, in particolare il buddhismo zen giapponese», afferma, aggiungendo che «la cosa più sublime che abbia mai visto sono i giardini intorno a Kyoto. Mi commuove profondamente ciò che quella cultura ha prodotto, e che deriva direttamente dal buddhismo zen»*. Tracce di questa ammirazione si possono ritrovare ovunque, dalle architetture degli edifici e dei negozi Apple (ma anche delle abitazioni di Jobs: per l'attico di New York, dove peraltro abitò pochissimo, si affidò a Ieoh Ming Pei), fino al design dei prodotti. Non è difficile riconoscere nel concetto di *kanso*, la semplicità, il principio ispiratore delle loro linee essenziali e della loro semplicità d'uso. Ma c'è chi si spinge oltre, come Jeff Yang, editorialista del «San Francisco Chronicle» e del «Wall Street Journal», che associa il design Apple, come del resto l'intera strategia del marchio, al più specifico concetto di *ma*. «Come molti vocaboli che si riferiscono agli aspetti più profondi di come una determinata cultura vede il mondo, è pressoché impossibile renderlo con precisione – in genere è tradotto come "vuoto", "spazio" o "intervallo" – ma essenzialmente descrive il modo in cui il vuoto interagisce con la forma, il modo in cui l'assenza modella la sostanza. Se qualcuno ti chiedesse che cosa fa di un anello un anello – il cerchio di metallo di cui è fatto oppure il vuoto che quel metallo circonda – e tu rispondessi "entrambi", saresti più vicino al concetto di *ma* di quanto si possa esprimere a parole»**. In pratica, secondo Yang, non solo l'estetica dei prodotti Apple si basa sull'equilibrio tra vuoti e pieni, ma la società stessa tende a definirsi spesso per quello che non fa: non partecipare a determinati eventi, per esempio, o non mettere il

* Walter Isaacson, *Steve Jobs*, Mondadori, Milano 2011.

** Jeff Yang, *How Steve Jobs «out-Japanned» Japan*, «San Francisco Chronicle», 28 gen 2011.

floppy disk nel primo iMac, quando tutti gli altri computer l'avevano. Ma anche scegliere di non realizzare troppi prodotti: «L'innovazione viene dal dire di no a mille cose per essere certi di non imboccare la strada sbagliata o di non voler strafare. Pensiamo continuamente a nuovi mercati in cui potremmo entrare, ma è solo dicendo di no che puoi concentrarti sulle cose davvero importanti».* Concentrazione e semplicità: le lezioni fondamentali che Jobs ha imparato dallo zen.

---

* Peter Burrows, *The Seed of Apple's Innovation*, businessweek.com, 12 ottobre 2004.

11. IL LATO OSCURO

Insulti

Sul carattere di Jobs sono stati versati fiumi d'inchiostro, ma i movimenti d'opinione, in pratica, possono essere ridotti a due. Il primo sostiene che sia sempre stato intrattabile, violento, vendicativo e irriconoscente, il secondo che questi tratti negativi si siano pian piano affievoliti con il tempo: a pacificarlo sarebbero stati la nascita dei figli e il ritorno in Apple. Ma che fosse «mercuriale», come una volta lui stesso si è definito, nessuno ha mai pensato di metterlo in dubbio. Gli esempi, sul lavoro e nella vita privata, non si contano. Addirittura, Robert Sutton ricorda che, quando stava scrivendo *Il metodo antistronzi*, campionario di comportamenti scorretti sul lavoro, era stato tempestato da decine di messaggi di persone che volevano raccontargli aneddoti su Jobs.

Il motivo di tutto ciò è semplice: il modo di ragionare di Jobs procedeva per estremi e non prevedeva sfumature. Per esempio, divideva l'umanità in due categorie – geni e idioti – e potevi passare dall'una all'altra persino nel corso della stessa giornata. Certo, esistono casi in cui il giudizio è mutevole – «Quando Steve ti dice che sei un idiota, non significa che pensa davvero che sei un idiota. Significa che non è d'accordo con te», spiega David Wertheimer, suo dipendente alla NeXT* – e

---

* Alan Deutschman, *The Second Coming of Steve Jobs*, Broadway 2000.

altri in cui invece è definitivo, come quello su Jef Raskin, il primo papà del Macintosh, «Un'inutile testa di cazzo» secondo Jobs. Ad amplificare gli effetti di una divisione così netta dell'umanità, contribuisce la tendenza di Jobs a parlare in modo diretto e a usare espressioni colorite. Per la verità, non si può dire che in questo campo abbia mostrato molta creatività. È vero, l'inglese ha una gamma di espressioni meno ampia rispetto all'italiano, ma alla fine le sfuriate di Jobs si riducono a poco più d'un paio di espressioni, peraltro imparentate: «È una merda» e «fa cagare». La migliore della categoria? La rivolge a un programmatore della NeXT: «Hai preparato una torta davvero graziosa, ma poi hai usato merda di cane per glassarla»*. Allontanandosi dall'area fecale, il contributo più notevole di Jobs alla lingua inglese è probabilmente l'uso del verbo «to bozo»: «bozo» è un aggettivo gergale che significa «tonto, idiota» e Jobs lo piega in un'inedita forma verbale, un po' come se noi creassimo un immaginario «idiotare» per dire in modo più diretto «fare una cosa idiota». Il tipico soggetto del verbo «to bozo» è la IBM, ma dal momento in cui fonda NeXT, Jobs inizia a usarlo anche per le idee partorite dalla Apple.

A volte, Jobs è capace di scene di grande efficacia teatrale, come quando Laurene convoca a casa loro una calligrafa per commissionarle gli inviti di nozze. Jobs guarda un attimo i suoi bozzetti, poi si alza e se ne va. Non torna più. Quando la moglie va a cercarlo, lui le intima: «Liberati di lei. Non posso guardare quella roba. È merda»**. Perché il più delle volte i suoi comportamenti sgarbati o violenti sono tesi a ottenere qualcosa. Come quando la VLSI non sembra in grado di consegnare nei tempi assurdi richiesti da Jobs un numero sufficiente di

* Alan Deutschman, *The Second Coming of Steve Jobs*, Broadway 2000.

** Walter Isaacson, *Steve Jobs*, Mondadori, Milano 2011.

processori. Jobs irrompe in una riunione urlando a tutti che sono soltanto dei «fucking dickless assholes» (qualcosa come «Stronzi di merda senza palle»). Il risultato? L'azienda riesce a portare a termine la consegna e i dirigenti, orgogliosi, stampano delle magliette con la scritta «Team FDA».

In fondo, l'uso dell'insulto come pungolo – come sanno bene i suoi collaboratori più stretti – è una delle specialità di casa Jobs. Lo spiega bene Susan Kare, la donna che ha realizzato le icone del primo Macintosh: «Steve era aggressivo, ti criticava per vedere se avevi valutato tutte le possibilità; ma quando è soddisfatto di te, sa farti sentire benissimo». E lo ribadisce, aggiungendo qualche sfumatura, anche Jay Elliot, il suo responsabile delle risorse umane nello stesso periodo: «Con allarmante frequenza ti ritrovavi Steve alla tua scrivania o nella tua postazione, pronto a rimettere in discussione ogni scelta che avevi fatto dopo la sua ultima visita. E se ti diceva: "Questa cosa fa schifo", dovevi sapere che non era necessariamente una critica, ma poteva essere il suo modo per dire: "Non lo capisco, spiegami cos'è".»* In un'occasione, Jobs si spinge addirittura a usare un velato insulto come metodo di lusinga. Dopo l'uscita dello Xerox Star nel 1981, il primo computer con mouse e schermo grafico, Jobs telefona a Bob Belleville, uno degli ingegneri che l'avevano progettato, e gli dice: «Visto che finora nella vita hai fatto solo merdate, perché non vieni a lavorare per me?»**. Il bello è che la battuta ottiene l'effetto sperato e Belleville firma per la Apple.

Ma forse, il ritratto più completo della psicologia di Jobs sotto questo aspetto lo ha fatto Jonathan Ive, non per nulla uno dei suoi amici più stretti: «Ha questa tendenza molto infantile

* Jay Elliot, *Steve Jobs. L'uomo che ha inventato il futuro*. Hoepli, Milano 2011.
** Walter Isaacson, *Steve Jobs*, Mondadori, Milano 2011.

a infuriarsi per le cose, ed è vero che non serba la collera a lungo. Ma penso francamente che altre volte sia molto frustrato e che il suo modo di raggiungere la catarsi sia ferire qualcuno. Credo ritenga di avere la libertà e il diritto di farlo. È convinto che le normali regole dell'interazione sociale non valgano per lui. Poiché è estremamente sensibile, sa molto bene come fare del male a qualcuno, come colpirlo nei suoi punti più deboli. E lo ferisce. Non molto spesso. Ma a volte lo fa»*.

Azioni

I due colpi più clamorosi della carriera di Jobs sono legati alla quotazione in Borsa di due delle sue società. La prima è quella di Apple nel 1980, che ha tramutato in multimilionari un mucchio di ventenni appassionati di computer. La seconda è quella di Pixar nel 1995, che ha trasformato la piccola casa d'animazione in un colosso, distribuendo in giro ancora più milioni della prima quotazione. Eppure, in entrambi i casi, a emergere non fu solo l'abilità di Jobs, ma anche la sua irriconoscenza, visto che escluse volontariamente dalla possibilità di guadagnare cifre a sei zeri alcune persone che in quelle società avevano creduto fin dal primo giorno. Il fatto più grave fu senz'altro non aver concesso stock-option a Dan Kottke prima del debutto in Borsa di Apple. Kottke, oltre a essere uno dei primi impiegati di Apple, fin dall'assemblaggio delle schede dell'Apple I nel garage di Jobs, era un suo amico di lunga data. Per intenderci, era insieme a lui che Jobs aveva compiuto il suo lungo pellegrinaggio in India nel 1974. Qualcuno sostiene che non offrirgli azioni fu una vendetta personale di Jobs perché Kottke aveva

* Walter Isaacson, *Steve Jobs*, Mondadori, Milano 2011.

aiutato e sostenuto Chrisann durante tutta la gravidanza, duramente osteggiata da Jobs, fatto sta che nessuna insistenza bastò a smuoverlo. Quando Dan Holt si presentò davanti a lui per convincerlo a riconoscere a Kottke una quota anche minima, dicendogli: «Qualunque sarà, io la raddoppierò», Jobs gli rispose: «Bene, gliene darò zero»*.

Eppure, per certi versi, non è questa la storia peggiore che si possa raccontare su Jobs in tema d'azioni. Nel 2006, infatti, un'inchiesta pubblicata dal «Wall Street Journal» sulla disinvolta e illecita abitudine di concedere, come premi ai dipendenti, azioni retrodatate, che coinvolgerà un centinaio di società, colpirà in pieno anche Jobs, tirato in ballo per due distinte operazioni avvenute nel 2001. Per capire bene di che cosa parliamo, è il caso di puntualizzare che concedere azioni a prezzi di favore ai propri dirigenti non è illegale, a patto che l'operazione sia fatta in totale trasparenza. Illegale è retrodatarle per attribuire loro un valore diverso – naturalmente, più basso – rispetto a quello effettivo: un'operazione che richiede la falsificazione di una serie di documenti contabili e che permette ai beneficiari delle azioni di evadere parte delle tasse dovute. Oltre, ovviamente, a danneggiare tutti gli altri azionisti.

Il primo fatto risale all'inizio del 2001. A seguito dei crolli in Borsa che colpiscono le compagnie hi-tech nel corso del 2000, che passeranno alla storia come l'esplosione della prima bolla di Internet, il valore in borsa di Apple precipita da 16 a 5 miliardi di dollari. A fine anno, Jobs decide di attribuire ad alcuni dirigenti un consistente numero di stock-option, in modo da renderli meno sensibili a eventuali offerte di altre società. L'idea è di compiere l'operazione il 2 gennaio 2001, ma le discussioni con Nancy Heinen, legale della società, su come ge-

---

* Walter Isaacson, *Steve Jobs*, Mondadori, Milano 2011.

stirla, prendono tutto il mese, durante il quale le azioni Apple riguadagnano decisamente valore. Il 30 gennaio, Heinen manda un'e-mail a Jobs, e in copia a Fred Anderson, responsabile amministrativo di Apple, in cui propone un elenco di date in cui secondo lei sarebbe possibile far risultare l'operazione, tutte precedenti al 30 gennaio. Jobs decide per il 17 gennaio, quando il valore era di 8,41 dollari, ma le pratiche per approvare l'operazione vengono completate solo il 7 febbraio, quando le azioni Apple valgono ormai il 23% in più rispetto al 17 gennaio. Ciò significa, in parole povere, regalare a sei dirigenti, inclusi gli stessi Heinen e Anderson, un extra non registrato compreso tra poco più di 1 milione di dollari e poco meno di 4, a seconda delle quote riconosciute a ciascuno di loro, per un totale di quasi 19 milioni di dollari evasi.

Il secondo caso riguarda invece azioni attribuite allo stesso Jobs. Al suo rientro in Apple, a fine 1997, aveva accettato di ricevere uno stipendio simbolico di appena 1 dollaro l'anno. Ma a gennaio del 2000, quando ormai i conti della Apple erano al sicuro, il consiglio d'amministrazione gli aveva riconosciuto, su suo stesso garbato suggerimento, un aereo privato da 88 milioni di dollari – «Con quel che è riuscito a fare dovremmo dargliene cinque, di aeroplani!»*, si era esposto Larry Ellison – più 40 milioni di azioni del valore di 21,80 dollari ciascuna, metà subito e metà 18 mesi più tardi. Un regalo del valore totale di 960 milioni di dollari, aereo incluso, che Jobs, avendo salvato la società, poteva persino meritare, ma che certo stona con l'atteggiamento da uomo disinteressato che ha continuato a tenere, predicando pubblicamente di ricevere un solo dollaro l'anno di stipendio.

I problemi iniziano quando, passati i 18 mesi, le azioni di

---

* Peter Elkind, *The trouble with Steve Jobs*, «Fortune», 5 marzo 2008.

Jobs si sono ormai sensibilmente svalutate. Con un ennesimo gesto magnanimo, per compensare Jobs della perdita, nell'agosto del 2011 il consiglio d'amministrazione decide di riconoscergli altri 7,5 milioni di azioni. Visti gli attacchi ricevuti dalla rivista «Fortune» per l'operazione del 2000, Jobs chiede che questa nuova operazione vada a sostituire la precedente, anziché sommarsi ad essa, ma per risolvere le complesse questioni sollevate da questa richiesta si arriva a dicembre. A questo punto, si ripropone il solito problema: quale data attribuire alle azioni, considerando che si rischia di sconfinare in un nuovo anno fiscale? Heinen decide di datare le azioni al valore del 19 ottobre, ovvero 18,30 dollari, anziché i 21,10 della quotazione corretta. Tra l'altro, la decisione viene falsamente attribuita a una riunione che non si è neppure svolta.

Quando lo scandalo scoppiò, Apple condusse immediatamente un'indagine interna che stabilì che nel primo caso Jobs era al corrente della retrodatazione, ma non era perseguibile perché non ne conosceva le conseguenze contabili, mentre nel secondo caso non aveva avuto vantaggi personali perché non aveva esercitato l'opzione. Anzi, nel 2003 aveva riconvertito tutto il pacchetto in un nuovo pacchetto di azioni vincolate, che valevano quasi cinque volte di meno. Secondo Apple, quindi, tutte le responsabilità erano da attribuire a Nancy Heinen e Fred Anderson. Basandosi su questi elementi, anche la Sec (Security Exchange Commission, l'equivalente della nostra Consob) ravvisò il comportamento fraudolento dei due scagionando Jobs. La storia si chiuse con Anderson che – senza ammettere né negare le responsabilità contestate – pagò nel 2007 poco meno di 3 milioni e mezzo di dollari per i guadagni illeciti, più 150mila dollari di multa, mentre Nancy Heinen si accordò con la Sec solo nel 2008 – anche lei senza ammettere né negare le responsabilità contestate – pagando poco meno di 2 milioni di dollari più 200mila di multa. Quanto ad Apple, non venne sanzionata in considerazione della sua «rapida, approfondita e straordinaria collaborazione» e delle attenuanti che seguono: «Velocità nel riferire i fatti, un'indagine interna indipendente, condivisione dei risultati di tale indagine con il governo, e integrazione di nuove procedure di controllo per prevenire il ripetersi di condotte fraudolente»*. In ogni caso, la stampa non perse l'occasione per sottolineare le contraddizioni dell'intera vicenda e l'immagine di pretesa purezza di Jobs ne uscì pesantemente, e comprensibilmente, scalfita.

Per completezza, la questione ebbe un'ulteriore coda sotto forma di una *class action* da parte di un gruppo di azionisti, che portò nel settembre del 2008 a un accordo approvato dalla Corte del distretto della California del Nord per un pagamento di 14 milioni di dollari da parte della Apple, come risarcimento per il comportamento fraudolento tenuto dalla società.

Censura

I rapporti con la stampa sono sempre stati uno dei punti deboli di Steve Jobs: la sua ossessione nel tenere nascosti fino all'ultimo i prodotti in lavorazione, per suscitare più clamore al momento del lancio, e nel voler evitare di rendere pubbliche le proprie vicende personali, hanno suscitato nel tempo una quantità infinita di polemiche e incidenti.

Il primo a mettere alla prova le reazioni di Jobs a un articolo poco gradito è stato probabilmente Michael Moritz nel 1982. Tutto comincia con un'illustrazione di copertina del «Time» sulla quale spicca un ritratto di Jobs con in testa una mela, trafitta da un fulmine luminoso scagliato da un Apple II. Il

* Comunicato ufficiale della Sec del 24 aprile 2007.

pezzo corrispondente, all'interno della rivista, dipinge un'azienda meravigliosamente dinamica e le prospetta un brillante futuro. Pochi mesi dopo, Michael Moritz, il reporter che l'ha scritto, piomberà all'interno dei segretissimi laboratori dove si sta mettendo a punto il Macintosh accompagnato da Jobs in persona, fatto che provoca enorme stupore tra tutti. «Mike diventerà il nostro storico. Svelategli pure tutto. Trattatelo come un membro del team, perché scriverà per noi la nostra storia»*, spiega Jobs, che aveva deciso di favorire Moritz in ogni modo possibile. È così che Moritz ha accesso per mesi alle riunioni e passa molto tempo a intervistare le persone del team. Poi, prima che il libro su cui sta lavorando sia finito, torna a dicembre per preparare alcuni testi sulla classica storia di copertina dedicata all'«Uomo dell'anno», che molti mormoravano potesse essere proprio Jobs. Peccato che nel 1982 l'«uomo dell'anno» fu il computer e non una persona. Peggio ancora, tra i ritratti che coronavano l'articolo ce n'era uno di Steve Jobs a firma di Michael Moritz, che iniziava a diffondere notizie sul suo lato oscuro riportando giudizi poco lusinghieri su di lui. «Sta succedendo qualcosa di triste e spiacevole a Steve», diceva un amico non precisato. «Sarebbe stato un eccellente Re di Francia», affondava il colpo Jef Raskin, l'uomo fatto fuori dal progetto Macintosh dopo averlo lanciato. La storia finisce con Jobs che comunica ai suoi: «Se qualcuno di voi gli parla ancora, è licenziato in tronco» e chiude ogni rapporto. Il libro di Moritz, *The Little Kingdom: The Private Story of Apple Computer*, uscirà nel 1984, ma non sarà l'inizio di una brillante carriera giornalistica. Forse affascinato da ciò che ha visto nelle riunioni per il Macintosh, infatti, Moritz si converte in *venture capitalist*, finan-

* Andy Hertzfeld, *Revolution in The Valley: The Insanely Great Story of How the Mac Was Made*, O'Reilly Media, 2004.

ziando con successo diverse start-up tra le quali, nel 1995, Yahoo!

Non a tutti andrà bene come a Moritz, perché è sempre bastato anche solo un giudizio negativo su un prodotto Apple per ritrovarsi nella black list, esclusi da presentazioni e interviste, ma soprattutto perché Jobs, sfruttando il suo peso, facesse pressioni per far licenziare il responsabile dell'oltraggio. I casi sono infiniti e non basterebbe un libro intero per raccontarli tutti, però una piccola carrellata può essere molto istruttiva. Rich Karlgaard, direttore di una rivista chiamata «Upside», stava per pubblicare un articolo su NeXT che diceva, a ragione, che la nuova impresa di Jobs stava andando in rovina. Un sabato mattina riceve una chiamata da Jobs che gli chiede di non pubblicare l'articolo. Quando Karlgaard gli risponde che non è possibile, Jobs lo minaccia e lo avverte di «guardarsi le spalle» e di evitare «di guidare la bicicletta da solo di notte»*. Più di recente, è stato Joe Nocera a finire nel mirino di Jobs. Dopo essersi permesso alcune critiche all'iPod – tra l'altro costruttive – dalle colonne del «New York Times», nel 2008 Nocera scrive un editoriale in cui critica Apple per non aver rivelato le condizioni di salute del suo amministratore delegato agli azionisti. Prima ancora che venga pubblicato, Jobs chiama Nocera e gli urla: «Tu pensi che io sia uno stronzo arrogante che crede di essere al di sopra della legge, e io penso che tu sia una viscida nullità che scrive solo notizie sbagliate»**.

Per non farsi mancare nulla, Jobs colpisce duramente anche la più recente categoria di giornalisti: i blogger. Quello a cui va meglio è Ryan Tate, di Gawker, che dopo aver criticato l'App Store per la «censura» che compie rifiutando determinate ap-

* Rick Karlgaard, *Vladimir Ilyich Jobs?*, «The Wall Street Journal», 3 maggio 2005.

** *16 Examples Of Steve Jobs Being A Huge Jerk*, businessinsider.com.

plicazioni, si becca via e-mail una semplicissima serie di insulti personali, mentre Nicholas Ciarelli, diciannovenne curatore di ThinkSecret, dopo aver anticipato – azzeccandolo – il lancio del Mac Mini nel 2005, viene costretto dall'agguerrito team legale di Apple a una battaglia in tribunale che durerà tre anni. Finirà per chiudere il suo blog dopo aver raggiunto un accordo che, comunque, gli frutterà una cifra non indifferente.

Ma il caso più famoso è quello di Gizmodo. Il 18 marzo del 2010 un ingegnere del software di Apple dimentica un prototipo di iPhone 4 in una birreria di Redwood City, una trentina di chilometri di distanza dalla sede della Apple, a Cupertino. Dopo qualche peripezia, a metà aprile il cellulare arriva nelle mani del sito Gizmodo, che lo paga 5000 dollari, lo apre e capisce che sì, quel telefonino esternamente camuffato da iPhone 3GS, il modello precedente, è proprio il nuovo, segretissimo prodotto di Apple. Ne studiano le caratteristiche, fanno qualche foto e poi, per restituirlo ad Apple, contattano la persona che, dalla rubrica telefonica, risulta averlo perso. Nel frattempo, il sito pubblica il suo scoop a firma di Jason Chen. Neanche un'ora dopo, Brian Lam, redattore di Gizmodo che si era preso un periodo di aspettativa, riceve una telefonata. È Jobs, con il quale aveva sviluppato negli anni un buon rapporto. Non sembra arrabbiato, anzi gli si rivolge in tono giocoso: «Mi fa piacere che vi siate divertiti con il nostro telefono e non sono arrabbiato con voi, ce l'ho solo con il tizio delle vendite che l'ha perso. Però abbiamo bisogno di riaverlo indietro, perché non possiamo permetterci che finisca nelle mani sbagliate». Poi continua: «Ci sono due modi per farlo. Posso mandarvi qualcuno a prendere il telefono, oppure possiamo mandarvi qualcuno con un po' di scartoffie giudiziarie, ma preferirei evitarlo»*.

---

* Brian Lam, *Steve Jobs was always kind to me (or, regrets of an asshole)*, thewirecutter.com, 5 ottobre 2011.

A dimostrazione del fatto che i toni sono del tutto cordiali, Jobs arriva persino a chiedere a Lam un parere sul telefono.

Finita la chiamata, Lam si attiva con i colleghi, poi ricontatta Jobs. Il problema è che, per restituire il cellulare, Gizmodo vuole che Apple dichiari che l'oggetto è suo. In questo modo, lo scoop sarebbe ufficialmente confermato, ed è proprio quello che Jobs non vuole, per non danneggiare le vendite del modello ancora in commercio. Jobs prova a risolvere la questione con una minaccia non troppo velata, poi si piega all'idea di reclamare ufficialmente il telefono smarrito. La storia finisce con una perquisizione fin troppo accurata a casa di Chen da parte del Rapid Enforcement Allied Computer Team, una squadra di polizia fondata dallo stato della California nel 1997 proprio per proteggere le aziende locali dai nuovi crimini legati all'industria dell'hi-tech, e con una causa intentata da Apple a Gizmodo. Per la cronaca, il 10 agosto del 2011, Gizmodo viene assolto da qualsiasi responsabilità.

La cosa ha comunque uno strascico, perché da quel giorno il sito riaffila le armi e si scatena in una serie di rivelazioni sul Worldwide Loyalty Team, la «polizia interna» di Apple, che imporrebbe norme di comportamento particolarmente restrittive ai dipendenti, per evitare che possano rivelare segreti industriali, e che si sarebbe macchiata di altri abusi fuori dal contesto aziendale. Secondo Gizmodo, infatti, il team segreto di Apple avrebbe compiuto alcune perquisizioni illegali in casa di un giornalista e di un immigrato, ritenendoli collegati allo smarrimento di un altro prototipo di iPhone, stavolta in versione 4S, in un altro bar. «Tenete i vostri dipendenti lontani dalla tequila!», è l'ironico commento finale all'articolo di denuncia.

Fabbriche

È uno dei temi da anni al centro delle discussioni – non solo sulla Apple – ed è chiaro che lo sarà ancora a lungo. I problemi sollevati da un elevato ritmo di produzione industriale hanno importanti ricadute soprattutto sulle condizioni di lavoro delle persone e sull'inquinamento ambientale, particolarmente alto nella produzione di computer e di altra componentistica hi-tech. Ovviamente non sono questioni che riguardano solo Apple e che, se addebitate con troppa insistenza allo stesso Steve Jobs, rischiano di apparire pretestuose. Però è vero che, per una società che da sempre ha puntato su un'immagine fatta di valori positivi e di pensiero alternativo, sono un tema sensibile. Non per nulla, dal 2007, Apple ha iniziato a pubblicare ogni anno una relazione in cui, tra le altre cose, fa il punto sulle condizioni di lavoro nelle fabbriche che lavorano per lei e sui più importanti temi ecologici legati alla produzione e allo smaltimento di materiali elettronici.

E proprio dall'ecologia vale la pena cominciare, per raccontare una piccola storia di successo. Dal 2004 Greenpeace ha intrapreso una campagna per invitare i marchi di elettronica a ripensare i propri prodotti in modo da favorirne lo smaltimento. Nel 2006 ha iniziato a pubblicare una graduatoria delle aziende più virtuose in questo ambito dove, con grande sorpresa di molti, Apple risultava agli ultimi posti. Convinta che sarebbe stata una buona idea fare pressione sui clienti di Apple piuttosto che su Apple stessa, Greenpeace inaugura nel settembre del 2006 una campagna particolarmente creativa, aprendo un sito chiamato «Green my Apple». E da lì lancia a tutti una sfida: ideare pubblicità, magliette e merchandising a sostegno di una, per allora inesistente, conversione «verde» di Apple. L'iniziativa ottiene un successo enorme e raccoglie un numero incredibile di idee e spunti, molti dei quali di altissimo livello e in pieno «stile Apple». La punta di diamante è il falso video di una delle prime celebri presentazioni di Jobs, in cui il boss annuncia tutte le successive mosse della sua società in tema di ecologia, incluso un nuovo iPod verde, che in pochi giorni viene cliccato su YouTube oltre 100mila volte.

Il bello è che non bisogna attendere troppo a lungo perché la finta campagna si trasformi in realtà: a maggio del 2007 Jobs annuncia che Apple toglierà dai propri prodotti le componenti chimiche più pericolose: «Apple è già un'azienda leader nell'innovazione e nella progettazione, ora useremo questi talenti per diventare leader ambientali»*. Alle parole seguono i fatti e oggi Apple, in questo campo, è più avanti rispetto ai concorrenti, anche se molti problemi restano da risolvere. Tra gli altri, quello gravissimo per cui troppo spesso i lavoratori delle fabbriche entrano in contatto con prodotti tossici durante l'assemblaggio, senza essere adeguatamente informati o protetti. E questo porta direttamente al secondo, più controverso tema: le condizioni di lavoro all'interno degli impianti produttivi.

I guai, per Apple, almeno dal punto di vista dell'opinione pubblica, iniziano a giugno del 2006, con un'inchiesta dell'inglese «Mail on Sunday», che denuncia le condizioni di lavoro inaccettabili di una delle fabbriche che lavorano per la Apple: si tratta dello stabilimento Foxconn di Shenzen, nel Sud della Cina. Parliamo di un complesso che occupa una superficie di oltre 3 chilometri quadrati, con dormitori, negozi, banche e ristoranti, e che dà lavoro fino a 450mila persone – un'enormità – producendo componenti elettroniche non solo per Apple ma anche per Motorola, Nokia, Sony, Microsoft e Nintendo, tra gli altri.

Le attenzioni più grandi, però, arrivano solo agli inizi del

---

* Da un comunicato pubblicato sul sito di Apple e visibile all'indirizzo www.apple.com/hotnews/agreenerapple

2010, quando vengono diffusi i dati sul numero di persone che alla Foxconn si sono suicidate: si parla di 17 persone nel corso di dieci anni, con una preoccupante *escalation* da metà 2009 in poi, senza contare i suicidi sventati, che sono almeno altrettanti. Nel tentativo di porre un freno al fenomeno, la Foxconn rivede pure la sua policy di rimborso ai familiari dei suicidi, che sembrava essersi trasformata in un triste boomerang. Ma le cose cambiano poco. Nel frattempo, ad amplificare il clamore, arriva il caso di Sun Dan-yong, uccisosi a quanto pare dopo aver perso un prototipo di iPhone ed essere stato, per questo, perquisito e picchiato. Costretta dalle pressioni esterne a rispondere con un segnale forte, Apple manda il suo direttore generale Tim Cook a visitare l'impianto cinese per cercare di risolvere la situazione. La soluzione? La riporta Apple stessa nella sua relazione annuale: «Riconoscendo che avevamo bisogno di una consulenza supplementare che ci aiutasse a prevenire ulteriori tragedie, abbiamo sondato in tutto il mondo i più rinomati specialisti in tema di prevenzione dei suicidi – in particolare coloro che conoscono già la situazione cinese – e abbiamo chiesto loro di aiutare Apple e Foxconn. Abbiamo chiesto a questa squadra di condurre un'indagine più approfondita sui suicidi, valutare le risposte messe in atto da Foxconn e suggerire strategie per proteggere la salute mentale dei lavoratori in futuro»*. Da quel momento, ogni anno, viene condotta un'indagine tra i lavoratori della Foxconn per valutarne qualità di vita, fonti di stress, salute mentale e altri aspetti legati al lavoro.

Ma l'iniziativa non basta a frenare le polemiche, né le inchieste dei giornali. A rinfocolare gli animi ci si mette anche

* Da un comunicato pubblicato sul sito di Apple e visibile all'indirizzo http://images.apple.com/supplierresponsibility/pdf/Apple_SR_2011_Progress_Report.pdf

un'infelice uscita pubblica di Jobs a seguito di un nuovo, duro articolo del «Mail on Sunday»: «La Foxconn non è una galera. Se la visiti, vedrai che sì, è una fabbrica, ma cavoli, ci sono ristoranti, cinema, ospedali e piscine. Voglio dire, per essere una fabbrica, è una gran bella fabbrica. Se conti i tentati suicidi, ce ne sono stati 13 quest'anno, fino a questo momento. Ci sono 400.000 persone in quello stabilimento, quindi facciamo 26 all'anno su 400.000, che equivalgono a sette su 100.000, che è sempre al di sotto della media dei suicidi negli Stati Uniti, che è di 11 persone su 100.000. Ciò non toglie che sia un dato preoccupante»*.

Da lì in poi, i reportage di giornali e riviste, occidentali e non solo, non si contano più. Puntano tutti a sottolineare le condizioni inumane della catena di montaggio, i turni troppo lunghi, gli slogan da Grande Fratello orwelliano scritti sulle pareti, la sciatteria di stanze condivise da otto persone, il triste comparire di reti che avvolgono i palazzi per evitare che la gente si butti di sotto. Ma c'è pure chi sottolinea che, mentre tutti continuano a puntare gli occhi sulla Foxconn, che in qualche modo ha degli standard minimi garantiti, esistono altri stabilimenti dove i diritti delle persone sono calpestati in maniera ben più grave.

Nel frattempo la Foxconn ha rilanciato annunciando che entro agosto del 2012 i robot utilizzati nei suoi impianti di tutto il mondo passeranno da 10.000 a 300.000 e diventeranno un milione entro i due anni successivi. Quanto alla Apple, è evidente che questa sarà una delle battaglie importanti che Tim

---

* Intervista con Steve Jobs condotta da Kara Swisher e Walt Mossberg alla conferenza «D8 All Things Digital» a giugno 2010, visibile integralmente all'indirizzo http://allthingsd.com/20100607/steve-jobs-at-d8-the-full-uncut-interview/?refcat=d8

Cook, l'uomo che peraltro ha perfezionato la macchina produttivo-distributiva di Apple, dovrà combattere in maniera convincente ora che è al timone della società. Il perché l'ha ribadito lui stesso in una lunga lettera ai dipendenti del gennaio 2012: «Sono i nostri valori a definirci, come azienda e come individui. Purtroppo oggi alcune persone mettono in dubbio i valori di Apple e ci tengo a ripetere con chiarezza che ci preoccupiamo per ogni singolo lavoratore della nostra catena di fornitori in tutto il mondo. Qualsiasi incidente ci pone un problema profondo e qualsiasi questione legata alle condizioni lavorative ci dà da riflettere. Ogni illazione sul fatto che queste cose non ci interessino è chiaramente falsa e offensiva nei nostri confronti. Come sapete meglio di chiunque altro, accuse del genere sono contrarie ai nostri valori. Non è così che siamo»*.

---

* La lettera di Cook è stata ripresa integralmente il 26 gennaio 2012 dal sito 9to5mac.com

12. L'EREDITÀ

Il 5 ottobre 2011, Steve Jobs muore.

Solo il giorno prima, Tim Cook aveva presentato l'ultima novità di Apple: l'iPhone 4S. Il fatto che non si trattasse dell'iPhone 5, ma solo di un aggiornamento dell'iPhone 4, ha immediatamente ridato fiato alle opinioni di chi sostiene che, senza Jobs, la società finirà presto allo sbando. In realtà, più che nel telefono in sé, le novità stavano nel sistema operativo che lo fa funzionare, e in particolare nel debutto dei servizi: iCloud per sincronizzare dati tra più apparecchi e Siri per impartire ordini vocali complessi al cellulare. In ogni caso la domanda che si fanno tutti è: che cosa sarà capace di fare Apple senza il suo leader carismatico, l'uomo con cui chiunque tendeva a identificarla? E le risposte che arriveranno nel corso 2012 stabiliranno probabilmente l'inerzia del futuro di Apple.

Naturalmente non è una semplice questione di prodotti, ma di quanto questi prodotti sapranno riflettere lo stile impresso alla Apple da Jobs e, prima ancora, di come funzioneranno i processi aziendali. Già nel 2008, quando voci incontrollate sulle sue condizioni di salute si rincorrevano un po' ovunque, Jobs aveva parlato della propria eventuale successione: «C'è gente davvero in gamba alla Apple. Tim Cook ha fatto cose grandiose come capo della divisione dei Mac. Alcuni pensano: "Oh mio Dio, se Jobs finisce sotto un autobus, Apple è rovinata". Ok, non credo che sarebbe una passeggiata, ma ci sono persone eccezionali. E il consiglio d'amministrazione avrà più di un ottimo candidato tra cui scegliere un nuovo amministratore delegato. Il mio lavoro è rendere tutti i dirigenti abbastanza bravi da potermi succedere, ed è quello che sto cercando di fare»*. Come già nelle occasioni in cui Jobs si era dovuto assentare per motivi di salute, il ruolo di amministratore delegato è stato attribuito a Tim Cook. Ma, per ammissione dello stesso Jobs, Cook non è un uomo «da prodotto». È per questo che diventa fondamentale il contributo di Jonathan Ive, capo del reparto design, di cui Jobs ha sempre detto: «Non c'è nessuno che possa dirgli che cosa fare o che cosa lasciar perdere. Io ho disposto così»**. A chiudere il gruppo delle persone che, messe assieme, raccoglieranno l'eredità di Jobs, ci sono Scott Forstall, capo del reparto progettazione del software «mobile», e Phil Schiller, direttore del marketing.

Non ci sono dubbi sulle loro capacità individuali, né sul grado di assimilazione, da parte di ciascuno, della lezione di Jobs: Cook è in Apple dal 1998 e ha sempre lavorato spalla a spalla con Jobs, sostituendolo come amministratore delegato durante le sue assenze; Ive è arrivato nel 1996 e, dal ritorno di Jobs, nel 1997, ha preso le redini del reparto design, confrontandosi con lui praticamente ogni giorno su ogni singolo prodotto in via di sviluppo; Forstall arriva in Apple nel 1997 direttamente da NeXT, al seguito di Jobs, ed è uno dei padri del sistema operativo Mac Os X; Schiller è in Apple dal 1997 e ha spesso affiancato Jobs, a volte addirittura sostituito, negli eventi dedicati al lancio dei nuovi prodotti. I dubbi, semmai, sorgono quando ci si domanda se e come queste quattro personalità riusciranno a fondersi comportandosi quasi come una persona sola, soprattutto nel momento in cui dovessero

* Brent Schlender, *The Three Faces Of Steve*, «Fortune», 9 novembre 2008.
** Walter Isaacson, *Steve Jobs*, Mondadori, Milano 2011.

manifestarsi punti di vista molto diversi sui singoli prodotti: prevarrà l'autorità di Cook o la libera creatività di Ive? E Schiller saprà davvero essere un grande venditore quanto lo è stato Jobs? O, come minimo, saprà mantenersi vicino a quel livello? Addirittura c'è qualcuno che si spinge a sostenere che senza l'ossessivo controllo di Jobs, senza il suo carisma che incuteva timore – Cook è una persona incomparabilmente più affabile – i dipendenti si siederanno e l'innovazione si fermerà bruscamente. La verità è che il gusto per la ricerca della perfezione e l'ossessione per i dettagli sono tratti che sia Cook sia Ive condividono con Jobs, e l'abilità di Cook nel negoziare è nota e riconosciuta da chiunque l'abbia visto all'opera. Ma in fondo, a far andar male le cose, potrebbe bastare un improvviso calo di fiducia dei consumatori e dei mercati. Finora, e già dall'annuncio di Jobs, le cose hanno funzionato sia dal punto di vista delle vendite – la gente ha apprezzato le novità dell'iPhone 4S più di quanto gli analisti si aspettassero e il traffico dati che passa dal cellulare Apple è già raddoppiato – sia dal punto di vista delle Borse. Ma è chiaro che tutti aspettano Apple al varco delle prossime presentazioni, anche perché gli avversari – Google e Amazon su tutti – stanno stringendo il loro assedio.

È diffusa la convinzione che nei laboratori Apple siano già in fase avanzata di sviluppo prodotti approvati da Jobs per i prossimi quattro anni: un'idea poco verosimile, pur considerando che il lavoro sui touch screen è partito ben sette anni prima di approdare su un prodotto vero e proprio, o che l'acquisizione di Siri, l'azienda che aveva sviluppato l'omonimo sistema, è avvenuta un anno e mezzo prima che l'applicazione raggiungesse i telefonini.

Certo, è probabile che le linee guida sui prodotti da lanciare nel 2012 siano già state definite da tempo, e che in tal caso si debba aspettare il 2013 prima di capire più profondamente che cosa sta accadendo, ma alcune decisioni su dettagli o funzioni dei prossimi apparecchi potrebbero essere fin da subito indicative di quanto il lascito di Jobs verrà rispettato, se alla lettera o in maniera più disinvolta. Per esempio, è molto probabile che vedremo un iPhone 5 e un iPad 3 e, se è piuttosto facile prevedere oggetti più sottili, leggeri, dagli schermi più definiti, sempre più integrati con i comandi vocali e sempre più efficienti nello scambiarsi dati e sincronizzarsi senza fili, magari pronti per il nuovo standard 4G e dotati di chip per il pagamento sicuro direttamente dall'apparecchio, la dimensione degli schermi potrebbe essere un buon indicatore della strada scelta dalla nuova Apple. Da tempo, infatti, gli utenti sembrano chiedere un display più grande per l'iPhone, magari da 4 pollici (10 centimetri di diagonale), ma Jobs non ha mai voluto lasciare i 3,5 scelti fin dal primo modello. Una dimensione più grande potrebbe indicare una diversa posizione di Cook o di Ive rispetto a Jobs, messa in opera alla prima occasione.

Quanto all'iPad, a ogni presentazione si ripropongono le voci, regolarmente smentite dai fatti, di un modello «Mini» con schermo da 7 o 7,85 pollici contro i 9,70 attuali, ma ancora a ottobre del 2010, in occasione della presentazione dei risultati fiscali dell'ultimo trimestre dell'anno, Jobs demoliva l'idea dicendo: «È una dimensione inutile, a meno di non includere della carta vetrata, così la gente può accorciarsi le dita di tre quarti»*. La battuta nasconde un ragionamento e una serie di studi più articolati, che non fanno che ribadire quanto sia improbabile l'uscita di un prodotto del genere, nonostante la recente concorrenza del Kindle Fire. Nel caso in cui, invece, un iPad

* Paul Miller, *Steve Jobs drops knowledge on earnings call*, engadget.com, 18 ottobre 2010.

mini raggiungesse davvero i negozi, dovremmo registrare un deciso cambio di direzione. Ma sarebbe anche il segnale che, anziché continuare a guidare l'innovazione, Apple ha cominciato a inseguire i concorrenti.

Ma allora, a proposito di leadership nell'innovazione, che cosa potrebbe fare Apple per riconfermarla una volta di più? Per quanto i servizi di iCloud – la cosiddetta «nuvola», fenomeno su cui pressoché tutti si stanno buttando, che permette di accedere, ovunque ci si trovi, a musica e immagini proprie o a noleggio – o quelli legati a Siri – che non è un semplice esecutore di comandi vocali, ma è in grado di fare, a richiesta, ricerche specifiche sul Web – siano promettenti e ricchi di sfumature affascinanti, da anni tutti si aspettano che Apple sbarchi nel mercato delle tv. Difficile dire se questo accadrà davvero, anche perché chiunque si sia azzardato a fare previsioni, in questi anni, è regolarmente stato smentito. Chi ci scommette lo fa sulla base di un ragionamento semplice: dall'iPod in poi, Apple ha sempre cercato di entrare in mercati grandi, ma caratterizzati da un modello superato. E quello della tv, sia dal punto di vista degli apparecchi sia da quello dell'offerta di programmi, sembra corrispondere perfettamente al profilo. Chi sostiene che non vedremo mai una possibile «iTv», invece, lo fa basandosi sullo scarso successo ottenuto da AppleTv e sulle difficoltà oggettive del mercato. Lo stesso Jobs, sul tema, la pensava così: «Il mercato televisivo si basa su un sistema di incentivazione che dà a tutti un decoder gratis o per dieci dollari al mese, e questo soffoca qualsiasi opportunità di innovazione. L'unico modo per cambiare la situazione sarebbe togliere tutti i decoder e ridisegnare da zero un'interfaccia utente che comprenda tutte le diverse funzioni, e proporla al consumatore in modo da convincerlo ad acquistare questa nuova piattaforma. Al momento è impossibile, e questo è il problema con la tv. Il problema è il mercato, non la tecnologia»*. Problema che si amplifica quando si considera che non esiste uno standard internazionale e che ogni Paese ha le proprie realtà produttive. Certo, la soluzione potrebbe essere spingere, sul modello dell'App Store, la nascita di un libero mercato dei programmi: ogni trasmissione sarebbe quel che oggi è una app e chiunque, oltre ai network, potrebbe provare a vendere la propria.

Sia come sia, il numero di persone che sostiene che nello studio personale di Jonathan Ive ci sia già una iTv funzionante da 52 pollici è in continuo aumento. Si tratterebbe di un modello pensato solo per gli Stati Uniti, grazie a un accordo con la maggior parte dei network tv, con connessioni senza fili wifi e bluetooth, e con iCloud per trasmettere foto, video e quant'altro la gente ha dentro telefonini e tablet, oltre a un negozio di app e, naturalmente, ai comandi vocali. Niente di più di una semplice razionalizzazione del settore, insomma, con l'unico colpo di fantasia dei comandi vocali, un'idea tipica delle supposizioni approssimative, visto che dimentica che Siri è molto di più. E, probabilmente, proprio Siri e la sua capacità di rispondere a domande come: «Mi consigli un ristorante in zona?» cercando le recensioni sul Web, saranno al centro di nuovi servizi che oggi riusciamo a malapena a immaginare.

Tra tante domande aperte e tante supposizioni, una cosa certa che Jobs ha lasciato, e che vedremo compiuta solo nel 2015, c'è. Si tratta della futura sede della Apple a Cupertino, e non è detto che abbia meno cose da trasmetterci sul lascito di Jobs di quanto non facciano i suoi prodotti e le sue idee sul-

---

* Intervista con Steve Jobs condotta da Kara Swisher e Walt Mossberg alla conferenza «D8 All Things Digital» a giugno 2010, visibile integralmente all'indirizzo http://allthingsd.com/20100607/steve-jobs-at-d8-the-full-uncut-interview/?refcat=d8.

lo sviluppo di una tecnologia semplice, al servizio delle persone. Non va dimenticato che Jobs era un grande appassionato di architettura nel suo senso più profondo, quello sociale. Esistono infiniti schemini da lui tracciati fin dai primi giorni, quando in Apple lavoravano una quindicina di persone, su come favorire i processi creativi, decisionali e produttivi all'interno dell'azienda, e una delle cose di cui andava più fiero era l'atrio del nuovo palazzo costruito nel 2001 per la Pixar, sul quale si affacciavano le caselle della posta, la caffetteria, le sale riunioni, le sale proiezioni e le toilette: «Cercavamo un modo per indurre le persone a incontrarsi, per creare un mucchio di collisioni accidentali tra persone»*, diceva: il tutto per favorire la creatività.

La presentazione del nuovo complesso Apple è stata, tra l'altro, l'ultima uscita pubblica di un Jobs ormai sensibilmente dimagrito, ma non per questo meno brillante, il 7 giugno 2011. L'edificio, chiamato amichevolmente «Mothership», come una nave spaziale, avrà forma circolare – forse ispirata allo zen o forse pensata per favorire un flusso di comunicazione continuo tra tutti i 12.000 dipendenti che può ospitare – e sarà più grande del Pentagono. Costruito in vetro e cemento, ospiterà parte intorno a sé e parte al suo interno un parco con 6000 alberi da frutto, in onore e in ricordo delle origini della Silicon Valley. Che poi si possa interpretare come una specie di giardino dell'Eden con al centro una mela è semplicemente un'altra di quelle suggestioni di spropositata grandezza che solo un uomo come Steve Jobs poteva suggerire. Nel bene e nel male.

---

* Rick Lyman, *A Digital Dream Factory In Silicon Valley*, «The New York Times», 11 giugno 2001.

Apple – Apple è stata unica. Se ci avessimo provato un anno prima o un anno dopo, non ce l'avremmo fatta.

Barbara Rudolph, Robert Buderi, Karen Horton, *Shaken to the Very Core*, «Time», 30 settembre 1985

Modelli 1 – Edwin Land era una testa calda. Ha mollato Harvard prima di finire gli studi e ha fondato la Polaroid. Non solo è stato uno dei grandi inventori della nostra epoca, ma soprattutto ha intuito che esisteva un punto d'incontro tra arte, scienza e business e ha costruito un'impresa che rifletteva questa intuizione. Polaroid è stata questo per alcuni anni, ma alla fine qualcuno ha chiesto a quella geniale testa calda di Land di lasciare la sua stessa azienda – una delle cose più stupide che abbia mai sentito. Così, a 75 anni, lui ha deciso di passare il resto della vita a occuparsi di scienza pura, e ha provato a svelare i principi della visione a colori. Quell'uomo è un patrimonio nazionale. Non capisco perché persone come lui non possano essere prese a modello. È questa la cosa più straordinaria che si possa cercare di essere – non l'astronauta o il giocatore di football – ma *questo*.

David Sheff, *Playboy Interview: Steven Jobs*, «Playboy», febbraio 1985

Modelli 2 – Uno dei miei modelli è Bob Dylan. Da ragazzo, ho imparato i testi di tutte le sue canzoni, e ho visto che non si fermava mai. Gli artisti, se sono veramente grandi, a un certo punto possono continuare a ripetere se stessi per il resto della vita, e avere successo secondo i canoni del mondo esterno, ma non secondo i propri. È quello il momento in cui un artista decide chi è veramente. Se va avanti rischiando di avere degli insuccessi è ancora un artista. Dylan e Picasso si sono sempre presi il rischio di un insuccesso.

Brent Schlender, *The Three Faces of Steve*, «Fortune», 9 novembre 1998

Arte e tecnologia – Non ho mai pensato che fossero due cose distinte. Leonardo da Vinci era un grande artista e un grande scienziato. Michelangelo sapeva moltissime cose su come si estrae una pietra dalla cava.

Michael Krantz, *Steve Jobs at 44*, «Time», 10 ottobre 1999

Sviluppare tecnologie 1 – A volte la tecnologia non vuole proprio mostrarti ciò che è in grado di fare. Sei tu che devi insistere e chiedere più volte agli ingegneri per quale motivo non si possa realizzare la tal cosa o la tal'altra – finché non arrivi a capirlo davvero. Molte volte una richiesta che fai può far salire eccessivamente il costo del prodotto finale. Poi magari arriva un ingegnere e butta lì: «È un peccato che tu voglia a tutti i costi avere A, che costa 1000 dollari, anziché B, che è più o meno lo stesso, tranne per il fatto che B posso farlo per appena 50 centesimi». E B va bene quanto A. Un processo del genere – trovare soluzioni per non creare un computer che nessuno si può permettere – richiede tempo.

Bo Burlingham e George Gendron, *The Entrepreneur of the Decade*, «Inc.», 1 aprile 1989

Sviluppare tecnologie 2 – La tecnologia è ciclica. Ognuna ha le sue primavere, le sue estati, i suoi autunni e poi finisce al cimitero della tecnologia. Per questo noi cerchiamo di scegliere quelle sul punto di sbocciare e, se decidi con intelligenza, ti risparmi l'immane fatica di tentare di fare tutto. Puoi dedicare energie alle tecnologie emergenti e far sì che funzionino alla grande sui tuoi prodotti, anziché accontentarti di tecnologie mediocri perché hai troppa carne al fuoco.

Intervista condotta da Kara Swisher e Walt Mossberg con Bill Gates e Steve Jobs all'incontro di «All Things Digital» del 6 giugno 2010

Sviluppare tecnologie 3 – Penso che gli esseri umani siano essenzialmente costruttori di strumenti, e il computer è lo strumento più straordinario che abbiamo mai costruito. La grande intuizione che molti di noi ebbero negli anni Settanta era quanto fosse importante mettere quello strumento nelle mani delle persone. Ammettiamo che – con lo stesso denaro necessario a costruire il computer più potente del mondo – tu possa produrne 1000 con un millesimo della potenza e metterli in mano a 1000 persone creative. Otterrai molto di più così che facendo usare a una sola persona il computer più potente del mondo. Perché le persone sono creative per natura. Useranno gli strumenti in modi che chi li ha prodotti non avrebbe mai immaginato. E quando una persona scopre come fare qualcosa con un determinato strumento, può condividerla con le altre 999.

Bo Burlingham e George Gendron, *The Entrepreneur of the Decade*, «Inc.», 1 aprile 1989

Sviluppare tecnologie 4 – Assumiamo persone che aspirano a creare i prodotti migliori del mondo. Ti sorprenderesti se vedessi quanto lavorano duramente qui da noi. Lavorano di notte e nei fine settimana, a volte senza vedere le loro famiglie per un bel po'. Ogni tanto lavorano a Natale per essere sicuri che i macchinari di qualche fabbrica in qualche angolo del mondo siano a posto e il nostro prodotto esca nel migliore dei modi. Ci tengono molto, e si vede. Mi hanno chiesto un sacco di volte perché i clienti di Apple siano così fedeli. Non è perché sono discepoli della Chiesa del Mac! È ridicolo. È perché quando compri i nostri prodotti, magari tre mesi dopo resti bloccato su una cosa e trovi subito come risolverla. E pensi: «Wow, qualcuno alla Apple ha pensato a questa cosa!» Poi tre mesi dopo provi a fare un'altra cosa per la prima volta, e funziona, e pensi «Hey, hanno pensato anche a questo.» E altri sei mesi dopo capita ancora.

Peter Burrows, *The Seed of Apple's Innovation*, «Business Week», 12 ottobre 2004

Soldi – Non mi interessa essere l'uomo più ricco del cimitero… Andare a letto e poter dire che ho fatto qualcosa di meraviglioso, ecco che cosa mi interessa.

«The Wall Street Journal», 25 maggio 1993

Soldi 2 – Non sono tornato alla Apple per diventare ricco. Sono stato molto fortunato e lo sono già. A 25 anni valevo più o meno 100 milioni di dollari. È allora che ho deciso che non mi sarei lasciato rovinare l'esistenza dal denaro. Non c'è modo di spenderli tutti, quei soldi, e non considero la ricchezza come una prova della mia intelligenza.

Apple's One-Dollar-a-Year Man, «Fortune», 24 gennaio 2000

Visione – Se il Macintosh non si fosse rivelato vincente, avrei semplicemente dovuto mollare, perché significava che la mia visione dell'intera industria era completamente sbagliata.

David Sheff, *Playboy Interview: Steven Jobs*, «Playboy», febbraio 1985

Innovazione – L'innovazione nasce dalle persone che si incontrano nei corridoi o che si telefonano alle dieci e mezzo di sera per raccontarsi una nuova idea, o perché hanno scoperto qualcosa che rimette in discussione un intero problema e il modo in cui l'abbiamo sempre considerato. Nasce dagli incontri di sei persone, radunate da qualcuno che crede di aver trovato la cosa più brillante di tutti i tempi e vuole sapere che cosa ne pensano gli altri.

Peter Burrows, *The Seed of Apple's Innovation*, «Business Week», 12 ottobre 2004

Imparare a pensare – Quando sono tornato dall'India, mi sono chiesto: «Qual è stata la cosa che mi ha colpito di più?» Penso sia stato capire che il pensiero razionale occidentale non è una caratteristica umana innata. È una capacità acquisita. Non avevo mai riflettuto sul fatto che se nessuno ci insegnasse a pensare come pensiamo, noi non lo faremmo nel modo in cui lo facciamo.

David Sheff, *Playboy Interview: Steven Jobs*, «Playboy», febbraio 1985

Copiare e inventare – Il Giappone è molto interessante. Alcuni pensano che loro copino le cose. Io non più. Credo che quello che fanno è re-inventarle. Prendono qualcosa che è già stato inventato e lo studiano finché non l'hanno capito a fondo. In alcuni casi, lo capiscono meglio di chi lo ha inventato. Grazie a questa comprensione, lo re-inventano in una versione più raffinata, di seconda generazione. È una strategia che funziona solo quando lavorano su cose che non cambiano rapidamente – gli stereo e le automobili ne sono due esempi. Quando l'obiettivo invece si cambia in fretta, trovano molte difficoltà, perché il ciclo della re-invenzione richiede qualche anno.

David Sheff, *Playboy Interview: Steven Jobs*, «Playboy», febbraio 1985

Design – «Design» è una parola curiosa. Alcuni pensano che si riferisca all'aspetto esteriore degli oggetti. Ma se rifletti capisci che ha a che fare soprattutto con il loro funzionamento. Il design del Mac non stava, o non tutto, in come appariva. Lo apprezzavi soprattutto quando lo usavi. Per progettare davvero bene qualcosa devi prima assimilarla. Devi intuire qual è la sua essenza. Ci vogliono impegno e passione per capire a fondo qualcosa, bisogna masticarla anziché limitarsi a ingoiarla. La maggior parte della gente non si concede il tempo per farlo.

Gary Wolf, *Steve Jobs: The Next Insanely Great Thing*, «Wired», febbraio 1996

Design 2 – Abbiamo molti clienti, e facciamo un sacco di ricerca sui nostri prodotti. Osserviamo molto attentamente anche i trend dell'industria. Ma alla fine è veramente difficile progettare qualcosa di così complesso come i nostri prodotti basandosi sui focus group. Nella maggior parte dei casi, la gente non sa che cosa vuole finché non glie lo mostri.

Andy Reinhardt, *Steve Jobs on Apple's Resurgence: «Not a one-man show»*, businessweek.com, 12 maggio 1998

Estetica – In molte cose – le auto potenti, per esempio – l'estetica è il frutto diretto della funzione, e per me l'elettronica è una di queste. Ma ho anche imparato che le grandi imprese hanno a cuore l'estetica. Dedicano del tempo specifico a progettare le basi, a dare le giuste proporzioni alle cose, e a quanto sembra è un investimento che rende. Voglio dire, oltre ai vantaggi funzionali, l'estetica trasmette un messaggio su come l'azienda percepisce sé stessa, sul senso di disciplina dei suoi progetti, su come è gestita e altre cose del genere.

Bo Burlingham e George Gendron, *The Entrepreneur of the Decade*, «Inc.», 1 aprile 1989

Estetica 2 – Se sei un falegname e costruisci una magnifica cassettiera, non usi un pezzo di compensato per la parte dietro, anche se andrà contro il muro e nessuno lo vedrà mai. Tu sai che è lì, quindi userai un pezzo di legno bellissimo. Se vuoi dormire in pace con te stesso, la ricerca estetica e la qualità vanno spinte agli estremi.

David Sheff, *Playboy Interview: Steven Jobs*, «Playboy», febbraio 1985

Creatività – La creatività non è altro che la capacità di collegare le cose. Quando chiedi a una persona creativa come ha fatto qualcosa, si sente un po' in colpa perché non l'ha fatta sul serio, l'ha solo vista. Gli è sembrata scontata in un istante. E questo perché ha saputo collegare le proprie esperienze e sintetizzarle in un oggetto nuovo.

Gary Wolf, *Steve Jobs: The Next Insanely Great Thing*, «Wired», febbraio 1996

Dettagli – Mi sono ispirato molto a quello che ho visto in Giappone. Una cosa che ho veramente ammirato – e che mancava nella nostra fabbrica – era il senso della disciplina e del lavoro di squadra. Ci mancava l'attenzione ai dettagli piccoli, ma importanti. Avevamo uno stabilimento automatizzato. E a fermarci non sarebbero state le cose grosse. Sarebbero stati i piccoli dettagli, perché un piccolo dettaglio può bloccare l'intera linea produttiva. Se non avevamo l'attenzione per mantenere immacolata la fabbrica, non avremmo avuto neppure l'attenzione necessaria per far funzionare tutti quei macchinari.

Bo Burlingham e George Gendron, *The Entrepreneur of the Decade*, «Inc.», 1 aprile 1989

Dettagli 2 – Preso singolarmente, un dettaglio non sembra mai cruciale. In alcuni casi può persino apparire insignificante o banale. Ma presi tutti assieme, i dettagli sono tutto.

G. Pascal Zachary, *Slow Start for Next Doesn't Worry Jobs*, «Wall Street Journal», 18 gennaio 1990

Semplicità – Penso che non si dovrebbe mai usare un termine come «banda larga». È una cosa misteriosa. E non è altro che un «collegamento veloce», penso che detto così le persone possano capirlo; un collegamento ad alta velocità contro uno a velocità più bassa. Penso che il termine «banda larga» confonda molte persone; credono che sia qualcosa di nuovo e misterioso mentre è semplicemente il loro modem che viaggia 100 volte più veloce.

Michael Krantz, *Steve Jobs at 44*, «Time», 10 ottobre 1999

Grandi imprese 1 – Le aziende, quando crescono fino a diventare entità da decine di milioni di dollari, a volte perdono la loro visione. Si riempiono di livelli intermedi di management, che si frappongono tra chi gestisce l'azienda e chi svolge effettivamente il lavoro. Non provano più un sentimento innato o una passione per il prodotto. Le persone creative, che sono quelle a cui le cose importano davvero, devono convincere cinque diversi livelli di management per riuscire a fare ciò che sanno essere la cosa giusta. Quello che succede nella maggior parte delle aziende è che non puoi tenere le persone in gamba in un ambiente lavorativo in cui i talenti personali sono scoraggiati anziché incoraggiati. La gente in gamba se ne va e tu finisci per precipitare nella mediocrità.

David Sheff, *Playboy Interview: Steven Jobs*, «Playboy», febbraio 1985

Grandi imprese 2 – Le grandi imprese devono avere obiettivi nobili. Poi è compito di chi le guida trasformare quelle nobili cause in una visione così stimolante da invogliare le persone di maggior talento del mondo a farne parte.

Riportata da John Sculley in *John Sculley on Steve Jobs*, «Business Week», 6 ottobre 2011

Divertimento – C'è sempre stato questo mito che le persone davvero intelligenti e divertenti nel privato tutto d'un colpo debbano diventare spente e noiose sul lavoro. Ma non è così. Penso che non sarebbe male se riuscissimo a trasferire un po' dello spirito delle arti liberali nell'ambiente troppo serioso degli affari. Non riusciamo neppure a immaginare quanto lontano ci porterebbe.

David Sheff, *Playboy Interview: Steven Jobs*, «Playboy», febbraio 1985

Strumenti – Abbiamo visto un video realizzato per la Difesa e abbiamo scoperto che, almeno fino a pochi anni fa, ogni singola arma nucleare tattica manovrata in Europa dai militari americani era gestita da un Apple II. Ora, noi non abbiamo venduto computer ai militari; sono andati loro a prenderseli nei negozi, immagino. Ma non eravamo a nostro agio nel sapere che i nostri computer venivano usati per puntare tutte le armi nucleari in Europa. L'unico aspetto positivo era che, grazie a Dio, non lo facevano con dei Trs-80 della Radio-Shack! Il punto è che qualsiasi strumento verrà sempre utilizzato per fare cose che personalmente non ci piacciono. E che in definitiva è il buon senso delle persone, non lo strumento in sé, a determinare se queste cose verranno usate in maniera utile e positiva o meno.

David Sheff, *Playboy Interview: Steven Jobs*, «Playboy», febbraio 1985

Responsabilità – Penso che l'unica responsabilità che abbiamo sia quella di fare oggetti straordinari e di metterli in mano alle persone, perché li usino e li facciano diventare un punto di partenza per realizzare oggetti ancora migliori.

Smithsonian Institution – Oral and video histories – Intervista condotta da Daniel Morrow il 20 aprile 1995

Televisione – Quando sei giovane, guardi la televisione e pensi che ci sia un complotto. Che le reti tv abbiano tramato per rincretinirci. Ma quando maturi un po', ti rendi conto che non è così. Il business della televisione è dare alle gente esattamente ciò che desidera. Ed è un pensiero ancora più deprimente. Il complotto è ottimistico. Puoi pensare di sparare ai cattivi! Di fare una rivoluzione! Ma il vero business della televisione è dare alla gente ciò che desidera. È questa la verità.

Gary Wolf, *Steve Jobs: The Next Insanely Great Thing*, «Wired», febbraio 1996

Televisione 2 – Sinceramente non credo che televisione e computer si fonderanno insieme. Ho passato abbastanza tempo nel campo dell'intrattenimento per capire che raccontare storie è una cosa lineare. Non esiste interattività. Scegli la tv quando vuoi spegnere il cervello. Scegli il computer quando vuoi accenderlo.

Brent Schlender, *The Three Faces of Steve Steve Jobs*, «Fortune», 9 novembre 1998

Politici – Ho scoperto che alla Camera sono regolarmente meno intelligenti che al Senato e riflettono molto di più il loro elettorato – cosa che inizialmente ho trovato abbastanza terribile per poi capire più tardi che in effetti ha il suo senso. Forse è proprio quello che l'assemblea costituente voleva. Non ci si aspetta che i deputati pensino granché, ci si aspetta che rappresentino. Dai senatori, invece, ci si aspetta qualche pensiero in più.

Smithsonian Institution – Oral and video histories – Intervista condotta da Daniel Morrow il 20 aprile 1995

Il tempo – È evidente che il bene più prezioso che abbiamo è il tempo. Il prezzo che pago per la mia condizione è non avere uno straccio di vita privata. Non ho tempo per vivere una storia d'amore o per girare per borghi italiani, dove sedermi in un caffè o mangiarmi una mozzarella con un pomodoro. Di tanto in tanto, spendo un po' di denaro per risparmiarmi qualche seccatura, che poi significa altro tempo. E questo è quanto. Sì, mi sono comprato un appartamento a New York, ma è perché è una città che amo. Sto cercando di educarmi, perché sono cresciuto in una piccola cittadina californiana anziché in mezzo alla cultura e alla raffinatezza di una grande città. Lo considero parte del mio percorso di formazione.

David Sheff, *Playboy Interview: Steven Jobs*, «Playboy», febbraio 1985

Rimpianti – Ci sono un'infinità di cose che vorrei aver fatto in un altro modo. Ma nella vita i rimpianti maggiori sono per quello che non hai fatto. Ciò che rimpiangi davvero è non aver mai invitato a ballare una certa ragazza. Negli affari, se avessi saputo prima quel che so adesso, avrei fatto meglio un sacco di cose, ma alcune probabilmente peggio. Ma che importa? Quello che conta di più è vivere il presente.

Brent Schlender, *The Three Faces of Steve Steve Jobs*, «Fortune», 9 novembre 1998

RINGRAZIAMENTI

Non ho mai amato i lunghi ringraziamenti alla fine dei libri e li capisco solo ora che è capitato a me di scriverne uno. È che, inaspettatamente, si contrae un senso di gratitudine così forte con così tante persone, che la voglia di manifestarlo diventa irresistibile. Perciò, ecco la mia piccola litania.

Grazie a Jacopo Loredan, che un giorno si è inventato che dovevo scrivere di tecnologia, e aveva ragione; a Stefano Priolo, che ha dato il via alla lunga catena di piccole coincidenze che mi hanno portato a scrivere questo libro, e a tutti gli altri che di questa catena hanno fatto parte; a Diego Barbera e Laura Stefani, che mi hanno affiancato con il loro lavoro, aggiungendoci uno straordinario sostegno personale; a tutti coloro che, regalandomi il loro affetto incondizionato, hanno concretamente contributo alla stesura di questo libro più di quanto possano immaginare: Silva – il resto te lo dico in privato – e Dario su tutti. Infine, grazie a Franz, lato sinistro del mio cervello, che si è improvvisato traduttore, rabdomante del Web, storico, consulente e psicologo a seconda di quello di cui avevo bisogno in quel momento. Grazie.

Le Boe

1. Luca Landò, *Il Moro tradito*
2. C. Guerini, F. Storer, *Swatch Yearbook 1992-93*
3. F. Di Jorio, M. Messeri, *Italia bella*
4. Duccio Canestrini, *Turistario* (2ª ediz.)
5. Beppe Cova, Cristina Lucchini, *Swatch Year's Book 1993-94*
6. Paolo Mereghetti, *Dizionario dei film 1993* (6ª ediz.)
7. Paolo Mereghetti, *Dizionario dei film 1996* (3ª ediz.)
8. *Dizionario biografico delle donne lombarde 568-1968,* a cura di Rachele Farina
9. Gino & Michele, Matteo Molinari, *Anche le formiche nel loro piccolo s'incazzano. Opera Omnia. Volumi I-V*
10. Luigino Stoppini, *Il giornalino di Gigi Tempesta* (2ª ediz.)
11. Paola Agosti, Giovanna Borgese, *C'era una volta un bambino*
12. Paolo Mereghetti, *Dizionario dei film. Aggiornamento 1996-1997* (3ª ediz.)
13. *Dizionario dell'opera*, a cura di Piero Gelli
14. effe emme, *personalmente. Storie brevi in forma di annuncio.*
15. Luisa Biondetti, *Dizionario di mitologia classica. Dèi, eroi, feste*
16. Garry Trudeau, *Flashbacks. Venticinque anni di Doonesbury*
17. Andrea Pazienza, *Le straordinarie avventure di Pentothal* (3ª ediz.)
18. Andrea Pazienza, *Zanardi*
19. Korda, *Benvenuto, Giovanni Paolo II*
20. Gigi Garanzini, Carlin Petrini, *In Francia con l'Italia*
21. Andrea Pazienza, *Pertini*
22. Claudio Izquierdo Funcia, Marcelo Gorajurìa Marichal, *Hemingway e il suo capitano*
23. Jaime Riera Rehren, Claudio Izquierdo Funcia, *Il sogno di Salvador Allende*

24. *Dizionario dello spettacolo del '900*, a cura di Piero Gelli
25. Liborio Noval, *Istantanee di Fidel*
26. Jorge Timossi, *Racconti minimi e altre alterazioni*
27. AA.VV., *Storie di Omnitel*
28. AA.VV., *Il piccolo libro dell'amore* (3ª ediz.)
29. *Dizionario del pop-rock. Guida critica ai dischi degli ultimi cinquant'anni*, a cura di Enzo Gentile e Alberto Tonti (3ª ediz.)
30. AA.VV., *Il piccolo libro della felicità* (2ª ediz.)
31. Saffi Crawford, Geraldine Sullivan, *Il potere delle stelle. Tutto quello che la vostra data di nascita può rivelare*
32. *Dizionario della Moda*, a cura di Guido Vergani (2ª ediz.)
33. Rohan Candappa, *Il piccolo libro del Natale*
34. Lucia Corna, Andrea Giacobino, *Degio.net. Dal network marketing alla Rete. La vera storia di Virgilio Degiovanni, editore di* «Millionaire»*, imprenditore fuori dalle regole*
35. *Poesie d'amore*, a cura di Piero Gelli (3ª ediz.)
36. Robert Youngson, *Dizionario dei sintomi*
37. Andrea Pazienza, *Pompeo*
38. Duccio Canestrini, *Lo spirito della quercia. Ritratto di Rovereto a mano libera* (2ª ediz.)
39. Marco Zanni, *Ditelo con gli insulti*
40. *Dizionario della New Economy*, a cura di Rinaldo Gianola
41. Luca Dal Monte, Umberto Zapelloni, *La rossa e le altre. Storia dei campionati del mondo di Formula Uno dal 1950 al 2000* (2ª ediz.)
42. Giacomo Papi, Federica Presutto, *In principio. 2001 modi per iniziare un romanzo*
43. *Dizionario del calcio italiano*, a cura di Marco Sappino
44. Paola Leonardi, *Il piccolo libro dell'autostima* (2ª ediz.)
45. *Poesie sull'amicizia*, a cura di Piero Gelli
46. Clara Sartori, *Dal mito alla terapia. Le piante della salute*
47. Max Frattini, *M'ama non m'ama. Ditelo con i fiori*

48. Epabreta, *Avocabolario*
49. Roberta Beta, *La grande sorella*
50. Andrea Pazienza, *La satira*
51. *Dizionario del Pop Rock*, a cura di Enzo Gentile e Alberto Tonti, aggiornamenti a cura di Cris Thellung
52. Serse Cosmi con Enzo Bucchioni, *L'uomo del fiume. La mia vita, il mio calcio* (3ª ediz.)
53. George Best, *The best* (3ª ediz.)
54. Claudio Martini, *Un nuovo mondo globale da New York a San Rossore*
55. Epabreta, *Dizionario di enigmistica (Avocabolario). Migliaia di parole da due a nove lettere per creare e risolvere cruciverba*
56. Gianni Lodi, *A occhi chiusi, a cuore aperto*
57. Luigi Tenco, *Io sono uno. Canzoni e racconti* (a cura di Enrico de Angelis)
58. *Le più belle poesie d'amore*, a cura di Piero Gelli
59. Fernando Palazzi, *Il Piccolo Palazzi. Dizionario della lingua italiana*
60. James Gavin, *Chet Baker. La lunga notte di un mito* (2ª ediz.)
61. Maurizio Crosetti, *I padroni del pallone*
62. Mary Gislon, Rosetta Palazzi, *Eppure lo amo… Ciò che hanno detto le donne sull'amore*
63. Catena Fiorello, *Nati senza camicia* (2ª ediz.)
64. Christopher Sandford, *McQueen. La biografia* (2ª ediz.)
65. Alex Zanardi, Gianluca Gasparini, *…però, Zanardi da Castel Maggiore!* (3ª ediz.)
66. Marco Pastonesi, *All Blacks. La storia, le partite e i campioni della squadra di rugby che tutti vogliono vedere e nessuno vuole incontrare* (3ª ediz.)
67. Luca Dal Monte, Umberto Zapelloni, *Una leggenda che continua. La Rossa dei record. Storia dei campionati del mondo di Formula Uno dal 1950 al 2003*

68. Camila Raznovich, Marco Rossi, *Loveline*
69. Maria Grazia Bevilacqua, *Greta Garbo*
70. *Amore e amicizia. Le 222 più belle poesie*, a cura di Piero Gelli
71. *Il Mereghetti. Dizionario dei film 2004*
72. *Dizionario della Moda 2004*, a cura di Guido Vergani
73. Sue Graham Mingus, *Tonight at Noon*
74. Carmelo Pittari, *La storia della canzone napoletana*
75. *Ughetto racconta*, a cura di Ugo Scalise
76. Pompeo Locatelli, *I dolci e gli amari di Pompeo*
77. Carlo Pallavicino, *Tenetevi il miliardo. La sfida di Lucarelli che portò Livorno in serie A* (4ª ediz.)
78. Nick Tosches, *Dino. Dean Martin e la sporca fabbrica dei sogni*
79. Alberto Benini, *Casimiro Ferrari. L'ultimo re della Patagonia* (3ª ediz.)
80. Mario Arceri, Valerio Bianchini, *La leggenda del basket* (2ª ediz.)
81. Peter Guralnick, *Elvis. L'ultimo treno per Memphis*. Volume 1
82. Peter Guralnick, *Elvis. Amore senza freni*. Volume 2
83. Luca Dal Monte, *Il tedesco volante e la leggenda Ferrari*
84. Anton Gill, *Peggy Guggenheim. Una vita leggendaria nel mondo dell'arte* (2ª ediz.)
85. Giuseppina Tripodi, *Vortici*
86. *Scontrini. Racconti in forma di acquisto*, a cura di Matteo B. Bianchi e Valerio Millefoglie
87. *Il Libro Nero. Perché aspettare il Giudizio Universale quando puoi fartelo da solo?* (2ª ediz.)
88. *L'amore, l'amicizia*, a cura di Piero Gelli
89. Luigi Ripamonti, *Credi che a donare il sangue ci pensino le zanzare?*
90. Paolo Berizzi, Dario Cresto-Dina, *Il mio piede destro. La vera storia di Antonio Cassano, campione fuori* (2ª ediz.)

91. Charles Mingus, *Peggio di un bastardo*
92. Pietro Paolo Bardino, *Conosci il mio amico Parky?*
93. Sue Graham Mingus, *Tonight at Noon*
94. Paolo Di Canio (con Elisabetta Esposito), *Il ritorno. Un anno vissuto pericolosamente* (2ª ediz.)
95. *Il sudoku di Peres (livello 1)*
96. *Il sudoku di Peres (livello 2)*
97. *Il sudoku di Peres (livello 3)*
98. *Il sudoku di Peres (livello 4)*
99. Enzo Gentile & Alberto Tonti, *Dizionario del Pop-Rock 2006*
100. *Il Mereghetti. Dizionario dei film 2006*
101. *Dizionario dell'opera 2006*, a cura di Piero Gelli
102. Gianni Borgna, *Gino Paoli, Una lunga storia d'amore*
103. Igor Righetti e Valter Righetti, *Come ammazzare il tempo senza farlo soffrire*
104. Alfonso Montefusco, *Il fantastico cuoco*
105. Ennio Peres, *620 giochi per esercitare la mente*
106. Barry Lopez, *Sogni artici*
107. Legs McNeil, Gillian McCain, *Please Kill Me. Il punk nelle parole dei suoi protagonisti*
108. Fabio Fazio, *Una volta qui era tutta campagna*
109. Renata Molho, *Essere Armani. Una biografia*
110. Anne e Patrick Poirier, *Lamento*
111. Bruno Bartolozzi, *La Mas Digna* (2ª ediz.)
112. Fabio Caressa, *Andiamo a Berlino* (2ª ediz.)
113. Riverbend, *Baghdad brucia. Diario di una giovane blogger irachena*
114. Andrea Lo Cicero, Paolo Cecinelli, *Il Barone. Un'autobiografia*
115. Marco Boccia, Andrea Pugliese, *100 pizzini di Bernardo P. prima di andare a letto*
116. AA.VV., *Il prima e il dopo*

117. Giuseppe Prisco, *Pazzo per l'Inter*
118. Luca Beatrice, *Zero* (2ª ediz.)
119. John Gruen, *Keith Haring. La biografia*
120. Minnie Gastel, *Il mito Versace. Una biografia*
121. Fabrizio Blini, *Mamma mia!*
122. Adriano Berton, *Scusa New York, vado di fretta*
123. Teresa Petrangolini, *Salute e diritti dei cittadini*
124. *Dizionario dell'opera 2008*, a cura di Piero Gelli
125. Marco Pesatori, *Segni. Simboli e caratteri dei dodici tipi zodiacali (introduzione all'interpretazione del tema natale)* (3ª ediz.)
126. Marco Pastonesi, *Ovalia. Dizionario erotico del rugby* (2ª ediz.)
127. Maria Grazia Borriello, *Il pranzo è servito! Centocinquantuno ricette: belle da vedere buone da mangiare*
128. Giustino Trincia, *Il consumatore attivo.*
129. *Il Mereghetti. Dizionario dei film 2008*
130. Ezio Rivella, *Io e Brunello. Come portai Montalcino nel mondo*, a cura di Alberto Mattiacci
131. Spoon Tever, *A volte ritornano sempre. 52 ritratti postumi di politici verosimili*
132. Fabio e Maurizio Caressa, *Quella sporca ultima carta*
133. Giulio Scarnicci, Renato Tarabusi, *Il troncio e i trucoli*
134. Edoardo Bennato, *Così è se vi pare*
135. Shawn Levy, *L'ultimo playboy. La bella vita di Porfirio Rubirosa, sciupafemmine di talento*
136. Luís Muñoz, Luís. *Una voce sopravvissuta a Pinochet*
137. Roberto Torti, *Settore 4c, fila 72, posto 35*
138. Stefano Bollani, David Riondino, *Lo Zibaldone del Dottor Djembe*
139. *Vieni avanti cretino*, a cura di Nicola Fano
140. Barry Lopez, *Resistance*
141. *Dizionario dell'Arte*, a cura di Ian Chilvers

142. Marco Pesatori, *2009. Anticipazioni riflessioni pre-visioni astrologiche sul nuovo segno per segno*
143. Giampaolo Visetti, *Mai una carezza. Storie del mondo che dobbiamo cambiare*
144. Marisa Laurito, *Le ricette del grande Sud*
145. Paul Theroux, *Due stelle*
146. Maria Vittoria Alfonsi, *Gianfranco Ferré. L'architetto stilista*
147. Catena Fiorello, *Nati senza camicia (e non solo...)*
148. Mimma Gaspari, *Penso che un «mondo» così non ritorni mai più. Vita in canzone*
149. Nicola Dante Basile, *New Menu Italia. La rivoluzione che ha cambiato la tavola degli italiani*
150. Marco Confortola, *Giorni di ghiaccio. Agosto 2008. La tragedia del K2*
151. Dan Dye, Mark Beckloff, *Fantastica Gracie. La mia vita salvata da un cane*
152. Antonio Dipollina, *Ibra! La biografia*
153. Giampaolo Visetti, *Ex Italia. Viaggio nel Paese che non sa più chi è*
154. Alex Boese, *Elefanti in acido e altri bizzarri esperimenti*
155. Franco Filipponi con Luigi Ripamonti, *Il trapianto moltiplica la vita*
156. Beppe Viola, *Quelli che...*
157. Rob Kirkpatrick, *Magic In The Night. Le parole e la musica di Bruce Springsteen*
158. Maurizio Crosetti, *Armstrong. Il ritorno del sopravvissuto*
159. *Dizionario della Moda 2010*, a cura di Guido Vergani
160. Gian Luigi Paracchini, *Vita Prada. Personaggi, storie, retroscena d'un fenomeno di costume*
161. Andreina Swich, *Una donna turchese*
162. Catone&Lorenz, *I sette nani lavoravano, ma Biancaneve l'ha data al principe*

163. Riccardo Rossi, *Alla mia età. Riflessioni di un comico sentimentale* (3ª ediz.)
164. Marco Bortolami, Paolo Cecinelli, *Vita da capitano*
165. Anna Testa, *«Buonasera Aroldo, buonasera Giuliana». Aroldo Tieri e Giuliana Lojodice, vita, carriera e scene da un matrimonio*
166. Tommaso Pellizzari, *Inter: la dinastia. I Moratti da Herrera a Mourinho*
167. Silvana Giacobini, *Sophia Loren: una vita da romanzo*
168. Carlo Mazzone con Marco Franzelli e Donatella Scarnati, *Una vita in campo*
169. Nino D'Angelo, *Core pazzo*
170. Dina Azzolini, *Per amore dei capelli*
171. Stefano Disegni, *Indemoniato! Pura furia satirica. Più che un autore una bestia*
172. Marc Eliot, *Clint Eastwood – Un ribelle americano*
173. David Kootnikoff, *U2 – Una biografia musicale*
174. David Henderson, *Scusami, sto baciando il cielo*
175. Marco Patucchi, *Maratoneti. Storie di corse e di corridori*
176. Arianna Chieli, nadiolinda, *Obiettivo: maschio! Il primo manuale per cacciatrici metropolitane*
177. Marta Tea Carpinelli, *Mi scrivi la ricetta?*
178. Maurizio Crosetti, *Campionissimi. Un giorno nella vita di trenta grandi ciclisti*
179. Larry Kane, *John Lennon. La vera storia di un genio frainteso*
180. Marjorie Hillis, *Chic! Vivere con eleganza ai tempi della crisi* (2ª ediz.)
181. Gianni Fantoni, *La casa dalle finestre che spifferano*
182. Oliver Hamilton, *Star cocktails*
183. Renzo Arbore con Vittorio Marsiglia e Carlo Missaglia, *Come rideva Napoli*
184. Shawn Levy, *Paul Newman*

185. Giuliano Pisapia, *Cambiare Milano si può. La sfida di un sindaco nuovo per una città migliore*
186. *Il Mereghetti. Dizionario dei film 2011*
187. Larry Bird, Earvin Magic Johnson, *Il basket eravamo noi*
188. Kris Needs, *Keith Richards: Before They Make Me Run*
189. Nicola Dante Basile, *Olio & Vino*
190. Franco Campana, *Te l'assicuro!*
191. Andrea Ballarini, *Chi massaggia il manzo di Kobe?*
191. Sally Norton, *101 cose da fare prima di compiere 5 anni*
192. Marco Molinaroli, *Il cinema in rivolta – Marco Bellocchio e I pugni in tasca*
193. Andrea Benedet, *330 euro in più al mese*
194. Fulvio Abbate, *Pier Paolo Pasolini raccontato ai ragazzi*
195. Marco Pastonesi, *All Blacks. L'enciclopedia*
196. Bruno Contigiani, *Lavorare con lentezza. Per l'economia che verrà*
197. Marco Confortola, *Ricominciare* (2ª ediz.)
198. Alessandra Spisni, *La maestra di cucina* (4ª ediz.)
199. Fabio Geda, *Nel mare ci sono i coccodrilli* (edizione illustrata)
200. Inès de la Fressange, *Professione mannequin*
201. Dario Canovi con Giacomo Mazzocchi, *Lo stalliere del re*
202. Luca Caioli, *Messi*
203. Simone Annicchiarico, *Walter e io. Ricordi di un figlio*
204. Usain Bolt, *Questo sono io*
205. Federico Bona, *Steve Jobs*

Stampato nel febbraio 2012
per conto di Baldini Castoldi Dalai *editore* S.p.A.
da *Grafica Veneta* S.p.A. - Trebaseleghe (PD)